CB012976

A Cidade do Século Vinte

Coleção Debates
Dirigida por J. Guinsburg
Coleção Debates
Dirigida por J. Guinsburg

Equipe de Realização – Tradução e notas: Marisa Barda; Edição de Texto: Marcio Honorio de Godoy; Revisão: Iracema A. Oliveira; Produção: Ricardo W. Neves, Sergio Kon e Lia N. Marques.

bernardo secchi

A CIDADE DO SÉCULO VINTE

PERSPECTIVA

Título do original italiano
La città del ventesimo secolo

© 2005, Guis Laterza & Figli

Esta tradução de *La città del ventesimo secolo* é publicada
por acordo com Guis Laterza & Figli Spa, Roma-Bari

Dados Internacionais de Catalogação na Publicação (CIP)
(Câmara Brasileira do Livro, SP, Brasil)

Secchi, Bernardo
    A cidade do século vinte / Bernardo Secchi; [tradução e
notas Marisa Barda] – São Paulo: Perspectiva, 2016. – (Coleção
debates ; 318)

    2. reimpr. da 1. ed. de 2009
    Título original: La città del ventesimo secolo.
    Bibliografia.
    ISBN 978-85-273-0849-6

    1. Cidades – Europa – História – Século 20 2. Planeja-
mento urbano – Europa – História –Século 20 I. Título.
II. Série.

09-00377   CDD-711.409

Índices para catálogo sistemático:

1. Planejamento urbano : Europa : Século 20 : História
711.409

1ª edição – 2ª reimpressão

Direitos reservados em língua portuguesa à

EDITORA PERSPECTIVA S.A.

Av. Brigadeiro Luís Antônio, 3025
01401-000 São Paulo SP Brasil
Telefax: (11) 3885-8388
www.editoraperspectiva.com.br

2016

SUMÁRIO

AGRADECIMENTOS

Enquanto escrevia *Notre Dame de Paris*, Victor Hugo perdeu um de seus cadernos de anotações e pediu ao editor um adiamento na entrega do manuscrito. Muito tempo depois, durante a elaboração destas páginas, pedi ao editor um adiamento análogo porque fui vítima do furto de meu *laptop* em que já tinha quase concluído o livro. Dessa maneira aprendi a fazer *back up* mais frequentemente, mas descobri, principalmente, que um livro não pode ser reescrito e tive de redigir novamente meu trabalho, de maneira diferente.

Porém, as dificuldades que tive que enfrentar para escrever estas poucas páginas foram mais sérias. As maiores serão ditas na conclusão; as menores, mas não por isso menos importantes, decorrem do fato de que recentemente eu tinha publicado, sempre com a Laterza, um pequeno livro, *Prima lezione di urbanistica**, no qual muitas das questões

* Trad. bras., *Primeira Lição de Urbanismo* (N. da E.).

aqui examinadas já haviam sido tratadas com um análogo nível de síntese. Além disso, nos últimos anos eu tinha recomeçado a escrever ensaios sobre alguns daqueles temas. Não é bom se repetir, mas também é pouco provável que seja possível voltar sobre seus passos com frequência.

Meus alunos me ajudaram muito para sair dessas dificuldades, e por isso eu os agradeço na medida em que tudo o que aqui foi exposto já havia sido apresentado em forma de aulas; discutir sobre seus projetos foi, muitas vezes, a ocasião para repercorrer a história da cidade europeia e de seu projeto no século vinte.

Meus assistentes Laura Mascino, Paola Pellegrini e Matteo d'Ambros com seus estudos, seus comentários e suas correções me ensinaram bem mais do que eles imaginam. A curiosidade e as pesquisas dos estudiosos que frequentam o doutorado em urbanismo no homônimo departamento da universidade IUAV de Veneza frequentemente me estimularam para considerar percursos que, durante o século, poderiam ter sido percorridos, mas foram abandonados. Matteo Ballarin releu cuidadosamente o manuscrito, corrigindo muitos erros e dando sugestões muito úteis.

O Centre Canadien d'Architecture me hospedou por dois meses e pôs à minha disposição sua biblioteca e suas coleções, o que me ajudou muito na construção desta nova edição.

Um agradecimento diferente e mais profundo devo a Paola Viganò com a qual discuti quase todas as frases desse texto, nem sempre totalmente de acordo comigo; um agradecimento também à minha biblioteca, que, às vezes, penso tenha sido a melhor coisa que consegui realizar.

PREFÁCIO À EDIÇÃO BRASILEIRA

Este é um livro que nunca pararia de escrever, que de vez em quando retomo, escrevendo uma frase ou até mesmo uma página inteira, a maioria das vezes acrescentando uma nova, mas sempre tentando manter a característica de um texto compacto que propõe hipóteses e estimula a realização de pesquisas, mais do que querer descrever situações e contar histórias.

As razões para mim são claras, e gostaria que o fossem também para os leitores: faz muito tempo, cerca de quarenta anos atrás, desde que ensino urbanismo, nunca parei de me interrogar sobre a natureza dessa área de estudo, de suas relações com outros saberes e, em particular, com a arquitetura da cidade; isto é, com o conjunto de materiais e relações espaciais que, de um conjunto de edifícios, ruas, praças e jardins, fazem uma cidade. Nunca parei de me questionar sobre a natureza das relações que ambos, urbanismo e arquitetura da cidade, podem e devem instituir com a sociedade.

Profundamente insatisfeito, não somente pelo que consegui fazer ensinando, escrevendo ou projetando, mas também daquilo que juntos, urbanistas e arquitetos, conseguimos fazer, em pouco mais de um século, para melhorar as condições das cidades nas quais vivemos, continuo revendo a história do século vinte. As razões para as quais tantas boas intenções, tantos projetos e tantos estudos tenham trazido resultados tão controversos não me parecem tão óbvias, seja considerando o século vinte um século longo, que se iniciou bem antes de seu primeiro dia, seja considerando-o um século breve, que se identifica em um período menor, no qual o urbanismo, principalmente o europeu, contribuiu muito na construção do *welfare state*.

O século vinte foi percorrido pela obsessão do falimento e da superação: cada projeto parece ter falido, cada posição parece ter sido superada. Jamais falaremos assim das épocas precedentes, nunca diremos que renascimento, maneirismo, barroco e neoclássico faliram ou foram superados. Ao contrário, diremos que elas foram o modo com que, pouco a pouco, a cultura de uma época foi representada e serão estudadas as relações que, muitas vezes, de maneira bem complicada, podem contribuir para explicar as principais características, a origem, as dificuldades e a crise de cada período; tentaremos relacionar cada um desses aspectos aos modos e aos motivos pelos quais o clima cultural foi mudando.

É isso o que eu também gostaria de conseguir fazer para o urbanismo e arquitetura da cidade do século que deixamos logo atrás; evitando as perspectivas consolatórias de uma história feita de heróis, de grandes personagens ou de grandes projetos em condições de iluminar um período inteiro, porém não compreendidos, mas evitando também um determinismo superficial, particularmente frequente entre os urbanistas, que faz com que cada projeto e conceito resultem mecanicamente de acontecimentos e conjunturas totalmente estranhas ao urbanismo e à arquitetura, tais como as conjunturas políticas ou, pior ainda, a mudança de um quadro jurídico normativo.

Pode parecer banal, mas me parece que para entender o urbanismo e sua contribuição para a história do século vinte ocorre mantê-la unida a muitas outras histórias. Simplesmente ocorre pensar que urbanistas e arquitetos leram livros, não somente de arquitetura e urbanismo, frequentaram pessoas e não somente seus colegas, viajaram e se interessaram por acontecimentos não somente referentes à cidade e à arquitetura, da mesma maneira como o fizeram outros colegas seus como cientistas, artistas, escritores ou homens políticos.

Parece-me que urbanistas e arquitetos, coletivamente, deram uma contribuição importante para a história do século vinte, mesmo que nem todos os seus objetivos tenham sido alcançados. Para inserir corretamente essa contribuição na história do século, é necessário se interrogar, em cada momento, à luz dos conhecimentos disponíveis, considerando o quadro cultural dentro do qual cada um se encontrava, sobre o quê poderia realmente ser dito. O quê podia ser dito e não aquilo que se tivéssemos sabido antes teríamos podido dizer. Esta é uma maneira de nos acautelar ante o futuro.

Devo muitos agradecimentos a Marisa Barda por esta tradução que, com Pedro M. R. Sales, já traduziu um meu livro precedente, *Primeira Lição de Urbanismo*. Sua paciência e inteligência, além da simpatia, me fizeram pensar que talvez estas páginas não sejam totalmente inúteis*.

---

* Durante a fase de tradução deste livro, dois anos após ter saído a 1ª edição italiana, Bernardo Secchi escreveu atualizações e acréscimos que estão presentes nesta edição. Estas modificações serão publicadas na Itália apenas na 2ª edição (N. da E.).

1. TRÊS HISTÓRIAS

Um século nunca se inicia no primeiro dia de seu calendário e não termina com o último. De acordo com o seu tempo interno, ele é dividido, podendo ser contado de maneiras diferentes. Separar o fluir da história em períodos, dizer quando cada um inicia e como e quando termina e o porquê, contando suas características principais, é um modo de pensar o tempo, de reconstruí-lo, procurando o sentido de seu fluir. Essa é uma operação que nunca é inocente, principalmente quando o tempo que reconstruímos é tão próximo a nós, a ponto de estar ainda carregado de nossas paixões.

Já faz algum tempo que duas hipóteses sobre o século vinte europeu são comparadas: uma remete a um período mais curto, tornando-o um século breve[1], ou então, conforme a

---

1. E. J. Hobsbawm, *Age of Extremes.*

segunda hipótese e como é mais comum para cada um dos períodos históricos, reconhece-se que suas principais características emergem lentamente em um tempo mais extenso, fazendo-o se tornar um século longo.

A utilidade de refletir sobre esses dois aspectos tornou evidente, à primeira vista, o fato de que ainda não conseguimos individuar o século vinte ou uma parte relevante dele, com palavras que, evidenciando as características principais, sugiram também a ideia central. Renascimento, barroco, neoclássico; os futuros historiadores talvez recorram a termos desse tipo, mas não estou totalmente certo.

As interpretações do século nos chegam ainda como as ondas na praia: dominam por um pouco nosso campo visual e imediatamente se retraem para deixar o lugar a outras, para, depois, talvez retornar com novas formas, em uma oscilação constante que impede delimitar definitivamente, em uma única palavra, o sentido daqueles anos. Não é somente sua proximidade que o torna difícil; as nossas dificuldades talvez tenham relações com as principais características do século e com aquelas mais profundas da cidade.

O que estamos percebendo é que muitos fenômenos são fundamentalmente sobredeterminados, ou seja, eles são o resultado de um número desmesurado de causas concorrentes. Entre essas, as transformações da cidade e do território. Para dizer o que entendo não existe melhor referência do que o *Homem sem Qualidades*. Como todos sabem, o problema que Musil enfrenta é o das motivações do primeiro conflito mundial. Resultado de um número de causas superior às necessárias, entre as quais se torna difícil estabelecer uma ordem de importância e de prioridade, o conflito aparece, precisamente, aos olhos de Musil, como um fenômeno sobredeterminado, como o são, por exemplo, muitos fenômenos meteorológicos, não por acaso evocados no início do romance. Analogamente, as transformações da cidade e dos territórios europeus de hoje nos parecem sobredeterminadas.

Então, o modo mais honesto de enfrentar esse problema me parece aquele que propõe diversas histórias sobre o século vinte, não contraditórias entre si, mas que, individualmente, permitem dividir o eixo de tempo em modos diferentes e assim captar-lhe um sentido diferente. Entretanto, a história é uma forma discursiva ambígua e é importante estar consciente disso: faz parecer aquilo que vem depois como consequência já inscrita naquilo que vem antes. Ao contrário, a história do século vinte me parece rica de bifurcações, de percursos preestabelecidos, mas também de caminhos abandonados e de rupturas imprevistas. Multiplicar as histórias tem também o objetivo de mostrar que ao longo do século e em suas descrições poderiam ter sido percorridos caminhos diferentes.

Primeira História:
Expansão e Dissolução da Cidade

No imaginário coletivo europeu, bem como aos olhos de estudiosos de muitas disciplinas, o século vinte, dominado por uma expectativa que lentamente se dilui em temor, parece colocado entre dois extremos: a espera angustiada de um crescimento indefinido e desmesurado da cidade e o temor de seu desaparecimento, de sua dissolução ou transformação em formas de ocupação nas quais se torna difícil prever as características, o sentido e o destino. A inquietação parece percorrer o século, e a cidade não é estranha a ela.

O crescimento da cidade europeia parece um fenômeno irrefreável até pelo menos o final dos anos sessenta, um período de forte desenvolvimento e modernização, durante o qual todos os países europeus e ocidentais utilizaram a grande reserva demográfica do mundo rural, transferindo para a indústria, a cidade e a cultura urbana partes relevantes de população, há séculos dedicadas a atividades agrícolas e imersas em culturas mais arcaicas.

O temor da dissolução da cidade, do *Auflösung der Städte,* se concretiza e se torna preocupação compartilhada, principalmente nas últimas décadas do século, quando níveis de bem-estar mais elevados, novas técnicas e novas modalidades organizativas da produção, novos comportamentos individuais e coletivos, concorrem para atenuar fortemente os fluxos de população para o norte do continente e para as demais áreas urbanas e, assim, determinam evidentes fenômenos de dispersão dos assentamentos.

Expectativa e temor, porém, não constroem dois períodos delimitados por uma clara demarcação. Os sintomas daquilo que caracterizará os anos finais do século, o temor da dissolução da cidade, já são evidentes na passagem entre os séculos dezenove e vinte e a expansão urbana que marcou a Europa na primeira parte do século, seguindo tendências já evidentes no século precedente, prosseguem ampliadas na sua parte final em outras áreas do planeta. Se observado sob esse ponto de vista, o século inicia-se bem antes de seu primeiro dia do calendário e termina, com toda probabilidade, bem depois de seu último dia, tornando-se um século longo.

Segunda História:
O Fim da Cidade Moderna

Se observado sob um outro ponto de vista, o século parece, porém, dominado, em uma sua parte mais breve e central, por uma ideia principal: a ideia, tipicamente moderna e própria, de "uma grande geração" de intelectuais[2] – entre os quais muitos arquitetos e urbanistas –, de que a construção da cidade possa fazer parte de um projeto mais amplo de construção de uma nova sociedade senão de um "homem novo". Uma ideia que finca as próprias raízes nas diversas utopias que desde sempre acompanham a cultura ocidental, mas que, nas décadas centrais do século é apresentada

2. H. Godard, *Une grande génération.*

com diferentes graus de clareza, em diversos contextos sociais e políticos: nos países europeus ocidentais mais do que na União Soviética ou nos Estados Unidos da América. A cidade e o território se tornam objeto de propostas radicais, através das quais o século confirma a própria falta de identidade em comparação a épocas precedentes.

Nunca compartilhada totalmente, essa ideia fornece informações sobre si própria para boa parte da cultura ocidental e faz do urbanismo e da arquitetura não apenas a representação do sistema de valores de uma sociedade inclinada a mudanças, como também o concreto instrumento de uma política, de sua renovação, progresso e liberalização mais amplos.

Então, observado com certa distância temporal e crítica, o sentido do século vinte parece se concentrar em um breve período, isto é, nas cinco décadas após o conflito mundial, durante as quais, a par da manifestação de algumas das mais altas expressões da arquitetura e urbanismo europeu e ocidental, uma série de ideias, aspirações, técnicas, nas quais a modernidade se identificara, se esgota e, talvez, provavelmente chega ao término.

Terceira História:
Cidade, Indivíduo e Sociedade

Porém, esse mesmo período foi também interpretado, pelos seus protagonistas e por muitos de seus críticos, como sendo aquele de uma paciente pesquisa sobre as dimensões físicas e concretas do bem-estar individual e coletivo; uma pesquisa que, apesar de se basear em experiências do século dezenove, ainda que em oposição parcial à ideologia que as tinha inspirado, constrói uma clara ruptura com o passado e antecipa a construção do *welfare state*. O que entraria em contradição com a ideia de que o projeto da cidade estaria "perenemente atrasado em relação aos acontecimentos que deveria controlar"[3].

3. L. Benevolo, *Le origini dell'urbanistica moderna.*

Se observado sob esse ponto de vista, o século vinte parece ser constituído por três períodos, largamente sobrepostos entre eles, mas com diferentes ideias centrais. Um primeiro período no qual se exaure a experiência da sociedade disciplinar e durante o qual a crítica da cidade do século dezenove está voltada para a "moralização". Ela é representada principalmente pelas grandes experiências de Amsterdã e Viena, nas quais o tema do segundo período não é desconhecido, orientado pela busca das concretas dimensões do *welfare*: uma pesquisa experimental, feita por tentativas e erros, de propostas realizadas ao longo de percursos e repensamentos contínuos que deixam, porém, na cidade europeia, um legado duradouro e compartilhado. Enfim, no terceiro período, atualmente talvez apenas no início, os resultados obtidos com dificuldade são cada vez mais contraditórios e regidos por uma estetização progressiva da vida individual e coletiva, aquilo que Jacques Gubler indica com os termos de "hedonismo democrático", o único conceito realmente operativo para todos os governos europeus no início do século vinte e um[4].

As políticas do *welfare* são assim colocadas no centro de um século longo, mas descontínuo, e permitem, talvez, a contribuição mais original. Que elas tenham incidido profundamente na cidade física e na sua imagem não existem dúvidas: por exemplo, os programas de edificação econômica e popular em busca da construção de uma "cidade pública" que mesmo com ostentação se oponha à cidade privada; equipamentos urbanos, creches, escolas, hospitais, parques e jardins, terrenos e equipamentos para o esporte constroem uma nova geografia da cidade: as novas infraestruturas da mobilidade modificam os idioritmos*, as temporalidades

---

4. J. Gubler, *Motion, émotion. Thèmes d'histoire et d'architecture.*
* De idioritmia, um sistema de organização monástico difuso no Oriente que prevê somente um único Encargo divino em comum, enquanto para o resto cada mônaco tem um ritmo de vida próprio e provê, por si mesmo, sua própria manutenção. Fala-se, em um senso negativo, de idioritmia para indicar a autogestão, viver segundo a própria vontade (N. da T.).

de cada grupo e indivíduo permitem a formação de uma nova percepção e concepção do tempo e do espaço e transformam radicalmente as dúvidas de cada um deles sobre as políticas da cidade.

O Sentido das Três Histórias

Essas três histórias, portanto, dividem o eixo do tempo em modos diversos e enfatizam questões diferentes.

A primeira ressalta alguns aspectos ligados a fenômenos tais como o crescimento e a dissolução da cidade. Aparentemente mais simples, a primeira história se defronta com uma questão quase insolúvel: conseguimos conhecer a realidade somente através de suas representações, desde aquelas que nos parecem mais próximas a ela, como descrições, levantamentos cartográficos ou estatísticos, propostos sucessivamente, até as representações que nos parecem mais distantes, como as diversas teorias que sucessivamente tentaram interpretar o mundo restituído pelas primeiras histórias. A primeira história tenta mostrar como a cidade se transformou, servindo-se principalmente de estudos e pesquisas que tentaram descrever, representar e interpretar exatamente as mudanças.

A segunda história dá importância ao papel do projeto: é comum considerar, principalmente nas economias e sociedades dos países ocidentais, que, durante todo o século, se verificaram fenômenos atinentes às fundamentais relações de produção que políticas e projetos urbanos não tiveram condições de dominar e condicionar. Crescimento, desenvolvimento e transformação da cidade seriam, nesse caso, amplamente independentes da reflexão e principalmente da ação de arquitetos, urbanistas e das administrações que confiaram em seus projetos e planos para construir um projeto social mais amplo. Crescimento, desenvolvimento e transformação da cidade seriam, portanto, fenômenos que, com particularidades substancialmente idênticas, teriam sido produzidos mesmo sem eles. A segunda história tenta mostrar que, pelo contrário, a cidade do século vinte se transformou justamente porque imaginários e práticas construtivas mudaram e que, nessa mudança, não foi irrelevante o papel do projeto urbanístico e de arquitetura, como parte de um projeto social mais amplo.

A terceira história dá importância ao papel do indivíduo e suas aspirações: ressaltar a autonomia do sujeito na cultura e na sociedade europeia é um fenômeno lento, que se torna inicialmente visível no Renascimento italiano e ainda mais em algumas partes do norte da Europa[5]. A pintura flamenga do século XVI é uma de suas primeiras expressões[6]. Ela traz consigo uma atenção maior sobre as dimensões do cotidiano e as dimensões corporais da cidade, em uma pesquisa contínua sobre as dimensões físicas do bem-estar individual e coletivo. Durante o século vinte, na Europa e no mundo ocidental, essa pesquisa investiu praticamente todos os estratos sociais e todos os países, em proporções diversas e em períodos diferentes. A terceira história é de como essa pesquisa influiu nas transformações do espaço habitado europeu e, em particular, nas transformações da cidade.

As linhas de demarcação entre os diversos períodos recortados pelas três histórias não coincidem com os grandes eventos que marcaram a história econômica, social, política e institucional do século, mesmo se esses tiveram evidentemente consequências profundas para a cidade e para o território dos diversos países. A cidade não muda imediatamente após os eventos, os quais, situados em planos diferentes, deslizam um sobre o outro com graus de atrito diferentes e com diferentes capacidades de arrasto. A cidade muda principalmente em

5. N. Elias, *Die Gesellschaft der Individuen*.
6. S. Alpers, *The Art of Describing*; T. Todorov, *Eloge de l'individu*.

consequência de movimentos mais profundos das estruturas sociais e de poder, dos imaginários e das representações, da cultura política e institucional; mudanças que obviamente estão ligadas àqueles eventos, mas de maneira indireta.

A cidade sempre foi construída por atores concretos, portadores de interesses, cultura e imaginários específicos. A cada vez eles encontram condições locais específicas e conjunturas históricas específicas. O mérito dos estudos de casos particulares, o papel das inúmeras micro-histórias que acompanham as mudanças de uma cidade qualquer, o papel dos romances, do cinema, da poesia e da música, das representações que constroem as várias imagens da cidade, é aquele de nos tornar prevenidos em relação às excessivas generalizações. O que não evita o reconhecimento, ao longo do século, de algumas tendências que, como ondas sonoras, se propagaram refletidas e refratadas nas situações locais e nas diversas conjunturas. As três narrativas que uso como referência procuram cuidadosamente pôr à luz algumas dessas tendências, construindo uma estrutura em que podem ser inseridas as ideias e os fatos que marcaram o século vinte, aos quais, não somente por motivos de espaço, não posso me permitir recorrer de maneira exaustiva. Mas para restituir de maneira mais completa a história da cidade europeia no século vinte, cada narrativa deveria ser acompanhada de outras histórias, as quais, como variação, articulam os temas principais, mostrando eventualmente como eles puderam gerar narrativas diversas.

As mudanças da cidade que sucessivamente três histórias focalizam – por exemplo, o emergir do fragmento, da heterogeneidade e da dispersão, como aspectos fundamentais da cidade do fim de século, em oposição às características do início de século –, iluminam, talvez com uma luz diversa, narrativas mais comuns, reagrupadas no contexto geográfico e institucional ou nos grandes *exempla** e seus protagonistas. O que é realmente relevante é que as três histórias que proponho constroem três recipientes semânticos diferentes, nos quais o futuro da cidade é desenhado respectivamente pelo medo, pela imaginação e pela comparação contínua com o cotidiano, enquanto que o passado é desenhado pela nostalgia, pela crítica severa ou pela vontade de ele se distanciar.

No coração das três histórias, assim como no meio do século, evidencia-se, a meu ver, o problema da liberdade individual e coletiva; isto é, existem ideias diferentes sobre as relações entre indivíduo e sociedade e, no que concerne à cidade, existem modos diversos para exprimir concretamente tais ideias por meio da construção material do espaço habitado: assegurando níveis de bem-estar mais elevados, um quadro de vida radicalmente diferente do passado, uma cidade que, devido a suas dimensões e pelas relações espaciais que instaura, facilite a coesão e a relação social.

Em outros termos, o projeto da cidade se torna, ao longo de todo o século, uma parte fundamental da construção de nossa ideia de *welfare* e da nossa ideia de liberdade. O que se torna específico do projeto da cidade e que constrói a sua identidade em relação às outras políticas e às outras disciplinas sociais, é que ele procura, durante todo o século, dar uma dimensão física, concreta, visível, na busca de bem-estar e de liberdade, com hipóteses que encontrem seu sentido mais profundo se colocadas nos recipientes semânticos construídos pelas três histórias que proponho. Desses reservatórios derivam algumas correntes de ideias que se mesclam entre si, se cruzam ou correm paralelas, avançam e recuam construindo "figuras" que dão sentido a diversos projetos de modificação da cidade[7]. O resultado desse cruzamento, sobreposição e mescla contínua é a extraordinária estratificação de histórias e ideias que são representadas na cidade europeia.

---

* Em latim no original, significa exemplo (N. da T.).
7. B. Secchi, *Primeira Lição de Urbanismo*.

Exemplos

Eu coloquei entre as diversas histórias alguns modelos. Eles são referências de algumas partes de cidade, cidades inteiras ou territórios onde eu tive uma experiência concreta; lugares onde eu caminhei por muito tempo, cujo futuro foi para mim uma dúvida concreta, para os quais tentei construir e debater cenários e projetos possíveis. Como outros, essas cidades e esses territórios, devido a suas características relevantes, propõem problemas que ao longo de todo o século foram o ponto crucial do debate sobre a cidade. Aos meus olhos pelo menos, adquirem uma importância mais geral de minha experiência individual.

Por exemplo, Siena, como qualquer cidade do antigo regime, propõe o tema da relação entre a cidade antiga e a grande alegoria construída pelo patrimônio de arquiteturas, de espaços urbanos e de significados que o passado nos transmitiu[8]; um tema que, diferentemente expresso, percorre todo o século: mito de uma cidade e de uma comunidade perdida, análise tecnicamente pertinente de um saber projetual acumulado no tempo, complexo de culpa em relação a uma cidade, como a cidade contemporânea, pouco amada pelos seus habitantes. A comparação com a cidade antiga em Siena se torna uma comparação entre dois programas de pesquisa diversos: aquele de uma constante interpretação individual de uma mesma estrutura do espaço coletivo, como na cidade antiga, e aquele que procura dar uma interpretação coletiva a exigências individuais, como até mesmo em boa parte da cidade moderna, a das últimas décadas do século vinte.

Les Hauts de Rouen propõe um tema diverso: aquele da distância que transcorre entre as reflexões, os projetos e as realizações da "grande geração", entre os grandes exemplos de arquitetura e de urbanismo moderno do período central do século e as numerosas e obscuras realizações

8. F. Choay, *L'Allégorie du patrimoine.*

que, principalmente após a Segunda Guerra, tentam seguir e interpretar os resultados; de seu reducionismo e banalização e de suas motivações. A essas realizações se deve a péssima reputação que a cidade moderna goza na opinião de muitos; a frequente e muitas vezes não sincera rejeição dos resultados obtidos durante o século vinte; a paradoxal volta aos modelos compositivos do espaço urbano típicos da última parte do século dezenove. Mas essas mesmas realizações, frequentemente criticadas de maneira não correta e injusta, pelo contrário, nos fazem refletir, sem moralismo ou esnobismo, sobre as razões que nos levaram a aceitar ou recusar alguns dos principais aspectos da cidade moderna ou, em termos mais gerais ainda, nos fazem refletir sobre os processos de reducionismo ou banalização dos grandes *exempla* que cada época propõe.

Milton Keynes propõe uma reflexão sobre toda a política adotada nas *new towns*, sobre um esforço não somente inglês de marcar uma direção diferente na história da cidade; um esforço análogo ao da "grande geração" mesmo se conduzido em âmbitos diferentes. Cidade construída para uma sociedade que alcançou níveis excelentes de *welfare* individual e coletivo, Milton Keynes representa também suas derivas estéticas e quer ser representação concreta de um projeto ecologicamente correto que reinterprete uma tradição projetual amadurecida durante quase um século de experimentações.

Enfim, a NWMA (North-Western Metropolitan Area), propõe uma questão. Na parte da Europa que alguns indicam com o nome de Delta Region, entre Amsterdã, Roterdã, Antuérpia e Bruxelas, foi se formando, ao longo do tempo, e sem que se tenha tido uma exata percepção, uma nova forma de cidade, uma cidade dispersa, sem um centro único, cujo conjunto, porém, tem a mesma importância e força das maiores metrópoles e *megacities* europeias. Essa forma de cidade poderia ser a prefiguração daquilo que, de maneira totalmente diferente do passado, poderá acontecer, em um futuro próximo, em muitas partes do continente europeu e do mundo.

Aos modelos eu acrescentei algumas páginas ilustradas. De certa maneira elas constituem, em si próprias, um texto. Limites de espaço me obrigaram a fazer a seleção de maneira bem severa. Mas as dificuldades maiores eram outras: produzir uma seleção entre a enorme quantidade de temas e problemas oferecidos pelo século vinte, propondo, pelo menos implicitamente, uma organização por importância, foi uma empreitada árdua; realizar uma seleção do imenso e heterogêneo material iconográfico produzido durante esse mesmo período, do qual grande parte não é totalmente conhecido e não é devidamente explorado, se torna uma empreitada quase impossível e isso principalmente quando, com um olhar atento à cidade e à sua história, gostaria de trazer à luz a profusão obscura de atores que promoveram a mudança, que é exatamente o que de mais importante a história das cidades, do urbanismo e da arquitetura inevitavelmente não conseguem fazer, apesar de serem as fontes primárias e indispensáveis.

Utilizei essas histórias, esses exemplos e essas ilustrações para chamar a atenção sobre alguns temas relevantes. Eles não oferecem um panorama completo das questões levantadas pelo crescimento e pela transformação da cidade durante o século vinte. A cidade, como já mencionei, é sempre o resultado de processos sobredeterminados, e seria um erro atribuir as mudanças, em um século com tantos conflitos como o vinte – no qual se destroem e reconstroem novas organizações sociais e novas geografias políticas que, por sua vez, são destruídas e provisoriamente substituídas por outras –, a uma só causa, seja essa causa ativa e profunda de uma cultura como a europeia que, apesar das grandes diferenças que a percorrem, mantém ainda características comuns e é atravessada por temas igualmente comuns a ela.

2. CRESCIMENTO E
DISSOLUÇÃO DA CIDADE

Um dos acontecimentos mais importantes para o total desenvol-vimento da nossa *Kultur* [escrevia Werner Sombart no início do século] é o rápido aumento demográfico de toda uma série de ci-dades a partir do século dezessete e o nascimento de um novo tipo de cidade, a cidade de muitas centenas de milhares de habitantes, a "Metrópole", que, por volta do fim deste mesmo século dezessete, se aproxima, como Londres e Paris, da moderna forma de cidade, com milhões de habitantes[1].

No final do século vinte, em 1987, Pietro Rossi se per-guntava se não havíamos

chegado ao final do século histórico da cidade, de um ciclo que se iniciou entre o quarto e terceiro milênio a.C., nas planícies fluviais do Oriente Próximo, da Índia e da China, com a revolução definida como urbana; [se não estávamos] portanto, próximos ao desapa-

1. W. Sombart, *Liebe, Luxus und Kapitalismus.*

recimento da cidade como forma característica da ocupação e de organização social[2].

Um Século Dominado pela Angústia

Ao primeiro olhar, o século vinte está dividido, na Europa e em boa parte do mundo ocidental, entre duas angústias: a perspectiva de um crescimento irrefreável da cidade e o temor de sua dissolução em formas de implantações dispersas das quais é difícil compreender a função e o sentido futuros; entre o pesadelo de uma metrópole que se torna uma megalópole, lugar da concentração das massas de população cada vez mais imponentes, que perde a própria medida, que se torna desmesurada, estranha à experiência individual e coletiva de seus habitantes, que não é mais possível conhecer e dominar em seus aspectos técnicos e funcionais, e o temor, por outro lado, da dissolução do próprio conceito de cidade, do desaparecimento desse lugar mágico, sede de todas as inovações políticas, culturais e tecnológicas que marcaram profundamente a história europeia e ocidental, em territórios de delimitações incertas.

A angústia acompanha o século, e a cidade parece ser um dos lugares onde ela é delineada de maneira mais evidente. Urbanismo e arquitetura têm, há muito tempo, nessa narrativa, a função salvadora de quem libera tanto a sociedade como a cidade de seus fantasmas e de suas adversidades, assegurando níveis de bem-estar e liberdade mais elevados[3]. Elas têm ou tentam ter essa função segundo duas orientações principais: a da "moralidade" do legado dos séculos precedentes, de uma modificação dos aspectos menos compartilháveis da cidade e aquela da construção de uma alternativa radical à cidade do passado.

2. P. Rossi (org.), *Modelli di città*.
3. B. Secchi, *Il racconto urbanistico*.

As numerosas pesquisas sobre as condições de vida nas cidades europeias e americanas do século dezenove deram a perceber situações e comportamentos em relação aos quais era difícil evitar juízos de caráter ético. A máquina urbana tinha se revelado um instrumento de exclusão, segregação e empobrecimento de qualquer experiência para grande parte de sua população. Foi a partir dessas pesquisas, da denúncia das situações por elas reveladas e das considerações que solicitavam que nasceram e se desenvolveram os dois comportamentos aos quais me referi. Eles fizeram com que administrações locais, arquitetos, urbanistas, planos, projetos e políticas urbanas explorassem temas que exorbitavam seus âmbitos de estudos e intervenções tradicionais. Ao longo de todo o século, a cidade se tornou não somente ocasião de denúncia, como ocorreu no século dezenove, mas também e principalmente metáfora do destino da sociedade e do indivíduo, esfera de indagações e de pesquisa, lugar privilegiado de estudos da sociedade e de seus movimentos, construindo uma relação muito forte entre arquitetura, urbanismo e as outras ciências sociais, a sociologia e a economia em primeiro lugar; em uma nova geografia das disciplinas, suas relações recíprocas e organizações hierárquicas, a cidade criou como que uma espécie de submissão.

Porém, nas últimas décadas do século, arquitetura, urbanismo e políticas urbanas, constrangidas pelo dilúvio de imagens propostas pela sociedade da comunicação, dão a impressão de perder seu próprio objeto de pesquisa, não parecendo estar em condições de conceituar adequadamente a nova situação da cidade e do território e, como a cidade, parecem se dissolver em um nomadismo comunicativo que se torna obstáculo na acumulação progressiva de resultados que possam dar respostas eficazes às perguntas que emergem da sociedade, da economia e do território.

Crescimento e dissolução da cidade constroem uma narrativa notória, que sozinha preenche boa parte da literatura e deixa sua marca na maior parte dos projetos da cidade do século vinte, atribuindo a eles a função, pelo menos nos países ocidentais, de organizar aquilo que parece uma desordem incompreensível, reencontrando o limite de uma experiência individual e coletiva possível. Dominado pela angústia, o século parece ter medo do infinito e do vazio que ele abre na sociedade e nas consciências dos indivíduos, medo de uma sociedade reduzida a uma multidão indiferenciada, de um espaço ilimitado, de um tempo cada vez mais acelerado e privado de sequências reconhecíveis que cadenciam o fluir de maneira compreensível. Os próprios desenvolvimentos extraordinários da ciência se tornam, ao longo do século, fonte de inquietação mais do que certezas de um futuro melhor.

Como era previsível, essa história implica duas sequências: a primeira é construída sobre a experiência da concentração urbana progressiva, a segunda, sobre a da fragmentação e dispersão da megalópole nos territórios de dimensões inimagináveis. Se nos limitarmos em observar a cidade europeia, as duas sequências parecem dividir o eixo do tempo em um antes e um depois, implicando, portanto, em um ponto de passagem entre um e outro, geralmente posicionado entre os anos sessenta e setenta do século, anos que assumem, sob esse ponto de vista, uma importância totalmente excepcional. Mas com um olhar mais atento, que atinge todos os continentes, as duas sequências parecem correr paralelas, ambas fincando as próprias raízes em tempos que precedem o século vinte. Tudo faz prever que, no século sucessivo, a elas seja designado um importante percurso.

Concentração

A concentração de atividades e populações competitivas entre si na ocupação de um espaço limitado pelas técnicas da mobilidade, tendência já clara no século dezenove[4],

4. A. F. Weber, *The Growth of Cities in the Nineteenth Century*.

mudou, ao longo de todo o século vinte, a fisionomia e as maneiras de funcionamento da grande cidade. Algumas de suas partes, normalmente as mais centrais, foram submetidas a uma pressão enorme que produziu, como em um gás, o mesmo aumento espetacular de suas "temperaturas". Sucessiva e progressivamente, a cidade se exprimiu mediante uma utilização mais intensa do espaço urbano, com a substituição de funções e papéis consolidados no tempo, com novos papéis e novas funções e com uma extraordinária aceleração de cada movimento. A arquitetura da cidade tentou representar a nova situação.

Movimento de pessoas e de coisas, de ideias e informações, de tendências artísticas e políticas, segundo ritmos próprios e diferentes, de partes inteiras da cidade e do território a ela contíguos, expulsou indivíduos e grupos sociais, atividades, funções e imagens menos competitivas, substituindo-as por sujeitos, atividades, funções, papéis e imagens novos. Em relação ao passado, a cidade se tornou uma máquina de produção e, ao mesmo tempo, de integração, mas também de exclusão e segregação ainda mais poderosa. A sua imagem física mudou: em um processo acelerado de seleção acumulativa, partes importantes da sociedade assim como da cidade preexistente foram demolidas e transformadas; em uma divisão do trabalho ainda mais minuciosa e uma definição mais rígida do estatuto de cada parte da sociedade, assim como da cidade, o uso e a presença multiforme de muitos espaços importantes da sociabilidade se perderam ou foram modificados de maneira irreversível.

Manhatan e, ainda antes, Chicago, com seus arranha-céus e sua extraordinária densidade, se tornaram os principais ícones da cidade do "século americano", assim como a Paris haussmaniana tinha sido aquele do século dezenove. Interpretado como representação da modernidade e expressão dos atores que o estimulavam[5], o ícone da cidade vertical no fim do século marca em Tóquio ou

5. M. Schleier, *The Skyscraper in American Art*.

em Hong Kong, em São Paulo ou em Seul, assim como na nova Pequim ou em Xangai, o deslocamento do centro de gravidade da economia mundial, mesmo se outras imagens, expressões de um poder mais difuso e articulado, principalmente na Europa, foram por muito tempo contrapostas com sucesso.

À medida que as técnicas de transporte, a construção de ferrovias, de bondes e, mais tarde, a difusão do automóvel o permitiram, a pressão nas áreas centrais foi atenuada pela expansão de uma vasta periferia frequentemente identificada como sendo o produto mais evidente do crescimento urbano do século vinte, o setor no qual o século produziu formas de ocupação que mudaram a fisionomia de territórios inteiros, construindo novas geografias sociais, funcionais ou simbólicas. Mas as próprias razões que permitiam e estimulavam a expansão das periferias e dos *suburbs*, em particular, a difusão do automóvel, também produziam congestão e poluição das partes mais densas da cidade.

As infraestruturas da mobilidade assumem uma presença visual cada vez mais importante. Ao longo de toda a primeira metade do século, essa presença visual sugere, aos arquitetos e urbanistas, imagens, planos e projetos que provocam a dilatação de dimensões e da escala do espaço urbano, que o transforma em megaestruturas, que o monumentaliza: os desenhos de Eugène Hénard para Paris, no início do século, ou aqueles, pouco posteriores, de Harvey Wiley Corbett para Nova York e, principalmente, aqueles de Auguste Perret, Le Corbusier e Ludwig Hilberseimer nos anos vinte, as realizações de Robert Moses, em Nova York, entre os anos de 1920 e 1940, as imagens de "Futurama" produzidas por Norman Bel Geddes para a exposição mundial de Nova York em 1939, o plano de Filadélfia de Louis I. Kahn (1956), o de Kenzo Tange para Tóquio (1961), o de Bakema e Van den Broek para a expansão de Amsterdã (1965), aos quais se seguem muitas autoestradas de cruzamento e anéis viários urbanos que se tornam as vitrines de espaços comerciais e empresas. Viadutos e trevos se inserem de maneira agressiva na cidade, delimitando-a em faixas muito estreitas e modificando a imagem e a maneira de funcionar por meio da construção de paisagens que raramente conseguem ser significativas e que, frequentemente, fazem lembrar, com nostalgia, as análogas obras do século dezenove, em Boston, Marselha em vez de Lion, Gênova ou Nápoles.

Em meados do século vinte, nos anos de máxima difusão do automóvel, o relatório Buchanan[6], após um escrupuloso estudo da questão de algumas cidades inglesas, escolhidas como relevantes estudos de caso e das políticas adotadas em diversas partes do mundo ocidental, para limitar o congestionamento das áreas centrais, chega à conclusão de que a solução dos problemas gerados pela congestão do tráfico impõe um redesenho radical da cidade. O espaço cada vez maior solicitado pelas infraestruturas da mobilidade e daquilo que lhe é indissoluvelmente ligado, de maneira particular, as áreas de estacionamento cada vez maiores, modificam os termos da competição pelo espaço nas áreas urbanas centrais, altera os equilíbrios tradicionais entre espaço construído e não construído, modifica as relações espaciais entre os edifícios, constrói uma nova e, de certa maneira, inquietante paisagem urbana.

Muitas atividades, começando pelas comerciais, seguidas por diversas estruturas hospitalares, esportivas, escolares e de congressos, pelos mercados, serviços técnicos, depósitos e sedes de administração pública e particular importantes, renovam radicalmente os próprios processos produtivos e as próprias relações com o contexto urbano; na busca de espaços cada vez mais amplos e mais acessíveis, se estendem nas margens das áreas metropolitanas e urbanas; multiplicam os centros e heterotopias[7] e reconfiguram, em

6. C. Buchanan, *Traffic in Towns*.
7. M. Foucault, Des espaces autres, *Architecture, Mouvement, Continuité*, n. 5.

territórios cada vez mais vastos, mapas e tempos de deslocamento.

Concentração e dispersão nas grandes periferias metropolitanas, nos *suburbs*, na "cidade região", se tornam fenômenos autocontraditórios, cada um causa de seu oposto. Eles fazem com que a cidade esteja constantemente à procura de um equilíbrio espacial e temporal entre sua própria função e a infraestrutura que permite uma atuação completa, fazem com que a cidade seja perenemente instável. A instabilidade, a impossibilidade de ter uma organização duradoura ao longo do tempo parece se tornar uma das conotações fundamentais da cidade do século vinte. Os problemas da mobilidade, para muitas cidades e territórios, se tornam um pesadelo.

É também devido a essas razões que, na segunda metade do século, quando a dispersão será um fenômeno evidente, uma concepção mais articulada da infraestrutura da mobilidade abre caminho. Em um campo metafórico muito devedor às ciências ambientais, serão abandonadas as grandes metáforas hidráulicas do período da progressiva "engenharização" do território; as redes da mobilidade não serão mais concebidas unicamente como componentes de tubos e canais de capacidade cada vez maior, mas também como um conjunto de vasos capilares de tecidos esponjosos; o trânsito não será mais concebido somente como um problema de adução e evacuação, mas, também, como problema de percolação na cidade e território, cujo caráter eminentemente poroso é cada vez mais reconhecido.

Cidade, Metrópole, Megalópole

Desde o final do século dezenove, crescimento e concentração urbana deram origem a uma reflexão importante sobre a cidade e a sociedade da grande metrópole, uma sociedade que parece bem diferente daquela do antigo regime: relações impessoais, anômicas, instáveis e aceleração extraordinária do movimento de pessoas, de coisas, ideias, notícias e informações. Literatura, artes visuais e musicais antecedem essa reflexão, que é fixada em alguns textos fundadores da sociologia moderna[8] ou de uma historiografia inspirada por uma percepção evolucionista[9] ou comparativa[10].

Colocados em uma longa perspectiva histórica, crescimento e concentração metropolitanos, agora as prerrogativas das ciências sociais determinam extensas pesquisas de campo, como aquelas realizadas, por exemplo, entre 1915 e 1940 pela Escola de Chicago ou então aquelas feitas no início dos anos cinquenta por Chombart de Lauwe para Paris. Elas têm como consequência o abandono das pesquisas sociais do século dezenove cheias de moralismo e a formulação de métodos de pesquisa e conceituação do fenômeno urbano e de suas articulações mais gerais[11].

Porém, na grande cidade moderna – lugar por excelência de uma divisão do trabalho na qual, a partir do século dezenove, o progresso tecnológico e a melhoria das condições materiais das populações residentes parecem estar ligados ao crescimento econômico – a organização espacial surge atrasada em relação à organização dos lugares de produção ou de trocas[12]. Elucidar, definir, separar e afastar, interligar e sincronizar lugares e ritmos de vida metropolitana por meio de um sistema racional de regras de utilização do solo e de um sistema de infraestruturas, também racional, parece, para toda a primeira metade do século, até os anos sessenta, o modo de dominar a angústia que acompanha o crescimento metropolitano.

8. F. Tönnies, *Gemeinschaft und Gesellschaft*; G. Simmel, *Die Grossstädte und das Geistesleben*; M. Weber, *Wirtschaft und Gesellschaft*.
9. H. Pirenne, *Les villes du Moyen Age*.
10. M. Bloch, *La Société féodale*
11. R. E. Park; E. W. Burgess; R. D. McKenzie, *The City*; P. H. Chombart de Lauwe, *Paris et l'agglomération parisienne*; idem, *Famille et habitation*, t. II.
12. L. Hilberseimer, *Groszstadt Architektur*.

Inevitavelmente associados à concentração urbana, são os intensos fluxos migratórios que, a partir do século dezenove, obviamente a alimentaram. Partes inteiras do continente europeu continuaram a ser, durante mais de três quartos do século vinte, a fonte onde procurar a força de trabalho e população. A transferência da população da zona rural para a cidade, da agricultura para a indústria, do Sul para o Norte, do mundo e das tradições rurais para o mundo e a cultura urbana, deu origem a novas exigências e a novas demandas radicais, ao mesmo tempo que determinou importantes mudanças nas relações entre as diversas cidades e as diversas regiões do continente e do planeta, modificando a organização hierárquica e os ritmos de crescimento.

No final do século vinte, as maiores cidades do mundo não são mais aquelas que Adna F. Weber estudava cem anos antes. Londres, a Monster City do século dezenove e a cidade mais populosa do mundo em 1900 (antes de Nova York, Paris, Berlim, Chicago e Viena), tinha se tornado, em 1950, em ordem de grandeza de população, a segunda cidade mundial (depois de Nova York e antes de Tóquio, Paris, Xangai e Moscou), descendo, no fim do século, ao décimo sexto lugar, precedida por Tóquio, Nova York, Seul, Cidade do México, Mumbai e por diversas outras cidades pertencentes, em sua maioria, a países de outros continentes[13]. Durante o século, a população de Tóquio cresceu vinte e três vezes, enquanto que a de Londres não chegou a duplicar. O centro de gravidade da população urbana se deslocou radicalmente, no entanto, a concentração urbana estacionou onde inicialmente tinha sido gerada, isto é, na Europa, e isso trouxe novas interpretações e novos comportamentos em relação ao fenômeno urbano.

Por outro lado, a concentração urbana nos países extraeuropeus, com uma perspectiva histórica de longa duração, não mais parece suscitar, para a maior parte dos estudiosos e dos governos, os pesadelos que do século dezenove

---

13. T. Chandler, *Four Thousand Years of Urban Growth*.

em diante tinha evocado no velho continente. Pelo contrário, ela é frequentemente interpretada, na metade do século, como fator de integração social e econômica, indicador e propulsor de fenômenos de modernização e mobilidade social acelerados, ocasião de reformas políticas importantes[14]. Nos países ocidentais, nem o crescimento impressionante dos extensos *slums,* nos quais muitas cidades dos continentes extraeuropeus parecem afundar, suscita angústias proporcionais às dimensões do fenômeno[15].

No entanto, a dispersão e o *sprawling* da cidade europeia e da ocidental, ao passar do tempo, é interpretada como forma de degradação da cidade moderna e das formas urbanas que a precederam, ou como um estágio evolutivo necessário, ou então, ainda, como antecipação de uma forma diferente de habitar, que suscita novas inquietações e angústias, construindo a segunda sequência da narrativa.

Em parte isso é também consequência da grande quantidade de levantamentos, estudos e hipóteses interpretativas que a cidade solicita durante todo o século. Nunca, como no século vinte, o fenômeno urbano foi tão extensamente estudado. Com um desvio sensível em relação aos séculos dezoito e dezenove, quando quem se ocupava das cidades eram principalmente os médicos, higienistas, engenheiros ou estudiosos das denominadas ciências de polícia, novas disciplinas, destacando-se de um tronco principal, com uma divisão e especialização do trabalho progressivas, o assumem como próprio e específico objeto de pesquisa, cada uma se subdividindo em áreas ainda mais específicas como, por exemplo, a geografia urbana, a história urbana, a sociologia urbana, a economia urbana e as ciências regionais. Mas a cidade se torna também objeto de estudo dos psicólogos, psiquiatras e, naturalmente, de estudiosos de ciências políticas e administrativas.

14. G.H. Beyer (ed.), *The Urban Explosion in Latin America.*
15. M. Davis, *Planet of Slums.*

Por um breve período, nos primeiros anos da década de sessenta, parece que os estudiosos dessas diversas disciplinas consolidaram o próprio estatuto disciplinar, o próprio objeto e os próprios métodos de pesquisa, podendo formular algumas hipóteses que se pretendem genéricas, ter certa estabilidade ao longo do tempo e poder reconstruir as próprias origens, frequentemente retroativas além da medida. Algumas grandes obras coletivas marcam esse momento de grande otimismo científico[16]. A difusão, por exemplo, nesses anos, de um novo tipo de teoria, a das ciências regionais, que se propõe como frente precursora da pesquisa territorial, corresponde, não somente e nem tanto, a uma nova configuração das disciplinas que se ocupam da cidade e do território, com uma tentativa de englobá-las em um único *frame*, estabelecendo novas hierarquias entre si. Mas também a uma organização das políticas, diferente e mais racional, que tenha como sujeitos a cidade e o território: entre essas, predominam as partes mais abstratas, de derivação neoclássica das disciplinas econômicas. Um comportamento que será submetido à dura crítica pelo elevado número de descrições de situações urbanas e territoriais concretas de anos sucessivos e pelo retorno à experiência que esta crítica indica. Um retorno que evidencia o caráter fragmentário da cidade, a impossibilidade de atribuir a ela uma única imagem, uma única explicação, uma única sociedade delimitada por uma visão *comprehensive*, e que enfatiza a função de integração social, que leva a adotar políticas fundamentalmente inspiradas na ação comunicativa[17] ou na ideia incrementalista de construção da cidade e suas políticas[18]. No fim do século, serão frequentes os

---

16. P. K. Hatt; A. J. Reiss Jr., *Cities and Society*; E. W. Burgess; D. J. Bogue, *Contribution to Urban Sociology*; P. M. Hauser; L. F. Schnore, *The Study of Urbanization*; American Economic Association-Royal Economic Society, *Surveys of Economic Theory*.
17. J. Habermas, *Zur Logik der Sozialwissenschaften*.
18. Ch. Lindblom, The Sociology of Planning. Thought on Social Interaction, em M. Bornstein (org.), *Economic Planning, East and West*.

estudos que, ao tentarem reconstruir a história de todas essas disciplinas, se perguntarão se o objeto de pesquisa, que parecia tão evidente algumas décadas antes, não se dissolveu devido à pressão dos inúmeros casos de estudo explorados nesse meio tempo e de hipóteses de interpretação, às quais se recorreu quando necessário. Ou, mais radicalmente ainda, se perguntarão se não estamos próximos do desaparecimento da cidade como típica forma de implantação e de organização social[19]. Não são poucos os estudiosos que acreditam que entre os anos sessenta e setenta, com os inevitáveis atrasos e antecipações de casos individuais, a cidade europeia tenha saído definitivamente da modernidade para entrar em um novo período, cujos delineamentos não estão totalmente definidos.

Talvez a história tenha sido sempre interpretada como marcada por rupturas ou por continuidade. Algumas linhas que nos mantêm amarrados ao passado de vez em quando se rompem, enquanto outras permanecem bem visíveis e fortes ou, então, até se iniciam. Por isso é importante dizer qual se rompe e qual permanece e no que se diferenciam da situação anterior, como e por que se passou de uma para outra. Ao contrário, procurar as causas e as origens, como nota Musil, é um pouco como procurar os próprios pais e assim ao infinito. Voltando atrás no tempo, percebemos que seria necessário uma infinidade de homens de então, para hoje produzir um só deles[20]. Não posso pretender tudo isso.

Dispersão

Em meados do século vinte, nos mesmos anos durante os quais o estatuto disciplinar de muitas áreas de pesquisa parecia se consolidar e enquanto eram predispostos alguns

19. P. Rossi (org.), op. cit.; A. Tosi, Verso un'analisi comparativa delle città, em P. Rossi (org.), op. cit.
20. J. Bouveresse, Robert Musil et le problème du déterminisme historique, *Iichiko*, n. 7.

projetos e políticas importantes que procuravam se confrontar com a nova dimensão da cidade, um outro grupo de estudiosos tenta, porém, reconceituar a história e a situação da cidade ocidental. *Il territorio dell'architettura* (O Território da Arquitetura) de Gregotti evidencia como a dilatação do fenômeno urbano em territórios de dimensões inusitadas induz ao estabelecimento de novas relações com as características topográficas de cada parte do território investida pelo projeto urbano e de arquitetura. *L'architettura della città* (A Arquitetura da Cidade) de Rossi interpreta a história da cidade europeia como construção contínua e definição dos caracteres tipológicos do espaço urbano. *Complexity and Contradiction in Architecture* (Complexidade e Contradição na Arquitetura) abre o caminho da aceitação de uma experiência urbana na qual, como nas cidades italianas do antigo regime, assiduamente estudadas por Venturi, a adaptação e a estratificação predominam sobre a afirmação rígida de um princípio[21]. A eles se seguem outros textos através dos quais é evidenciado um período de estudos que convida olhares diferentes do passado a depor sobre a cidade e sua história[22]. De fato, nesses anos, literatura e imaginários ocidentais começam a se impregnar de imagens ambivalentes e inquietantes: a metrópole de Simmel, Sombart e Benjamin, que preenchia os imaginários do início do século, se torna megalópole[23], se esparrama no *sprawl* do subúrbio americano[24], se transforma naquilo que, mais tarde, na Europa, assu-

21. V. Gregotti, *Il territorio dell'architettura*; A. Rossi, *L'architettura della città*; R. Venturi, *Complexity and Contraddiction in Architecture*.
22. M. Tafuri, *Teorie e storia dell'architettura*; idem, *Progetto e Utopia*; idem, L'Architecture dans le Boudoir: The Language of Criticism and the Criticism of Language, *Oppositions*, n. 3; R. Banham, *The Architecture of the Well-Tempered Environment*; R. Venturi; D. Scott Brown; S. Izenour, *Learning by Las Vegas*; C. Rowe; F. Koetter, *Collage City*; R. Koolhaas, *Delirious New York*.
23. J. Gottmann, *Megalopolis*.
24. H. Carver, *Cities in the Suburbs*.

mirá as formas da cidade difusa[25] ou do que será indicado nos Estados Unidos de diferentes maneiras como *edge city*[26], *galactic metropolis, exurbia, regional cities, sprawl cities,* em uma espécie de bulimia terminológica análoga àquela europeia e indicadora do embaraço que as novas formas de urbanização suscitam em seus observadores.

Bardamu, o personagem principal de *Voyage au bout de la nuit* (Viagem ao Fim da Noite), chegando a Nova York, no início dos anos trinta, vê uma *ville debout, absolument droite*, uma cidade vertical e perfeitamente ereta[27]. O termo *sprawl*, em uso na literatura anglo-saxônica da metade do século dezenove, deriva, no entanto, do uso substantivo de um verbo, *to prawl*, que significa deitar-se[28]. Essas duas imagens, a da cidade absolutamente vertical em um espaço limitado e a da deitada, implantada em territórios cada vez mais vastos, parecem marcar um ponto de passagem na história urbana europeia e ocidental, sempre interpretada como uma ruptura, uma passagem entre duas épocas distintas ou uma dissolução, quase uma transferência de uma imagem para outra.

Desde as últimas década do século vinte, os historiadores da cidade não se ocuparam muito da periferia, da suburbanização e da dispersão. Consideraram tanto uma como a outra consequência nefasta e sem importância para o crescimento urbano, fenômenos a serem condenados, mais do que estudados, com base em alguns juízos estereotipados. Com todas as probabilidades, o primeiro estudo de suburbanização nos Estados Unidos é de 1962 e é relativo somente a Boston[29]. É principalmente a partir dos anos de 1970 que a literatura norte-americana relativa aos subúrbios se amplia

25. D. Imbert, *The Modernist Garden in France*.
26. J. Garreau, *Edge City*.
27. L.-F. Céline, *Voyage au bout de la nuit*.
28. R. Ingersoll, *Sprawltown*.
29. S. B. Warner, *Streetcar Suburbs*.

de maneira impressionante[30]. A Europa tem uma história mais longa e complexa e, apesar disso, lá também a dispersão se torna objeto de estudos sistemáticos, mas não de caráter histórico, somente a partir do fim dos anos de 1970.

Apesar disso, da mesma maneira que a concentração urbana, a dispersão também poderia ser colocada em uma longa perspectiva histórica; as inquietudes que a acompanham e as esperanças que suscita eram, há muito tempo, incubadas na Europa e no mundo ocidental. Há séculos a Europa é um continente fortemente antropizado, constituído por uma densa rede de assentamentos dispersos. A construção, bem anterior à do século dezesseis, das "ville", com parques e jardins dispersos na área rural, por exemplo, na área veneta ou nos Flandres, marca uma primeira fase de apropriação e densificação de um território disperso[31]. As famílias londrinas mais ricas deixam a cidade dentro das muralhas, se disseminando no West End já antes da peste de 1665 e do grande incêndio de 1666, mas principalmente a partir daquele evento[32], iniciando a tradição da *english country house*[33]. Marcel Roncayolo mostra como, depois de Colbert, as políticas urbanas de Paris ou de Marselha oscilam entre exigências de ampliação da coesão urbana e da tentativa de frear a dispersão das classes mais elevadas nos territórios circunstantes[34]. A partir de meados do século dezenove, a construção de *suburbs* torna-se fenômeno difuso na Inglaterra, nos Estados Unidos, assim como em muitos outros países[35]. Na Alemanha do início do século, a pequena cidade – nem metrópole nem vilarejo – é considerada a única situação em condição de garantir coesão social e

30. B. M. Nicolaides; A. Wiese, *The Suburban Reader*.
31. J. S. Ackerman, *The Villa*.
32. P. Thorold, *The London Rich*.
33. P. Viganò, *La città elementare*.
34. *Lectures de villes*.
35. K. T. Jackson, *Crabgrass Frontier*; D. Hayden, *Building Suburbia*; J. Archer, *Architecture and Suburbia*.

liberdade individual[36]. Marcel Smets[37] e Bruno De Meulder[38] mostram como, no início do século vinte, a dispersão em Flandres, talvez a região na Europa onde o fenômeno assumiu as dimensões mais importantes e pervasivas*, tenha sido o resultado, em larga medida, de políticas explicitamente direcionadas com o fim de evitar a formação de grandes concentrações proletárias nas maiores cidades; entre essas políticas provavelmente a mais importante é a construção dos *peasant tramways*, isto é, a extremamente densa "infraestrutura" ferroviária e de bondes. Ettore Conti, o grande patrono da indústria elétrica italiana, nas primeiras décadas do século trazia como argumento a favor de uma eletrificação cada vez maior, as possibilidades que seriam oferecidas à dispersão da produção e das residências, com consequências análogas àquelas esperadas em Flandres[39].

Entre o final dos anos dez e até a Lei Loucheur de 1928, na França é desenvolvida uma periferia *pavillonnaire*, frequentemente abusiva, que dará origem aos chamados *mal--lotis*, famílias que, tendo comprado um lote de terreno sem suficiente conhecimento do lugar, se encontram depois lutando contra inundações e falta de infraestrutura adequada para a manutenção de seus investimentos. Peter Hall interpreta a dispersão como inevitável consequência da mais elevada mobilidade permitida pela difusão dos bondes, antes, e do automóvel, depois[40]. Como os bondes, as "gôndolas do povo", tinham produzido nos anos vinte

36. H. Tessenow, *Handwerk und Keinstadt*.
37. M. Smets, *L'Avénement de la cité-jardin en Belgique;* idem, La Belgique ou la banlieue radieuse, em *Paysage d'architectures*; idem, Die belgische Garden-Siedlung: Das Stadt-Land-Kontinuum als nationale Politik, em F. Bollerey et al. (orgs.), *Im Grünen wohnen – im Blauen planen*; idem, The Periphery: an exploratory study, em *Green Paper on the Urban Environment*.
38. B. De Meulder, M. Dehaene, *Atlas*.
* Termo muito utilizado pelo autor, sem correspondente direto em português, mas de uso corrente e significa penetrar e se disseminar em um corpo (N. da T.).
39. E. Conti, *Dal taccuino di un borghese*.
40. P. Hall, *Megacities, World Cities and Global Cities*.

e trinta as *plotlands* – loteamentos abusivos que invadiram vastas áreas do Sudeste da Inglaterra e as regiões limites das maiores cidades[41] –, o automóvel se torna, segundo Peter Hall, segundo muitos estudiosos e segundo uma opinião difusa, o maior responsável da dispersão na última parte do século. Mas, como o telefone algumas décadas antes, era necessário que atores concretos considerassem útil e conveniente separar os escritórios das fábricas. Assim, o automóvel permitiu a dispersão porque na sociedade já operavam tensões que levaram muitos grupos sociais a preferirem a habitação dispersa às localizadas em áreas urbanas mais densas. Em 1932, Thomas Sharp e os jornalistas conservadores da época descreviam o *bungaloid growth* com palavras e imagens idênticas àquelas utilizadas cinquenta anos depois para Flandres ou para a área veneta[42]. Nos anos noventa, Francisco Indovina antes, Stefano Boeri, Arturo Lanzani e Edoardo Marini depois, descrevem as modificações da estrutura e da imagem do Veneto e do território metropolitano milanês produzido pelos intensos fenômenos de descentralização produtiva, da dispersão das atividades e da população, produzidas nas duas décadas precedentes[43]; Stefano Munarin e Chiara Tosi analisam detalhadamente a história e as características da dispersão no Veneto, uma das regiões italianas que primeiro incita, a partir dos anos setenta, o estudo das novas características do fenômeno urbano[44]; Paola Viganò analisa a história, as características e as oportunidades oferecidas pela dispersão no Salento, região do extremo sul da Itália, para a construção de uma nova forma de espaço habitável, de uma nova modernidade[45].

---

41. P. Hall; C. Ward, *Sociable Cities*.
42. T. Sharp, *Town and Countryside*.
43. F. Indovina, *La città diffusa*; S. Boeri et al., *Il Territorio che cambia*.
44. S. Munarin; M. C. Tosi, *Tracce di città*.
45. P. Viganò, *Territori della nuova modernità/Territories of a New Modernity*.

Xaveer de Geyter compara a dispersão urbana em diversas áreas europeias[46]; Thomas Sieverts interpreta o território alemão como constituído por boa parte de uma região metropolitana extensa e sem um centro claramente perceptível[47]; Robert Bruegmann reconstrói a história do *sprawl*[48]. As previsões de H. G. Wells parecem ter se realizado[49].

Em 1838, Claudius Loudon escrevia que uma das grandes vantagens de uma residência suburbana consistia na possibilidade de usufruir equipamentos de um vilarejo vizinho; mora-se no meio da natureza sem perder as vantagens da cidade[50]. No fim do século, a propaganda europeia sobre as residências suburbanas usa os mesmos argumentos para propor uma forma de morar diferente da urbana: "uma residência em áreas verdes próximas às lojas e serviços públicos da prefeitura de …".

Uma Nova Forma de Habitar

A dispersão é um fenômeno que incomoda. Dificilmente podendo ser expressa em poucas palavras e conceitos, ela resiste a todo esforço descritivo. Nos anos oitenta, uma boa parte da literatura recorrendo a técnicas diferentes, da ἔκφρασις à micro-história, ao inventário, ao repertório, ao catálogo ou ao *sampling* – tenta ilustrar, mediante "densas descrições", "aprofundamento de mapas" e *mise en abîme*, as características da nova situação da cidade e dos territórios europeus e americanos. É um retorno à experiência como fonte de conhecimento primário; um retorno antropocêntrico que talvez forneça periodicamente

46. X. de Geyter, *After Sprawl*.
47. T. Sieverts, *Cities Without Cities*.
48. R. Bruegmann, *Sprawl*.
49. H. G. Wells, *Anticipations of the Reactions of Scientific and Mechanical Progress upon Human Life and Thought*.
50. J. Archer, Country and City in the American Romantic Suburb, *Journal of the Sciety of Architectural Historians*, 42.

as conotações de toda a história da ciência ocidental[51]. Alternadamente apresentado em uma perspectiva hermenêutica, existencial ou neorromântica, o fenômeno da dispersão é sempre acompanhado por certo distanciamento crítico do caráter sistemático, descontextualizado e cumulativo da racionalidade técnica, da ênfase sobre a complexidade, em vez da exigência de sua redução, talvez mostrando nossa incapacidade de usar a acumulação da cultura especializada para o enriquecimento da existência cotidiana. Ainda mais radicalmente, ele é acompanhado pela suspensão da ideia de verdade pública que conotou a parte central do século. Tudo isso leva à integração, no conjunto dos saberes relevantes para o estudo e projeto da cidade, de disciplinas como a etnologia e etnografia, às pesquisas, por exemplo, e aos textos de Ulf Hannerz ou de Marc Augé e Pierre Bourdieu[52].

A descrição parece ser um exercício limite. Esforçando-se em resistir à linearidade das explicações pré-construídas, ela propõe dirigir a atenção, desde posições elementaristas, para as materialidades que constituem a cidade e o território[53]. Com a tentativa de organizar um saber assistemático visível, de estrutura eminentemente fragmentária, que não necessita de legitimações fortes, a descrição procura construir, como elemento ordenador, uma vasta gama de experiências: "forma dos elementos, quantidade desses elementos, como eles se distribuem no espaço uns em relação a outros e dimensões relativas de cada um"[54]. Bem conscientes da impossibilidade de construir uma minuciosa cópia do real, as descrições repetitivas da cidade e do território do fim de século fazem emergir o fragmento, o específico, o local, a irredutível diferença, mostrando que o espaço da dispersão

51. D. Bloor, *Knowledge and Social Imagery*.
52. U. Hannerz, *Exploring the City*; M. Augé, *Un Ethnologue dans le métro*; idem, *Domaines et Châteaux*; idem, *Non lieux*; P. Bourdieu (org.), *La Misère du monde*.
53. P. Viganò, *La città elementare*.
54. M. Foucault, *L'Archéologie du savoir*.

não é homogêneo e isótropo, mas constituído de agrupamentos de elementos fragmentários entre os quais se torna importante estabelecer novas relações[55].

Goethe, nas palavras de Peter Behrens, o último grande espírito sintético, desconfiava do uso de microscópio porque o considerava um instrumento que impedia a visão do conjunto, o domínio de amplos pontos de vista[56]. Uma fábula recente, aparentemente despretensiosa, mas de natureza politica, discorre sobre um ditador que proíbe os habitantes da cidade de subir nas colinas que a circundam porque de cima é possível ter uma visão de conjunto, uma visão não somente das coisas, mas de suas relações recíprocas, de sua coerência e sentido[57].

As repetidas descrições da cidade difusa e de suas microscópicas variações têm obrigado a conscientização de uma transformação definitiva e geral da sociedade ocidental; uma transformação que ocorre há tempo, mas, somente nas últimas décadas do século, produz suas próprias consequências sobre o modo de pensar a cidade e suas políticas.

Na primeira metade do século, a sociedade urbana, para não dizer toda a sociedade, foi concebida como se fosse formada por grandes agregados, classes ou segmentos, cujas essências são fundamentalmente homogêneas, tanto em seus comportamentos como em suas aspirações. A cidade é lugar onde essas agregações, mobilizando discursos específicos, se encontram e disputam entre si, conquistando reconhecimento, hegemonia e poder. A maior parte das políticas urbanas procura construir, pragmaticamente, uma ponte entre as exigências dos diversos grupos em competição entre si.

Um ponto de encontro, de consenso, nas realizações, é constituído, por exemplo, pela centralização das políticas da habitação na primeira metade do século até a década de

---

55. R. Barthes, *Essais critiques*; B. Secchi, *Dell'utilità di descrivere ciò che si vede, si tocca, si ascolta*.
56. F. Dal Co, *Abitare nel moderno*.
57. E. Orsenna, *Les Chevaliers du Subjonctif*.

sessenta. Isso se dá tanto na Europa como nos Estados Unidos, no período do New Deal. A política de habitação nasce de uma política econômica e social mais ampla, e determinará, ao longo de todo o século, um conjunto de estudos, pesquisas e políticas que lentamente modificam o papel do Estado em relação à cidade, e também o da cidade em relação às políticas públicas. Em outras palavras, a cidade se torna o lugar onde, durante toda a primeira metade do século, são testados alguns aspectos do *welfare state*. Isso irá produzir importantes frutos quando políticas urbanas e projetos da cidade se confrontarem de maneira mais próxima e direta com os três grandes temas propostos pela sociedade do século vinte, evidenciando, pelas descrições cada vez mais frequentes das características da cidade e dos territórios europeus, o aflorar do sujeito e de sua autonomia irredutível, sua necessidade de um espaço para *privacy* e isolamento; o aflorar do cotidiano, da dimensão corporal e temporal da cidade como dimensões fundamentais do bem-estar individual e coletivo; e, finalmente, a progressiva democratização do espaço com uma profunda redistribuição dos valores e uma modificação dos imaginários individuais e coletivos.

Na última parte do século, muitas pesquisas antropológicas, particularmente concentradas na cultura material, substituem o naturalismo do período entre as duas guerras, quando a habitação é considerada, antes de mais nada, um problema biológico[58], por uma interpretação cultural do aflorar de necessidades, desejos e aspirações não redutíveis. A comida que se come, as roupas que são vestidas, a ocupação do próprio tempo e dos próprios recursos, o cinema, os livros, o automóvel e as férias, diz Mary Douglas, aliás, citando quase literalmente uma página de *The Portrait of a Lady* (Retratos de uma Mulher), romance que Henry James escreveu em 1881, são opiniões relativas ao tipo de sociedade que se deseja. Mesmo se amplamente dominadas pelas tradições, essas posições se formam e exprimem –

---

58. C. Aymonino (org.), *L'abitazione razionale*.

guardadas as devidas diferenças – de maneira análoga, tanto nas sociedades ricas quanto nas típicas sociedades arcaicas[59]. Em uma cidade como a europeia do fim de século, isso desvia o centro da atenção – do ser vivo enquanto tal e dos grupos menos privilegiados, principalmente dos situados abaixo da linha de pobreza – para a identificação de diferentes grupos culturais, para as diversas formas de expressão em relação ao ambiente e à cidade, seus mitos e imaginários; para suas raízes, para a história das mentalidades, para a diferença e sua história, sua longa duração e as diversas dimensões do tempo. A sociedade urbana, não mais interpretável como formada por grandes agregações homogêneas, se dissemina no inumerável, em uma dispersão de grupos sociais ciosos dos próprios estilos de vida, entre os quais, a dispersão da cidade difusa se torna representação concreta.

Mas a dispersão não é somente uma nova forma de habitar, é também uma nova forma de produção do espaço[60]: novas constelações de operadores, novas relações entre eles e com o sistema político administrativo, novas instituições e procedimentos. Por volta dos anos de 1960, devido aos inevitáveis adiantamentos e atrasos dos diversos países, muitas coisas mudaram também em relação a isso.

Se a observarmos não somente sob o ponto de vista das formas do habitar, mas também pelas formas de produção do espaço, a dispersão, que no fim do século caracteriza muitos territórios europeus, surge como fenômeno diverso do *suburb* norte-americano. Os dois fenômenos, apesar de serem similares em muitos aspectos, têm uma história e uma dimensão diferente; diverso foi o papel dos atores que concorreram para suas realizações, diversas foram as retóricas que os mantiveram, diversas as motivações de quem as escolheu como lugar de residência ou onde posicionar a própria atividade. Isso não exclui que, em poucos anos, eles possam se desenvolver de maneira bem parecida.

59. M. Douglas, *Thought Styles*.
60. H. Lefèbvre, *Critique de la vie quotidienne*.

Suburbs

O subúrbio norte-americano obviamente tem uma história menos longa que a europeia, mas que, mesmo assim, remete pelo menos à primeira metade do século dezenove. Estimulado por uma forte tradição antiurbana, os *suburbs* têm como raízes o crescimento da cidade industrial e portuária, a densidade, a insalubridade e a diversidade social e racial, caracterizando-a cada vez mais. A ela vem atribuídos o agravar contínuo das condições de vida na *inner city* e a explosão das subversões dos anos 60 do século vinte. Mas as raízes dos subúrbios são também e, talvez, principalmente, as diversas dimensões do *american dream*, do sonho de uma casa individual, de um jardim e de uma vida em uma comunidade de vizinhos socialmente homogêneos, isto é, brancos e pertencentes à classe média[61]. Enfim, o subúrbio certamente foi facilitado pelo desenvolvimento dos transportes[62] e pelo progresso técnico e, ao menos até os anos de 1930, foi apoiado pelas políticas de crédito e fiscais do Governo Federal. Porém, durante sua longa história, o subúrbio americano mudou tanto em suas características fundamentais como na sua extensão; de maneira análoga, mudaram os principais atores envolvidos, seja do lado da demanda, seja daquele da produção e suas motivações e aquilo que determinou situações bem diferentes entre si que não reconduzem a um único modelo[63]. De fenômeno de elite e exclusivo, motivado pela busca de uma relação mais próxima com a natureza, a utopia burguesa[64], a fenômeno de massa eminentemente guiado pelas idiossincrasias e pelo sistema de valores típicos das classes médias, com retóricas comunitárias, o subúrbio é principalmente uma instituição dominada pela ideia de diferenciação, ri-

61. D. Hayden, *Building Suburbia*.
62. K. T. Jackson, *Crabgrass Frontier.*
63. Idem; D. Hayden, op. cit.
64. R. Fishman, *Bourgeois Utopias.*

queza, raça e etnia[65]. Radicadas no moralismo da sociedade americana, principalmente pela sua parte branca e protestante[66], essas ideias foram amplamente utilizadas por um vasto sistema de atores envolvidos no desenvolvimento suburbano, dos promotores imobiliários a diversos grupos profissionais, aos bancos e políticos locais. Dos *enclaves* situados em lugares cuidadosamente escolhidos por suas características naturais e topográficas desenhadas pelos arquitetos e paisagistas mais famosos da época, como Clapham, em Surrey, ou como os primeiros subúrbios ao longo do Hudson ou Riverside em Illinois, às longas faixas de casas, geralmente desenhadas por engenheiros das administrações locais e construídas por pequenos empreendedores ao longo das linhas de transporte público fora da cidade, muitas vezes se tornaram ocasião para realizar grandes especulações edilícias como Grossdale, na periferia de Chicago, às incalculáveis extensões de casas individuais com jardim, como em Levitown e Forest Hill no pós-guerra, ou como nos inúmeros exemplos que se seguiram e onde a cidade parece se dissolver em um território urbanizado disforme e sem limites. No fim do século, alguns observadores pensam poder dizer que as cidades se tornaram como os subúrbios e os subúrbios como as cidades[67].

O *suburb* e a dispersão sempre foram muito criticados: considerados economicamente ineficazes pelos percursos mais longos e pela imposição do uso de automóveis, socialmente condenáveis pelas políticas de exclusão/inclusão implícitas; prejudiciais à conservação da paisagem devido à grande quantidade de solo que é por eles invadida, e esteticamente feios principalmente pela arquitetura da cidade que os determinam, dispersão e subúrbio foram associados, tanto nos Estados Unidos como na Europa, por críticas fundamentalmente

65. P. Bourdieu, *La Distinction*.
66. G. Wright, *Moralism and the Model Home*.
67. K. T. Jackson, op. cit.

similares. Robert Bruegmann, em uma sua primeira reconstrução histórica sobre essas críticas, individualiza três grandes campanhas contra os *sprawls*[68]. A primeira na Inglaterra, nos anos de 1920; os maiores protagonistas foram Clough Williams-Ellis e Thomas Sharp seguidos por Lewis Mumford nos Estados Unidos; a crítica apontava principalmente a estética do subúrbio[69]. A segunda, nos Estados Unidos, nos anos do pós-guerra. Os principais protagonistas foram William H. White, Lewis Mumford, Jane Jacobs, Herbert Gans[70] e dois relatórios respectivamente financiados pela Real Estate Corporation e pelo Rockefeller Brothers Fund[71]. Por trás encontramos Rachel Carson e Barry Commoner[72]. A ênfase é colocada sobre o custo da dispersão, nas práticas de exclusão social e nos simbolismos interligados, sobre os aspectos ambientais e o uso excessivo do automóvel. Enfim, a terceira, realizada a partir dos anos de 1980, nos Estados Unidos e na Europa, é conduzida por Andrei Duany e Elisabeth Plater-Zyberk e pelos defensores do *smart growth* e do *new urbanism*. Suas críticas retomam os temas tradicionais, porém insistem muito sobre os aspectos estéticos e simbólicos. Sua referência principal é Leon Krier[73].

Durante essas campanhas diversos estudiosos procuraram, sob diversos pontos de vista, tomar certa distância crítica do mito do subúrbio, iniciando assim uma ampla literatura, filmografia e produção televisiva que restitui, no fim do século, uma imagem de subúrbio menos favorável do que propunha a propaganda dos anos do pós-guerra. O seriado

68. R. Bruegmann, *Sprawl*.
69. C. Williams-Ellis, *England and the Octopus*; T. Sharp, *Town and Countryside*; L. Mumford, *The Culture of Cities*.
70. W. H. White, *The Organization Man*; idem, *The Exploding Metropolis*; L. Mumford, *The City in History: Its Origins*; J. Jacobs, *The Death and Life of Great American Cities*; H. J. Gans, *The Levittowners*.
71. W. H. White, *The Exploding Metropolis*; W. Reilly; Real Estate Corporation. *The Costs of Sprawl*.
72. B. Commoner, *The Closing Circle*; R. Carson, *Silent Spring*,
73. A. Duany et al., *Suburban Nation*.

de TV *Desperate Housewife* é um exemplo. Porém, contemporaneamente essa mesma literatura, tão ampla quanto a literatura que a discutiu, levanta, tanto nos Estados Unidos como na Europa, temas provavelmente mais importantes relacionados com o projeto urbanístico e seu papel, a democracia e suas formas, incluindo aquelas espaciais, a estética e a origem classicista dos diversos mitos que se tornaram clichês.

Porém, muitos moradores dos *suburbs* deveriam reconhecer, nas últimas décadas do século, que não era ali que se poderia realizar o sonho americano: a relação com a natureza tinha desaparecido ou havia sido mistificada nas amplas extensões de terrenos urbanizados. A dimensão comunitária era obstaculizada pela absoluta falta de privacidade nas relações com os vizinhos e, por outro lado, pelas políticas e comportamentos de inclusão e exclusão da sociedade americana. A solução era fechar-se no isolamento da própria casa, contrariamente às ideias originais, por cercas e portões.

Por outro lado, a saída constante de grupos sociais com renda relativamente elevada da cidade para o subúrbio tinha gerado, a partir dos anos de 1960, uma profunda crise fiscal em grandes cidades como Nova York, que, pelo contrário, tinham necessidade de investimentos para cobrir despesas de funcionamento dos espaços e dos serviços públicos mais ingentes. Como é óbvio, tudo isso teria levado a um agravamento das condições de vida. É nesse clima, a partir dos anos 60, mas principalmente dos anos 80, que alguns grupos de renda médio-alta começam a retornar para a cidade dando início aos processos de *gentrification*, que caracterizam a *revanchist city* do fim de século e fazem alguns pensarem que a expansão do subúrbio tenha chegado a seu fim[74]. Nos processos de *gentrification*, investe-se em alguns lugares da cidade e tendem a se expandir em seu entorno. Seu limite é descontínuo e constrói

74. K. T. Jackson, op. cit.

uma cidade com pele de leopardo[75]. A esperança de alguns é que os lugares tranformados por este processo consigam constituir uma massa crítica suficiente para modificar a cidade inteira. Apesar disso, no fim do século, nos Estados Unidos a população dos *suburbs* é mais numerosa que a soma da população dos centros urbanos e do campo. Mais de 50% da população norte-americana vive em um subúrbio e nunca os subúrbios cresceram tanto, seja em termos de população, seja de extensão, como nas últimas duas décadas do século vinte[76].

Da mesma maneira que o subúrbio, a *gentrification*, termo inventado em 1964 pela socióloga inglesa Ruth Glass[77], não é fenômeno tipicamente norte-americano. Nos mesmos anos verificam-se fenômenos análogos em Londres ou em Paris, como também em muitas outras cidades europeias e americanas; principalmente o retorno de jovens casais instruídos e com renda médio-alta ao centro da cidade, também é um fenômeno que investe diversas cidades europeias[78]. Por outro lado, episódios limitados de *gentrification* já haviam ocorrido em cidades europeias e americanas nos anos precedentes ao segundo pós-guerra. A Paris de Haussmann como a Londres coeva tinham conhecido processos de *gentrification* bem extensos. Mas, nas últimas décadas do século, os mesmos fenômenos assumem, nos Estados Unidos, uma dimensão retórica que remete a um dos mitos em que se baseia a sociedade norte-americana: a cidade é representada e percebida como uma floresta, lugar de risco, e os novos habitantes são vistos como pioneiros, a reconquista dos territórios urbanos degradados é comparada à grande epopeia da "fronteira"[79]. Inexplicavelmente a mesma

75. N. Smith, *The New Urban Frontier*.
76. D. Hayden, *Building Suburbia*.
77. R. Glass, *London: Aspects of Change*.
78. P. Viganò, *No Vision*.
79. N. Smith, op. cit.

metáfora já tinha sido usada nos anos de 1950 para os novos habitantes dos *suburbs*[80].

Os ricos, e por ricos deve-se entender não somente os grupos com renda e patrimônio elevados, mas também aqueles com capital cultural ou social consistente que confere um status e muitas vezes uma renda análoga à da pessoa dotada de um elevado capital econômico[81], sempre tiveram, em um nível transnacional, um papel de guia nos comportamentos sociais. Não se trata tanto ou somente de imitação quanto, em um nível mais abstrato, de transmissão de sistema de valores, ideias e comportamentos. Os primeiros subúrbios americanos são uma tradução dos *villa parks* ingleses que, por sua vez, derivam das *country houses* do século dezoito, que haviam observado atenciosamente as vilas paladianas. De maneira análoga, o subúrbio exclusivo, o *enclave* socialmente seletivo, apesar de dimensões reduzidas e menos invasoras, é uma forma urbana que acompanha a história europeia assim como a de outros continentes. No fim do século, isso acontece para as *gated communities* e para os processos de *gentrification*. Em 1988 os manifestantes de Tompkins Square Park escreviam em suas faixas "A *gentrification* é uma luta de classes" e provavelmente não estavam distantes da verdade, porque mais do que suburbanização ela é a representação da polarização progressiva da riqueza e da pobreza na sociedade contemporânea.

Slums *e* Gated Communities

De fato, boa parte dos observadores contemporâneos concorda que existe uma discrepância crescente entre riqueza e pobreza na escala planetária e na maior parte dos países, incluindo aqueles mais ricos. Boa parte concorda também

---

80. W. H. White, *The Organization Man*.
81. P. Bourdieu, *La Distinction*.

que as regiões urbanas são o lugar onde essas diferenças são mais evidentes.

A formação de vastas áreas de pobreza ou, ao contrário, reservadas para a população urbana mais privilegiada, a divisão e separação espacial destes dois tipos de áreas, a formação de enclaves e guetos, respectivamente pobres e ricos, não é um fenômeno que pertença somente ao século vinte. Romances e pesquisas do século dezenove estão cheios de descrições de ambas as situações; o que pode surpreender é o impetuoso crescimento e a escala do fenômeno na segunda metade do século vinte.

Apesar de ter sido desde sempre imaginada como lugar da mistura e integração, a cidade já foi também, e muitas vezes, potente máquina de distinção e separação, de marginalização e exclusão de grupos étnicos e religiosos, de atividades e profissões, de indivíduos e de grupos dotados de identidade e estatutos diferentes, de ricos e pobres.

As estimativas das Nações Unidas dizem que, em 2005, mais de um bilhão de indivíduos vivem em *slums*[82]. Não existem estimativas gerais e não é de se estranhar a quantidade de pessoas que vive nos "guetos de Gotha" ou nas *gated communities*, outro fenômeno que assume grande visibilidade na segunda parte do século, mas sem sombra de dúvidas em número inferior. Em 1996, Edward Blakely e Mary Gail Snyder estimaram que cerca de dez milhões de cidadãos norte-americanos viviam em vinte mil *gated communities*[83]. Em 2001, Sanchez e Lang, com uma estimativa mais apurada, indicavam em aproximadamente sete milhões as famílias, correspondente ao 5,9% das famílias norte-americanas, que viviam em comunidades circundadas por muros e outras quatro milhões que viviam em comunidades que possuíam vários tipos de controle de acesso[84]. No total, em 2001, cerca de 16 milhões de pessoas viviam

82. DPU/UCL, UN-Habitat, *Understanding Slums*.
83. E. J. Blakely; M. G. Snyder, *Fortress America*.
84. T. Sanchez; R. Lang, Security versus Status. The Two Worlds of Gated Communities, em *Draft Census Note 02:02*.

em *gated communities*. Mas as *gated communities* não são um fenômeno somente norte-americano. No Brasil, a companhia americana Alphaville construiu e ainda constrói uma série de condomínios fechados de grandes dimensões, verdadeiras e próprias cidades novas com uma população que, em alguns casos, pode superar cem mil habitantes. Na Argentina, em Buenos Aires, existem cerca de 450 *condominios cerrados* chamados de diferentes maneiras[85]. Os *gated communities* podem ser encontrados em qualquer parte do mundo, tanto na Europa como nos países do ex-bloco socialista, na China, no mundo árabe e na África, com a mesma frequência ou não dos norte-americanos.

A palavra *slum*, provavelmente de etimologia alemã, vem da gíria dos delinquentes e, em sua origem, indicava as atividades delinquentes. Por extensão, o termo acabou se referindo aos lugares onde se pensava que essas atividades aconteciam mais frequentemente. Ao *slum*, considerando-o qualquer parte da cidade habitada principalmente por uma população pobre, é atribuída uma péssima reputação geradora de medo[86].

Porém, *slums* e *gated communities* são termos vagos que recobrem uma ampla gama de situações. Certamente há uma grande diferença entre Dharawi, em Mumbai, com seu milhão de habitantes ou então os mais amplos *slums* da Cidade do México, Caracas ou Bogotá e os *slums* de Dublim descritos nos primeiros anos do século dezenove por John Whitelaw[87], os de Manchester pesquisados por Engels ou os londrinos estudados por Charles Booth[88]; entre os nova-iorquinos descritos e fotografados por Jacob A. Riis no fim do século dezenove[89] ou os estudados nos anos de 1930 por James Ford, Katherine Morrow e George

85. M. Svampa, *La brecha urbana*; G. Ceceres; F. Sabatini (eds.), *Barrios cerrados en Santiago de Chile*.
86. J. Prunty, *Dublin Slums, 1800-1925*.
87. Idem.
88. *Life and Labour of the People in London*.
89. *How the Other Half Lives*.

N. Thomson[90]. De maneira análoga existem muitas diferenças entre os "guetos de Gotha" estudados por Michel Pinçon e Monique Pinçon-Charlot"[91], as *gated communities* americanas e os *condomínios fechados* de São Paulo ou os *barrios cerrados* de Santiago do Chile. Ambos, seja o *slum,* seja a *gated community*, são formas de habitar típicas de uma sociedade dividida, que sofreu no tempo uma evolução profunda, desde os *tenements* congestionados de Nova York às construções de lata, madeira e sobras de materiais do *slum* africano, como o edifício com porteiros do XVI$^{\underline{o}}$ *arrondissment* parisiense, a rua particular ou o *square* particular londrino, o condomínio com guardas armadas de São Paulo, a *gated community* cercada e com serviço de segurança vinte e quatro horas por dia ou o bairro urbano protegido para impedir a entrada de estranhos. O tempo e as diferentes situações locais e culturais produziram uma grande variedade de soluções tanto em um como em outro setor, mas algo as uniu e é impossível pensar em uma forma sem pensar na outra. Elas são as duas faces de uma cidade na qual as diferenças e as distâncias entre ricos e pobres estão dramática e progressivamente crescendo. Mas também são lugares onde uma sociedade de desiguais representa não somente ela mesma, mas também constrói a própria identidade.

A concentração nas grandes cidades ou em determinadas partes da *misère du monde*[92] daqueles que no tempo foram representados como povo, multidão, massa ou como *misérables, classes dangereuses* ou então simplesmente como pobres, sempre criou certa inquietação, pelo menos em relação às doenças e miséria que a ela e em qualquer lugar estão associadas. Como a lepra, a peste e a varíola, ela é a origem de medos individuais e coletivos que agiram no imaginário coletivo. Como a lepra, a peste e a varíola muitas vezes ela construiu a demanada de políticas de exclu-

90. Cf. J. Ford et al., *Slums and Housing.*
91. Cf. *Les Ghettos du gotha.*
92. M. Focault, *Surveiller et punir.*

são específicas, de afastamento ou internação e, na maioria das vezes, como nas carestias, levaram à procura de um culpado, identificado a cada vez no diverso e principalmente no estrangeiro[93].

O medo que invade o mundo hodierno não é um fenômeno novo; nunca existiu um tempo passado no qual não se sentiu medo. O medo atravessou toda a nossa história desde a mais remota antiguidade[94]: medo da agressão do inimigo, do infiel, da doença e do contágio, da carestia e da fome, medo das calamidades naturais, de uma natureza cruel, medo do "outro" e do "diverso". A Europa também conheceu o medo nas formas atuais mais específicas. Por exemplo, entre meados do século XV e XVII, as distâncias entre ricos e pobres aumentou consideravelmente e consequentemente o medo de desordens sociais reforçou, na cidade europeia, uma série de mecanismos físicos e jurídicos de segregação e exclusão[95]. A história dos *suburbs* norte-americanos, principalmente após o segundo conflito mundial, é uma história análoga de busca constante da separação e exclusão[96]. Mudando a natureza daquilo que provoca medo, muda a retórica da segurança e principalmente mudam os mecanismos dispostos para debelar o medo. A escolha de lugares inacessíveis, bem defendidos por barreiras naturais, construções de fossos e muralhas, mecanismos jurídicos que limitam o acesso, a saída ou o trânsito, definem o estatuto especial de determinados lugares ou territórios. O catálogo dos mecanismos não é infinito; ao longo da história eles são aperfeiçoados e ajustados, é dada a eles uma importância e uma prioridade diferente; principalmente, eles são combinados e justificados diversamente. Na sociedade da comunicação as retóricas do medo muitas vezes têm con-

93. P. Bourdieu (org.), *La Misère du monde.*
94. J. Delumeau, *La Peur en Occident.*
95. C. Lis; H. Soly, *Poverty and Capitalism in Pre-industrial Europe.*
96. S. Low, *Behind the Gates.*

sequências materiais mais evidentes do que os próprios fatos que tentam evocar[97].

Mas o medo não é o único responsável pela distinção e separação espacial de um território e da cidade, de atividades e profissões, indivíduos e grupos dotados de identidade e status diferentes, de grupos étnicos e religiosos, ricos e pobres. Na mesma direção, tradições científicas e profissionais trabalharam longamente e, entre elas, as políticas da cidade e do território têm um lugar privilegiado.

Políticas e Projetos

Durante um longo período, até as últimas décadas do século vinte, as políticas urbanas e os projetos europeus procuraram dar uma dimensão concreta do *welfare* coletivo e individual, determinando uma grande variedade de políticas e projetos para a cidade e construindo uma verdadeira e própria tradição do urbanismo europeu que, somente no fim do século, parece perder as próprias características.

Em um nível bem geral, as políticas e os projetos que contribuíram para essa tradição se configuram como a "moralização" da cidade do século dezenove, como busca do limite da expansão urbana ou busca de uma nova ordem espacial, e adotarão o aspecto da descentralização urbana, nos diversos aspectos de construção de *garden cities*, de *new towns*, de cidades e bairros satélites; de deslocamento, descentralização e relocalização de instalações produtivas, de equipamentos coletivos e lugares centrais; da separação, afastamento ou reaproximação e sobreposição daquilo que, no plano social ou funcional, é considerado incompatível ou complementar; da construção de uma unidade de vizinhança ou de bairro autossuficiente, onde tanto a dimensão individual como a coletiva da vida associada tenham um modo de se ex-

97. S. Low; N. Smith (orgs.), *The Politics of Public Space*.

primir e representar; da construção dos *green belts* e retículos verdes que, limitando a expansão urbana ou, separando entre si partes de cidade diferentemente conotadas do ponto de vista funcional e social, construam novas paisagens urbanas.

A crítica das primeiras décadas do século passado em relação à cidade do século dezenove e à sociedade disciplinar que nela é representada como forma de organização social e espacial, adotada pela instituição inteira, em particular pela grande fábrica, lança-se, em um primeiro momento, como já disse, em duas direções diversas: a da construção de uma alternativa à grande cidade ou de sua "moralização".

A primeira diretriz, inaugurada por Ebenezer Howard nos últimos anos do século dezenove[98], corresponde, por exemplo, à construção, em toda a Europa assim como em outros continentes, de numerosas cidades jardins[99], à proposta de Henry Ford e Frank Lloyd Wright sobre a construção de tantas cidades de pequenas dimensões dispersas no grande território americano, à análoga proposta da "cidade do trabalho" na União Soviética, à realização, a partir dos anos cinquenta, das *new towns* inglesas e, nos anos sessenta, das *villes nouvelles* francesas. Essa diretriz, como muitas outras inovações, contrariamente à hipótese e às ilusões de Howard, necessita de um poder que a torne apropriada: um capitalista filantropo, por exemplo, como nas cidades jardins minerárias de Limburgo[100]; uma específica instituição pública, como para as cidades jardins do prefeito Sellier na França; ou o poder do Estado, como nas "cidades do trabalho" soviéticas, nas *new towns* inglesas ou nas *ville nouvelles* francesas.

98. E. Howard, *To-morrow*; idem, *Garden Cities of To-morrow*.
99. P. Hall; C. Ward, *Sociable Cities*; S.V. Ward (ed.), *The Garden City*.
100. B. De Meulder, Waterschei-lez-Genk, em A. Loeckx; M. Smets, *Geschiedenis op zoek naar waardig vervel*; A. Loeckx, *Waterschei, de ruimtelijke samenhang als monument*, em A. Loeckx, M. Smets, *Geschiedenis op zoek naar waardig vervelj*.

A segunda diretriz, a da "moralização" da cidade existente, é representada, por exemplo, pelo pensamento de Otto Bauer, importante expoente do austromarxismo, que considera que a cidade, mais do que uma grande fábrica, é uma grande máquina filantrópica e pedagógica que estimula uma transformação social gradual; essa ideia é apresentada principalmente nos anos vinte através das grandes experiências da Amsterdã Sul de Berlage e da Höfe vienense até a Viena Vermelha[101] e, de algum modo, até os *quarterly* soviéticos nos anos trinta: uma malha urbana ordenada, lembrança da regularização e das hierarquias do século dos iluministas; frentes contínuas voltadas para a rua; cuidado nos detalhes do edifício, das entradas, dos volumes das escadas; um vocabulário dos espaços abertos que revê toda a história da cidade europeia após o Renascimento; uma dilatação da quadra que assegura os requisitos higiênicos e constrói seu interior para ser um espaço de sociabilidade; uma monumentalização, por fim, da habitação social, considerada material fundamental na composição de partes inteiras de cidade.

Aparentemente menos inovadora, a diretriz não está livre de aspectos conflituosos. Nas últimas décadas do século dezenove, Cesare Beruto, antecipando experiências posteriores, tinha tentado algo parecido em Milão, mas os proprietários das áreas destinadas à nova edificação o tinham constrangido a renunciar à superquadra e se limitar em enriquecer o vocabulário dos espaços viários, operações que, aliás, Beruto cumpre com grande perícia e dignidade[102]. As mesmas dificuldades são encontradas por Berlage, em Amsterdã, quando seu plano de 1904 para Amsterdã Sul não é aprovado. Retomando uma tradição que remete, tanto em Amsterdã como em Roterdã, ao século dezessete e que será interrompida somente no período

101. M. Tafuri (org.), *Vienna Rossa*.
102. R. Rozzi et al., *La Milano del Piano Beruto (1884-1889)*.

após a Segunda Guerra Mundial[103], Berlage propõe uma versão "moralista" do *dutch Baublock*. Em seu plano para Amsterdã Sul, a superquadra, concebida como objeto arquitetônico unitário, se torna elemento de base da composição urbana. Mas os atores envolvidos em sua realização consideram as superquadras muito dilatadas, e muito largas as avenidas que ordenam a malha da nova parte de cidade. No plano aprovado em 1917 Berlage vai corrigir esses aspectos sem, no entanto, abandonar as referências ao *dutch Baublock*, aos parques e aos passeios parisienses da grande regularização haussmanniana. Berlage a tinha estudado profundamente: nela, assim como nos parques de Olmsted nos Estados Unidos[104], a ideia da articulação e da ordem social do fim do século dezenove[105] era representada visualmente por um verdadeiro sistema de elementos hierarquizados e tipicizados que Berlage "moralizava".

Porém, a construção de vastos programas de edilícia social entre as duas guerras na Europa também determina experiências mais radicais. Na procura de uma ordem espacial em que a modernidade e uma nova ordem social são representadas mais claramente, elas levam a cabo três operações fundamentais[106]: abrem a quadra até sua dissolução em um conjunto de objetos separados entre si e organizados por princípios diferentes; eliminam a "rua corredor", e a própria ideia de que o espaço aberto, normalmente público, seja uma espécie de espaço reverso daquela construção; enfim, modificam de maneira substancial as relações entre espaço coberto dos edifícios e espaço livre. Quem observa uma planta com as partes da cidade construídas no século vinte e a compara – exercício habitual para os arquitetos e urbanistas do movimento moderno – com uma planta cujas partes foram construídas nos séculos

---

103. S. Komossa et al., *Atlas of the Dutch Urban Block*.
104. C. Zaitzevsky, *Frederick Law Olmsted and the Boston Park System*.
105. F. Choay, Haussmann et le sistème des espaces verts parisiens, em *La Revue de l'Art*, n. 29.
106. Ph. Panerai et al., *Formes urbaines*.

precedentes, quem conhece a cidade europeia do século vinte, comparando-a com aquela dos séculos precedentes, reconhece esses três pontos como os maiores responsáveis da mudança da imagem da cidade.

Nos anos entre as duas guerras, na Neue Frankfurt, em Berlim, nos países escandinavos, na União Soviética, na distribuição interna da habitação, concebida como célula elementar da composição urbana e social, cada elemento assume papéis, funções, dimensões e modos de desempenho definidos de maneira mais precisa possível; em versões extremas, a habitação muda de natureza, tornando-se casa comunitária onde alguns espaços são comuns a diversos grupos de habitantes; a quadra se abre e se dissolve em composições urbanas nas quais o espaço aberto, ruas, praças, jardins e parques, graças também a dimensões mais generosas, assumem uma forma própria, coerente a uma função que não é mais compensação à baixa qualidade da habitação, mas que faz parte da *forma urbis* e de suas relações com o território e a natureza; a cidade se articula em partes onde se tornam reconhecíveis a função e o papel; uma nova estética, como uma ressonância dos movimentos artísticos que percorrem o século, organiza a experiência espacial da grande cidade.

Portanto, algumas linhas continuam sem solução de continuidade com o passado, outras se submetem a uma forte distorção sem construir com o passado uma ruptura, enquanto outras ainda se interrompem definitivamente. Concentração e dispersão constroem uma oposição forte, tornando-se princípios ideológicos em um debate que não está somente relacionado à cidade física, mas em que os partidos diferentes, coisa que surpreende somente à primeira vista[107], continuam mudando de posição reciprocamente. Normalmente, isso contribui para construir uma continuidade com o passado em níveis mais gerais e para poder observar de mais longe, a uma escala maior.

107. A. O. Hirschman, *The Rhetoric of Reaction*.

Continuidade / Descontinuidade

A grande variedade de políticas e projetos de que a cidade europeia foi investida ao longo de todo o século pode ser reunida, apesar de tudo, sob o princípio da continuidade com o passado, tanto na tentativa de amarrar algumas das linhas que a ele nos liga ou mesmo sob o princípio da alteridade, da afirmação da necessidade de ruptura de algumas relações importantes com aquilo que ocorreu anteriormente. Continuidade e descontinuidade parecem se encalçar ao longo de todo o século, construindo temas apresentados obsessivamente: a obsessão, por exemplo, da memória, do fim da história, de um presente eterno. Examinando mais de perto, com alguma distância crítica e temporal talvez ainda não suficiente, o século, porém, aparece dominado principalmente pela busca da continuidade, uma figura que tem uma longa história na cidade europeia[108]. Continuidade não é sinônimo de conservação. Afirmar o valor da continuidade é reconhecer o papel de inércia das coisas e das ideias na construção da identidade[109]. De maneira análoga, descontinuidade é um conceito, termo e fenômeno que não se sobrepõe nem se identifica com alteridade.

Construir uma continuidade no nível mais geral da cidade inteira, enquanto se toma certa distância na escala mais próxima da moradia ou de partes da cidade, por exemplo, torna-se a linha seguida pela maior parte das cidades europeias nos períodos após as duas guerras. A reconstrução, com suas urgências, com o convite de preencher, em uma espécie de *damnatio memoriae**, os vazios deixados pelo conflito, com os potentes interesses fundiários e

---

108. B. Secchi, *Primeira Lição de Urbanismo*.
109. J.-P. Sartre, *L'immagination*.
* Frase latina que, literalmente, significa "perdição da memória", no sentido de removidos da memória. Foi uma forma de condenação em uso na antiga Roma, consistente na eliminação de todas as memórias e lembranças dos traidores do Estado romano (N. da T.).

imobiliários que solicita, age como um forte estímulo nessa direção. Já tinha acontecido a mesma coisa durante a reconstrução das cidades flamengas, depois da Primeira Guerra Mundial[110]; "onde estava e como estava" se torna imperativo justificável em muitas ocasiões: em Varsóvia como em Saint-Malo. Mas a reconstrução se torna, depois do segundo conflito, uma ocasião também para repensar criticamente a história que o precedeu, por exemplo, a natureza e o papel da arquitetura moderna na reconfiguração da cidade europeia.

Nessa reflexão, a pesquisa de uma continuidade com o passado alcança, em alguns casos, pontos extremos como, por exemplo, no amplo debate inglês que ocorre nos últimos anos da Segunda Guerra e naqueles imediatamente sucessivos, sobre o pitoresco; debate animado na *Architectural Review*, na qual Nikolaus Pevsner participa ativamente.

Mesmo o que acontece durante a longa reconstrução de Berlim mostra o quanto a pesquisa de uma continuidade com a cidade antes do conflito tinha sido uma constante das políticas para a cidade nas últimas décadas do século. A amplitude das destruições de Berlim no fim da guerra certamente era um convite para se repensar a cidade como um todo. Em 1946, o coletivo berlinense dirigido por Hans Scharoun propõe a construção de uma cidade no território. Organizado por uma fluida malha de traçados ortogonais que isolam diferentes unidades paisagísticas, o plano de Scharoun, retomado mais tarde, por ocasião do concurso Haupstadt Berlin de 1961, está em sintonia com os pensamentos de Le Corbusier em *Manière de penser l'urbanisme**, publicado no mesmo ano, mas foi julgado muito caro porque previa uma rede de infraestruturas quase totalmente nova. Em vez dele, é preferido o Zehlendorfer Plan que utiliza mais a rede existente,

---

110. M. Smets (org.), *Resurgam: La reconstruction en Belgique après 1914*.
* Trad. bras., *Planejamento Urbano*, São Paulo: Perspectiva, 3. ed., 2008 (N. da E.).

num parecer que lembra aquele expresso em 1931 pelo Comitê Central do PCUS em relação à *Réponse à Moscou* de Le Corbusier. Mesmo naquele caso, para reconstruir a economia urbana, tinha se julgado indispensável utilizar ao máximo a estrutura da cidade existente. Ainda no concurso de 1961, o projeto do grupo Spengelin foi preferido àqueles bem mais interessantes de Scharoun e Ebert, dos Smithson e de Le Corbusier. Os acontecimentos sucessivos são caracterizados por uma reflexão cada vez mais intensa sobre o passado de Berlim; uma cidade fragmentada com pelo menos dois séculos, na qual, como em poucas outras cidades, a estratificação de projetos incompletos, de arquiteturas não realizadas, constrói uma cidade invisível "maior e culturalmente mais rica do que foi, em qualquer tempo, a cidade visível"[111].

Conduzida inicialmente na Alemanha, na segunda metade dos anos cinquenta, a partir dos *Darmstädter Gespräche* (Diálogos de Darmstädter), fortemente influenciada por Martin Heidegger e retomada depois, nos anos oitenta, pelo principal protagonista do Iba, Josef Paul Kleihues, e abandonando os anátemas em relação à arquitetura e ao urbanismo modernos, considerados culpáveis de seu assassinato[112], a reflexão sobre o passado da cidade torna-se reconstrução crítica, construção da cidade na cidade, revisitação dos modos de composição e dos elementos urbanos do passado, recuperação da malha viária e da quadra da Berlim precedente ao conflito[113], uma maneira de se opor, ao mesmo tempo, ao americanismo que tinha invadido Berlim oriental e à banalização modernista de Berlim ocidental.

111. V. Magnago Lampugnani, Un vuoto pieno di progetti. I disegni per il centro tuttora irrealizzato della Grande Berlino (1839-1985), em P. Montini Zimolo (ed.), *Berlino Ovest tra continuità e rifondazione.*
112. W. J. Siedler; E. Niggemeyer, *Die gemordete Stadt.*
113. J. P. Kleihues, Mostre e concorsi d'architettura nella costruzione della città, em P. Montini Zimolo (org.), *Berlino Ovest tra continuità e rifondazione.*

Ainda antes, a questão do plano de Moscou, de 1935, pode parecer ainda mais surpreendente. Depois de anos de intenso debate sobre o conceito de cidade socialista, de uma cidade nova, laboratório da edificação socialista e de experiências projetuais consideradas entre as mais interessantes do primeiro período após a guerra, o plano de Vladimir Semenov permanece suspenso entre um passado haussmanniano-vienense e um futuro próximo. Ele será integralmente adotado nos planos estudados em 1943 e 1944 por Patrick Albercrombie para Londres, planos dos quais antecipa alguns aspectos fundamentais como o *green belt*.

Semenov, assim como Abercrombie, tinha se formado em Londres e considerava Unwin um de seus mestres. Em 1912 tinha escrito um livro bem informado, afirmando que acreditava que a Rússia oferecia as condições ideais para a aplicação dos princípios howardianos, no que diz respeito à tendência adotada em Letchworth e nos *suburbs* desenhados por Unwin. Da mesma maneira dos outros refinados arquitetos do Moderno, que tinham alcançado posições de prestígio antes da revolução, por outro lado, Semenov, durante os anos vinte, continuou a fazer uma releitura analítica das grandes capitais burguesas europeias, principalmente Paris e Viena[114], mas também dos princípios de composição de São Petersburgo, de Ledoux e da arquitetura da Revolução francesa.

Nesse clima, muitos projetos dos anos vinte, audazes, mas incidentes sobre partes de cidade ou de território limitadas, pareciam a Semenov não estar em condições de darem uma resposta a alguns problemas fundamentais da reconstrução de Moscou e da cidade soviética. Por exemplo, não enfrentavam a função da cidade antiga a não ser para negar o direito de sua sobrevivência ou a função de uma malha de infraestruturas existente para estruturar física e simbolicamente a cidade e o território. Mas os

114. J. L. Cohen (org.), Les Fronts mouvants de la modernité, *Les Années 30: l'architecture et les arts de l'espace entre industrie et nostalgie.*

princípios de implantação e os tipos edilícios aos quais se tinha recorrido nos anos vinte, na União Soviética e na Europa continental, também pareciam criticáveis; a eles era ideologicamente contraposta a superquadra como matriz arquitetônico-urbanista da transformação urbana nas condições do socialismo. Construindo um espaço interno comum, a superquadra tornava possível uma vida cotidiana coletiva, tema – esse da vida cotidiana – que tinha recebido muita atenção desde o início da experiência da cidade socialista. Essas considerações levaram os órgãos políticos e administrativos a cumprir aquela que foi julgada "a grande retirada" e a construir políticas urbanísticas com ideia de continuidade de um passado, mesmo que revisitado[115].

Na segunda metade do século vinte, nos países da Europa ocidental, a busca da continuidade, porém, é cada vez mais confrontada por dois fenômenos conectados intimamente entre si: a dispersão e a fragmentação do espaço urbano. Grande parte das políticas e dos projetos para a cidade oscilará por muito tempo entre sua aceitação e sua rejeição; entre uma interpretação, frequentemente banalizada, do fragmento, como sendo expressão e representação de uma sociedade pluralista, e a busca de uma continuidade como a experiência da cidade do século dezoito, considerada a mais alta expressão da cultura urbana europeia[116].

Reconstrução, Obsolescência e Desativação* da Cidade Industrial

As administrações das cidades europeias após a Segunda Guerra Mundial premidas pela imperiosa demanda de ha-

---

115. A. De Magistris, *La costruzione della città totalitaria*.
116. L. Benevolo, *La città nella storia d'Europa*.
* *Dismissione* no original. Traduzimos por obsolescência e desativação de acordo com a sugestão feita pelo autor, por se tratar de um fenômeno urbano específico.

bitações, equipamentos e infraestruturas determinadas pelas destruições, pelos intensos fluxos migratórios, pelo intenso, tanto quanto previsível, crescimento demográfico e consequente demanda de habitações, se encontraram pouco preparadas para enfrentar fortes pressões especulativas. O que naqueles anos era denunciado com força era a consistente e perversa redistribuição da riqueza determinada pela especulação dos solos e dos edifícios; uma redistribuição que contrastava com aquilo que se tentava obter, com dificuldade, por meio das instituições do novo *welfare state*. Ou como a formação de rendas importantes, que alimentavam o processo de desenvolvimento econômico de alguns países, não era, por sua vez, examinada com cuidado e lucidez[117].

Porém, ondas de especulação do segundo pós-guerra tiveram consequências ainda mais duradouras na constituição física da cidade europeia. A urgência dos problemas que precisavam ser resolvidos e o crescimento de atores no mercado com limitadas competências e tradições, tanto no setor público como no particular, trouxeram o esquecimento, se não mesmo o cancelamento, de uma parte importante de resultados adquiridos nos anos entre as duas guerras. Promotores imobiliários, construtores e projetistas, funcionários públicos e órgãos de controle, produziram e permitiram a construção de imensas periferias nas quais os mesmos resultados eram como plagiados em uma inepta mimesis linguística. O custo não se fez esperar por muito tempo.

A partir da segunda metade dos anos sessenta, enquanto os vínculos e as retóricas da reconstrução se enfraquecem, as condições de vida da grande cidade europeia aparecem cada vez menos suportáveis em partes cada vez mais consistentes de sua população. Nasce uma "questão urbana" que reflete, em algumas circunstâncias, a "ques-

117. B. Secchi, Il settore edilizio e fondiario in un processo di sviluppo economico, *Squilibri regionali e sviluppo economico*.

tão das habitações" de um século antes. Viver na cidade requer esforços que nem sempre são compensados por aquilo que a cidade oferece: compromissos monetários devido aos custos mais elevados da habitação e dos serviços públicos; compromissos relativos ao tempo necessário devido aos percursos cada vez mais longos entre a casa e o trabalho ou entre os diversos lugares da cidade e o crescente congestionamento do tráfego urbano; compromissos físicos, devido à dificuldade do viver e se locomover em um espaço onde as diferentes funções são localizadas segundo lógicas externas ao desenrolar da vida cotidiana da maior parte da população. Famílias e fábricas não são atraídas somente pelo campo, mas elas também são rejeitadas pela cidade. A dispersão não nasce por acaso.

Nas grandes cidades europeias, especialmente nas grandes cidades da revolução industrial, a partir do final dos anos sessenta, abrem-se os vazios de áreas industriais abandonadas. A cidade europeia *shrinks* (submerge), não na mesma medida de Detroit, mas de maneira evidente. Um fenômeno que não é novo: várias vezes, desde a antiguidade clássica, algumas cidades europeias foram abandonadas por seus habitantes e por suas atividades e reconstruídas mais tarde, utilizando, em parte, os elementos da cidade precedente. Nas últimas décadas do século vinte, grandes e pequenos edifícios localizados em vastas zonas industriais ou inseridos, quase embutidos, em tecidos urbanos densos, se tornaram obsoletos e desativados; as atividades produtivas que os ocupam em parte deixam de existir, em parte se transferem para territórios limites e até para regiões distantes. Consequentemente, são abandonadas partes inteiras do sistema de infraestruturas a elas ligado funcionalmente. O que tinha sido lentamente acumulado durante quase dois séculos de crescimento e desenvolvimento, ou seja, partes inteiras da cidade do século dezenove e do início do século se encontram privadas de uma função e de um papel, com graves consequências nos níveis de ocupação, sobre o desenvolvimento demográfico e sobre a geografia social, funcional e simbólica da cidade toda. Nem os novos arranjos internacionais permitem esperar que aquilo que se perdeu possa voltar. Algumas "cidades mundo"[118] perdem seu caráter e sua unicidade. Para muitos, a crise da cidade industrial parece marcar uma ruptura na história da cidade europeia e ocidental, isto é, o fim da cidade moderna.

Limitar o crescimento urbano não é mais a ordem do dia; cidades que foram centros da revolução industrial se tornam, ou aspiram a se tornarem, centros de serviços em escala cada vez maior e confiam à arquitetura o papel de representar uma nova função concreta. Exposições universais, grandes eventos esportivos, como, por exemplo, as Olimpíadas, políticas culturais e de mobilidade oferecem a ocasião para se realizarem intervenções pontuais às quais se confia o papel de renovação da imagem, da função e do funcionamento da cidade. Nas palavras de Nan Ellin, *form follows fiction, fear, finesse, finance*: museus, estádios, edifícios esportivos, aeroportos, centro de congressos e grandes *shopping malls*, frequentemente ocupando o espaço da indústria ou dos grandes equipamentos da cidade moderna, constroem os equipamentos de base de uma nova sociedade que se autoidentifica como sendo mais aberta do que as cidades do passado[119]. O aeroporto, lugar onde distraidamente se encontram pessoas de diversas origens, culturas, ocupações, estilos de vida, níveis de renda e objetivos, se torna um dos ícones mais importantes da cidade e da sociedade de fim de século. Ele se contrapõe à homogeneidade das classes da Ópera oitocentista. Aproximando-se e somando-se aos equipamentos de base do século dezenove – mais fortemente marcado pela divisão da sociedade em classes contrapostas, como aquelas da primeira metade do século, distribuídas na cidade em constante busca de substancial igualdade entre as condições de vida e o bem-

118. F. Braudel, *La Mediterranée et le Monde méditerranéen à l'époque de Philippe II*.
119. *Postmodern Urbanism*.

-estar de indivíduos e grupos sociais diversos –, os novos equipamentos constroem novos simbolismos e redistribuem, dentro do espaço urbano, fluxos e valores, construindo implicitamente novas visões e estratégias para a cidade. Neles é representada uma nova forma de monumentalismo, tema que tinha obsessionado Le Corbusier e, com ele, muitos arquitetos do século, desde o Palácio das Nações ao dos Soviets e ao das Nações Unidas no capitol de Chandigarh. Gradualmente eles se tornam representação da expressão e símbolo de uma "magnificência civil", independentemente de como são ocupados, desde um vasto conjunto de técnicas e materiais que põem em comunicação entre si vários campos disciplinares.

Contemporaneamente, nos países e nas regiões mais pobres, a comparação com partes de cidade "informal", muitas vezes construídas "abusivamente", *bidonvilles, barrios de lata, favelas*, cria dúvidas, desde o fim do século dezenove, sobre a eficácia das políticas administrativas, das técnicas, dos instrumentos e dos princípios do *welfare state* e do urbanismo moderno, da maneira como, em um lento percurso experimental, estavam se configurando no fim dos anos trinta. Tanto em um caso como no outro, eles são obstáculo ou parecem ser inadequados aos objetivos que agora as maiores cidades perseguem.

A grande dimensão assumida por cidades, das quais somente agora se começa a conhecer o caráter desmesurado e cuja complexidade de situações ainda se tem dificuldade de compreender totalmente, modifica a postura das políticas destinadas a enfrentar os maiores problemas em relação à cidade e às disciplinas que delas se ocupam. A construção do projeto urbanístico e das políticas urbanas muda assim, de maneira radical, encontrando as óbvias resistências das leis, regulamentos e comportamentos burocráticos construídos em épocas precedentes[120], mas

---

120. B. Secchi, *Un progetto per l'urbanistica.*

encontrando também as dificuldades de se confrontarem com a descontinuidade, o fragmento e a dispersão.

É nesse clima, e não somente na Europa, que é colocada uma ênfase maior no "projeto urbano", um aspecto do projeto de arquitetura e de urbanismo explorado por arquitetos e urbanistas desde, pelo menos, o Renascimento em diante e, principalmente, pelas políticas do século dezesseis de *renovatio urbis*. Da mesma maneira que a *renovatio* do século dezesseis, que alguns historiadores da arquitetura permitiram conhecer cada vez mais profundamente[121], a ideia do projeto urbano se funda em intervenções pontuais, limitadas e corretas em lugares estratégicos. A elas se confia o papel de modificar, eventualmente de maneira radical, funções, papéis e imagens de partes inteiras de cidade ou até mesmo da cidade inteira. Um comportamento que, depois da grande fragmentação das intervenções do pós-guerra, encontra uma nova justificação e oportunidade.

Porém, o problema de toda política de *renovatio urbis*, tanto no século dezesseis como no século vinte, é o de sua legitimação: porque aquelas intervenções e não outras, porque naquela sucessão temporal e não em outra. São poucas as cidades que, nas últimas décadas do século vinte, se colocaram esse problema: em geral prevaleceu, mais uma vez, a pressão dos grupos de interesses, um pragmatismo acrítico na ansiosa busca de uma imagem que conseguisse comunicar o novo papel que a cidade pretendia assumir. A recuperação das áreas e das infraestruturas obsoletas e desativadas em muitos casos parece ser uma grande ocasião perdida.

Posturas inspiradas em um vitalismo desenvolto, coerente com a sociedade da comunicação, propondo, em continuação, novas imagens desprovidas de inércia, tendem a anular qualquer tipo de identidade e qualquer tipo de diferença[122] e encontram, nas últimas décadas do século, um consenso aquiescente. A imagem da cidade e da

---

121. A. Foscari; M. Tafuri, *L'armonia e i conflitti*; M. Tafuri, *Ricerca del Rinascimento*.
122. M. Perniola, *Contro la comunicazione*.

arquitetura aspira a se tornar global e não encontra mais resistência, nem nas referências sobre a especificidade dos lugares, nem sobre a reflexão mais importante do regionalismo crítico[123]. O ordinário e o infraordinário, isto é, tudo quanto esteja mais próximo ao cotidiano da vida de grande parte da população urbana é trocado por uma versão redutiva e simplificadora da participação popular ou encontra refúgio na cidade difusa.

Como reação a essas tendências é que a imagem da denominada "cidade normal" encontra grande sucesso. O termo normal pode ser interpretado em pelo menos duas acepções muito próximas entre si: a primeira se refere à tradição da construção urbana pòs-renascimento e principalmente entre o século XVIII e XIX, cidade que alguns consideram a mais alta expressão da cultura urbana. O século XIX foi obcecado pela anormalidade, por aquilo que saía da norma, aliás, obsessão à qual se devem muitos progressos científicos. Normal, isto é, respeitoso de uma norma aprovada, em uma primeira acepção se torna um adjetivo carregado de uma opinião de valor.

A segunda acepção se refere ao uso do termo na geometria, em que normal está para ortogonal: a cidade normal faz muitas vezes e redutivamente referência a uma malha ortogonal. Ainda mais devedora ao *dutch Baublock* e à *manzana* barcelonesa de Cerdà que ao quarteirão do século denove a cidade normal assume, para serem seus elementos constitutivos fundamentais, uma malha viária completamente interligada, frequentemente identificada por uma trama ortogonal e pela quadra; mais ou menos aberta. Nas várias versões, a quadra é concebida como um objeto arquitetônico unitário. As possíveis e numerosas variações em torno a esse tema podem se articular e adaptar, apesar das aparências, nas diversas situações segundo o contexto, às vezes com fineza, outras brutalmente. Nos melhores exemplos eles aparecem como um apelo à ordem neoclássica, como

123. K. Frampton, *Modern Architecture*; V. Gregotti, *Dentro l'Architettura*.

a busca, segundo os termos de Stravínski, da "compostura"*
que a cidade parece ter perdido[124]. Mas é exatamente o destino da "cidade normal", pondo em primeiro plano a organização espacial da cidade inteira ou parte da cidade e, em
segundo plano, as características do singular objeto da arquitetura, que afirma que a questão fundamental a ser en-
frentada pela cidade, sobretudo a grande cidade, no fim do
século, se refere à "ordem do discurso", usando as palavras
de Michel Foucault, e ao conjunto de relações que existem
entre arquitetura da cidade e objetos arquitetônicos. Talvez
três exemplos possam esclarecer esse ponto.

O Tempo

Diante da fragmentação e da dispersão urbanas, arquitetura e políticas urbanas parecem não estar mais em condições de reencontrar um programa de pesquisa comum,
pertinente[125], e assumem características paradoxais: por
um lado, devem dar respostas rápidas e imediatas a uma
sociedade cada vez mais exigente, cujas próprias estruturas fundamentais, compreendendo também a estrutura do
poder, são variáveis, quase ao limite de volatilização; por
outro lado, se tornam cada vez mais conscientes da inércia
e da durabilidade dos próprios produtos, aliás, aspiram à
durabilidade das estruturas espaciais e dos elementos que
as constituem. O território se apresenta a elas como sendo
um enorme palimpsesto[126] no qual as diferentes gerações
deixaram vestígio de suas passagens e isso leva a considerar com novos olhos o problema todo, da forma e da dimensão da cidade.

---

* *Contegno* no original. A tradução por compostura remete à noção de contenção, decoro (N. da T.).
124. B. Secchi, *Primeira Lição de Urbanismo.*
125. B. Huet, *Sur un état de la théorie de l'architecture au xxᵉ siècle.*
126. A. Corboz, Le territoire comme palimpseste, *Diogène*, n. 121.

Urbanismo e arquitetura se tornam disciplinas do tempo em uma acepção provavelmente diversa daquela de outras disciplinas: do tempo como relação entre coisas que mudam com ritmos diferentes. Suas dificuldades têm a ver com a dramática separação dos tempos dos indivíduos e da sociedade, cada vez mais acelerados, e com aqueles mais lentos dos objetos que ocupam o espaço habitável; entre os diferentes idiorritmos dos sujeitos e a diferente duração dos objetos.

A cidade e os territórios mais densamente urbanizados agora parecem representados mais por porosidades do que apenas pela dispersão; porosidade, uma figura que desde os anos vinte persegue a cidade europeia[127], e para a qual cheio e vazio, espaço edificado e não edificável, não se contrapõem como a cidade e o campo desde o século dezenove, mas se penetram reciprocamente, se dissolvem um no outro, construindo um único sistema de relações espaciais. Porosidade é um conceito que provém da geologia e se refere às características físicas de um material. Complementar do conceito de porosidade é aquele da permeabilidade, conceito seletivo que se refere à capacidade dos poros permitirem a passagem de outros materiais: onde passa um pedestre não quer dizer que possa passar um trem. Uma cidade porosa e permeável é uma cidade que contrasta a formação de enclaves de qualquer natureza; é uma cidade que contrapõe a figura de isotropia àquela de hierarquia.

Lentamente se abre o caminho à ideia que tinha sido de arquitetos e urbanistas do período entre as duas guerras, como Bruno Taut[128], Frank Lloyd Wright[129], como os "desurbanistas" russos[130] ou Erwin A. Gutkind[131] e, de algum

127. W. Benjamin, Napoli, *Opere complete*, v. ii; E. Bloch, Verfremdungen ii (Geographica), em *Literarische Aufsätze, Gesamtausgabe Band 9*.
128. *Die Auflösung der Städte oder Die Erde eine gute Wohnung*; idem, *The Disappearing City*; idem, *The Living City*.
129. *The Disappearing City*; idem, *The Living City*.
130. M. De Michelis, E. Pasini, *La città sovietica, 1925-1937*; A. De Magistris, *La costruzione della città totalitaria*.
131. *The Twilight of Cities*.

modo, Rudolf Schwartz[132], participante do New Deal ou, em um âmbito só aparentemente literário, do economista Aleksandr Cajanov em *Puteshesvie moego brata Alekseya u stranu krest'yanskoi utopii* (Viagem de meu Irmão Alesksej no País da Utopia Rural); arquitetos, urbanistas e economistas que, na dissolução ou desaparecimento da cidade, na sua dispersão, viam a possibilidade de construir uma nova forma urbana e social pela qual a alteridade do século dezenove em relação ao século passado vinha representada.

Nos anos cinquenta, algumas dessas ideias tinham sido retomadas: por exemplo, Adriano Olivetti, uma das últimas figuras da burguesia laica e iluminada italiana que, nos anos entre as duas guerras tinha estudado nos Estados Unidos e, no segundo pós-guerra, retoma, em Ivrea* e na zona do Canavese**, ideias que tinham uma de suas raízes no New Deal. Em uma região que se desenvolvia graças a uma indústria, justamente a Olivetti, tecnicamente bem avançada, Adriano Olivetti propõe assentamentos de pequenas dimensões, em parte implantadas em antigos assentamentos; implantações nas quais era possível reconhecer o espírito comunitário da "cidade do homem", mas nas quais uma atenção especial era dada também à qualidade do espaço do trabalho e do espaço habitado. "Comunidade" é justamente o nome que Olivetti dá ao movimento de ideias que promove e no qual colabora uma parte da melhor *intellighenzia* italiana: arquitetos, engenheiros, designers, sociólogos e economistas[133]. Um desenho análogo, mas de clareza e força menor, é proposto na Itália pela reforma agrária, aprovada naqueles mesmos anos, em vastas áreas do país; uma reforma tardia, cheia de erros no plano técnico, que não consegue

132. H. Frank, La Stadtlandschaft Diedenhofen, *Casabella*, n. 567; P. Mantziaras, *La Ville-paysage, Rudof Schwarz et la dissolution des villes*; idem, Rudolf Schwartz and the Concept of "City-Landscape". The dispersed city from phenomenon to project, em P. Viganò (org.), *New Territories*.
* Cidade italiana da região do Piemonte, cuja capital é Turim (N. da T.).
** Área alpina italiana da região do Piemonte, próximo à França (N. da T.).
133. *Città dell'uomo*.

mobilizar os próprios destinatários e que, praticamente, de fato, se mostra não estar em condições de frear o fluxo hemorrágico de população da zona rural.

As propostas de Adriano Olivetti talvez fossem ao mesmo tempo tardias e prematuras: naqueles anos, o sistema econômico italiano era muito inclinado à utilização de uma extensa força de trabalho nas maiores áreas industriais e urbanas. Somente no fim do século uma maior atenção aos problemas ambientais, como, por exemplo, as numerosas e detalhadas descrições dos territórios da porosidade e da dispersão, fazem os italianos observarem esses fenômenos com novos olhos, fazem conceber porosidade e dispersão como sendo também uma ocasião para construir uma nova forma urbana e social, na qual, sob muitos aspectos, se evidencie, em relação ao passado, uma nova relação com a natureza e com a alteridade do século vinte.

No crescente interesse do fim de século das políticas urbanas, dos urbanistas e dos arquitetos para as questões ambientais, existe certamente uma curiosidade por um tema relativamente novo, mas existe também algo de mais importante: a tentativa de inserir, entre um tempo social cada vez mais acelerado e o tempo mais lento da cidade física, um tempo intermediário, o tempo da natureza, das árvores, das chuvas, das estações, do sol, do vento e das marés, um tempo ao qual se dá a função de construir uma relação entre os ritmos da sociedade e o espaço habitado, procurando, uma vez mais, interligar o presente a um futuro mais distante.

É difícil dizer o quanto as políticas, os planos e projetos construídos pela narrativa da concentração e da dispersão mudaram concretamente a cidade europeia e suas principais diretrizes evolutivas. Desse ponto de vista, a história europeia é bem diferente da de outros continentes. As experiências acumuladas na Europa continental no período entre as duas guerras, ou aquelas inglesas e escandinavas no segundo pós-guerra, assim como as desordenadas pressões especulativas dos dois pós-guerras ou os projeto que, perseguindo hipóteses bem diferentes entre si, tentaram enfrentar os problemas encontrados pelas cidades e pelos territórios europeus após os anos sessenta, construíram uma boa distância em relação à estética da cidade do antigo regime, contribuindo para uma mudança radical na imagem da cidade europeia.

Em linhas gerais, as políticas, os planos e projetos aos quais me referi, bem como aqueles que não tive possibilidade de mencionar, são considerados, em parte com razão, responsáveis pela fragmentação do espaço urbano, por sua heterogeneidade visual, por sua separação funcional excessiva e por seu empobrecimento semântico. A inflação de normas e a redução dos procedimentos que regulam os processos de construção da cidade, consequência totalmente devida a uma progressiva democratização de uma sociedade, como a europeia, que se transforma rapidamente em uma sociedade de minorias ou, até mesmo, de atores isolados, teria acelerado o enorme progresso das técnicas de construção, progresso para o qual os processos de construção da cidade passaram rapidamente de uma situação de *déficit* tecnológico a uma de *surplus*. Numerosos indícios, na Europa, fazem os anos sessenta do século vinte parecerem como sendo um verdadeiro divisor de águas. Até então, um programa de pesquisa amplamente compartilhado, tinha investido a cidade e seu projeto mediante uma série de experiências que, sondando diversas situações, tinham construído um saber largamente cumulativo; boa parte das melhorias das condições de vida substanciais, na cidade europeia, deve ser atribuída a esses anos. Após esse período e até os últimos anos do século, urbanismo, arquitetura e políticas urbanas são disseminados em uma espécie de nomadismo consumista de imagens, e a cidade se apresenta como resultado de uma miríade de respostas individuais a problemas cujo caráter geral é difícil de colher.

Porém, olhando melhor, quatro metáforas principais guiaram o projeto da cidade e do território na segunda metade do século vinte, cada uma interligando-se a uma constelação de outras metáforas-conceitos que articula-vam ou complementavam uma interpretação possível.

A primeira dessas metáforas, em ordem temporal, é aquela do contexto em suas diversas declinações de con-texto físico-formal, econômico, social, cultural e institu-cional. Apresenta-se, com ela, a ideia de que o projeto de arquitetura da cidade e do território não pode prescindir de se pôr em relação com o contexto, em uma relação de adaptação, interpretação ou crítico-opositiva. Esta ideia se enraíza no tempo ao longo da história europeia e ociden-tal, no conceito de *milieu* e nas suas passagens do mundo físico ao social. Ela é explicitada de modos diversos: em um extremo, como necessidade de estabelecer uma con-tinuidade com o contexto até sua própria mimese, no ou-tro, como necessidade de reconhecer e interpretar o *genius loci* em cada situação específica; entre os dois extremos, o regionalismo crítico. Cada análise tipo-morfológica nasce da tentativa de se dizer, de maneira pertinente, as carac-terísticas do contexto consideradas relevantes para o projeto de arquitetura, de arquitetura da cidade e do território e não somente aquele físico-formal.

A segunda metáfora é a do conceito de modificação. Uma ideia que pode remeter a Michel Butor[134] e ao estado das coisas da cidade e dos territórios europeus e ocidentais da segunda metade do século, quando, feita exceção para a construção de cidades novas, não era possível não cons-tatar que qualquer ação, intervenção, qualquer projeto, só podia construir novas situações através da sucessão de pe-quenas alterações de papel e do sentido de partes de cidade, cujas dimensões, de qualquer forma, eram bem reduzidas em relação às dimensões então assumidas pelo fenômeno urbano. Pequenas reavaliações aconteceram, de fato, e fo-ram feitas mudanças até importantes, em seu conjunto, ao ponto de se produzir uma nova história da cidade.

134. *La Modification.*

A terceira metáfora, do conceito de *renovatio urbis*, traz ideias adotadas graças aos estudos de muitos historiadores, entre eles, *in primis*, Manfredo Tafuri. Este grupo realizou estudos relativos às características das políticas de reestruturação da cidade europeia no século dezesseis, da *renovatio urbis venetiarum*, pesquisada também por Tafuri. Exemplo desses estudos são as feitas com base nas políticas genovesas, romanas, em Nápoles ou em Antuérpia. Ressalta-se a ideia de uma política baseada em uma série limitada de projetos pontuais em condições de mudar as funções, papéis e significado de partes da cidade ou até mesmo da cidade inteira. Uma política que, mesmo perseguindo e adotando escopos e critérios *comprehensive*, confia em instrumentos locais limitados. Essa ideia modificou radicalmente os modos de construção do projeto da cidade, interpretando a característica de "porosidade" mais do que de fragmentariedade da cidade, da sociedade e das mesmas instituições, modificando as possibilidades constantes e as oportunidades oferecidas a cada indivíduo e grupo social de vivenciá-las segundo percursos diferentes. Essa postura permitiu o abandono da lógica universal dos planos modernos e sua pretensão de poder, legitimamente, dizer coisas precisas sobre a disposição de cada pequena porção do território urbano, coisas tão precisas e legítimas a ponto de poderem ser transformadas em normativas. Finalmente, essa terceira metáfora nos entrega uma ideia que permitiu, na medida do possível e do razoável, confiar o projeto da cidade e do território a uma seleção de intervenções limitadas e estratégicas, cuidadosamente definidas.

Enfim, a quarta metáfora é a do conceito de projeto do solo, apresentando a ideia de que em uma cidade e em um território – como aqueles contemporâneos, cada vez mais caracterizados pela dispersão das edificações, dos sujeitos, das linguagens, das técnicas, dos papéis e das funções, ou seja, em uma cidade e em um território caracterizados por uma dilatação, cada vez mais evidente, de todas as grandezas – fosse possível construir uma estrutura espacial reconhecível não tanto pelo desenho do edifício individual como pelo desenho do solo e seu vigor. A ideia de que somente o desenho do solo, em todas as suas especificações, declinações e dimensões, pudesse regular as "distâncias corretas" entre os objetos, os sujeitos e suas interações.

Em linhas gerais, essas quatro ideias colocadas em uma continuidade lógica e não só temporal, em relação à organização, dominam as quatro últimas décadas do século, mesmo se elas têm raízes mais longínquas. Por outro lado, é evidente que cada uma dessas ideias é intimamente ambígua, podendo ser declinada e interpretada diferentemente, e essa é a característica que as tornou férteis. Mas é também evidente que todas as quatro ideias tomam uma distância crítica tanto da história quanto da utopia. Na atenção com a história e na rejeição da utopia, provavelmente é a característica das últimas décadas que mais as separa dos períodos precedentes e, em particular, dos anos entre as duas guerras.

Figura 1: *F.L. Wright, A Cidade Velha.*

Figura 2: F.L. Wright, *Onde está o Cidadão?*

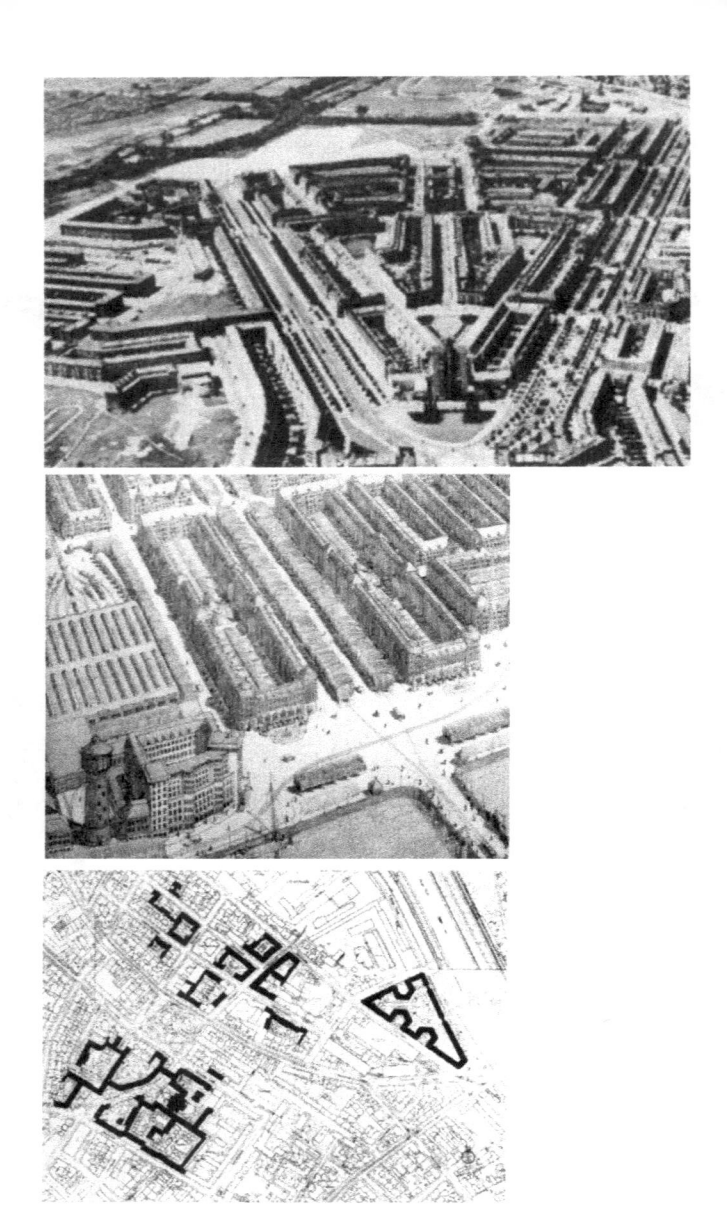

Figura 3 e 4: *Berlage, plano de expansão da área sul de Amsterdã, 1915. Perspectiva aérea.*

Figura 5: *Viena, mapa do III Bezirk, Planta do Hanuschhof de R. Oerly, 1923-25 e do Rabenhof de H. Aichinger, 1925-27.*

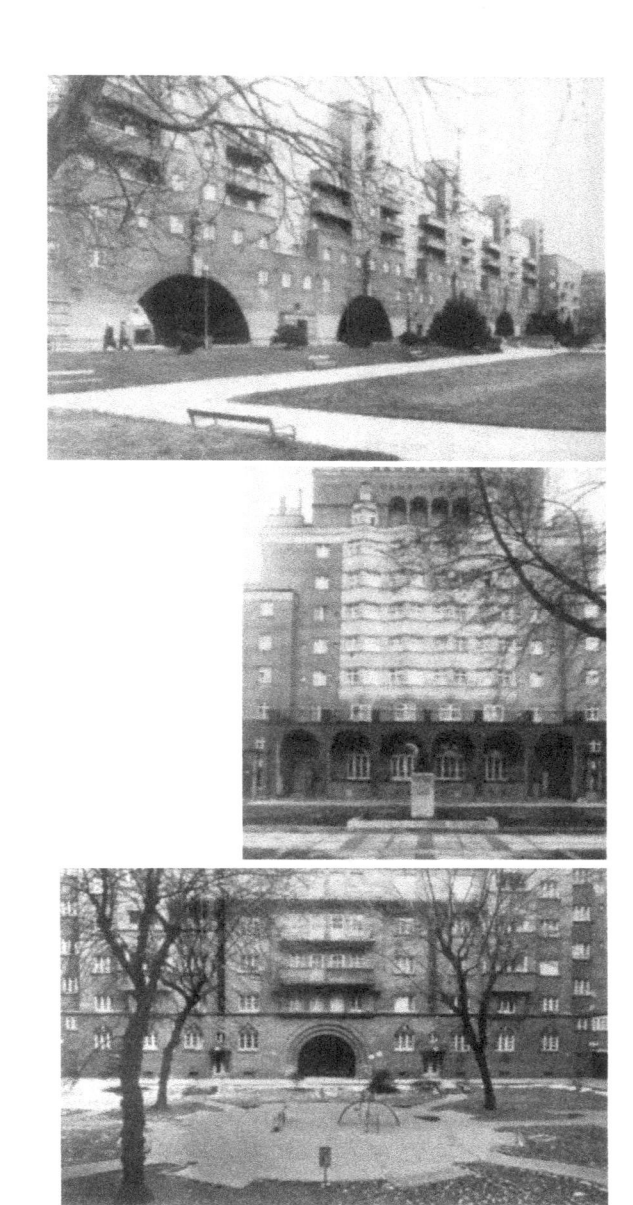

Figura 6: *K. Ehn, Karl Marx-Hof, vista do bloco central.*
Figura 7: *H. Gessner, Reumannhof, vista da fachada que dá frente para Margaretengürtel.*
Figura 8: *Poppovits, Dr. Friedrich Becke-Hof.*

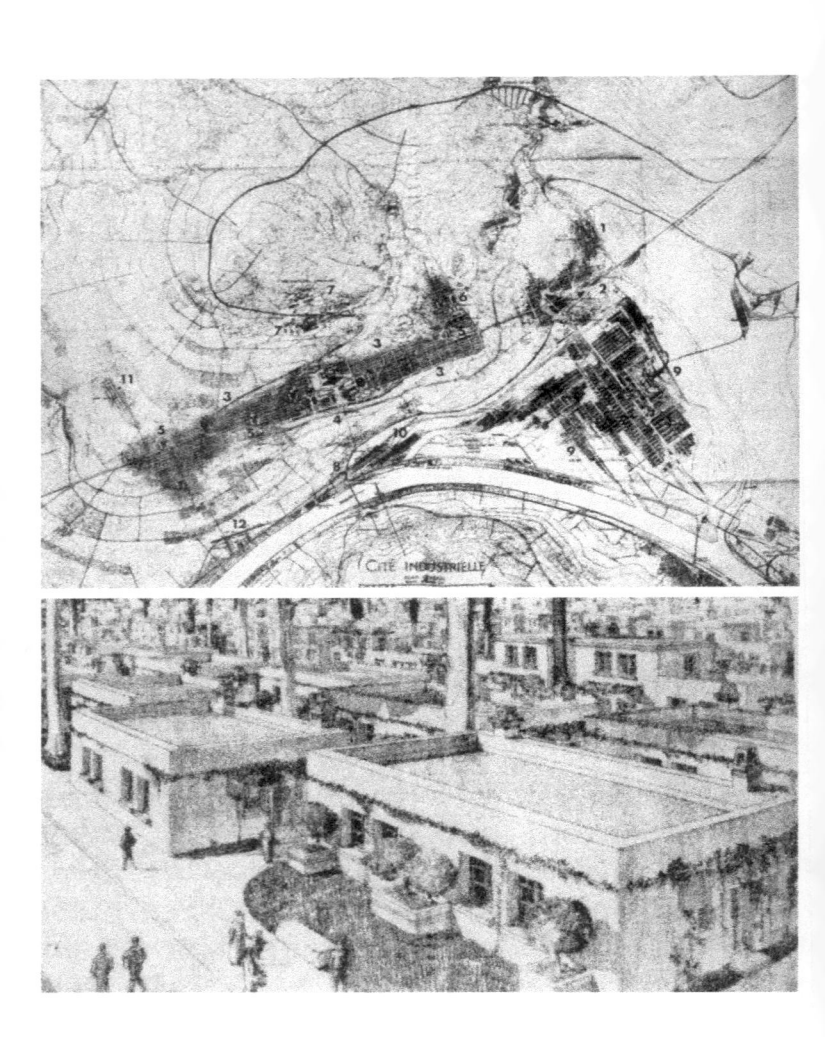

Figura 9: T. Garnier, *La Cité industrielle. Planta do bairro residencial.*
Figura 10: T. Garnier, *La Cité industrielle. Vista da zona residencial.*

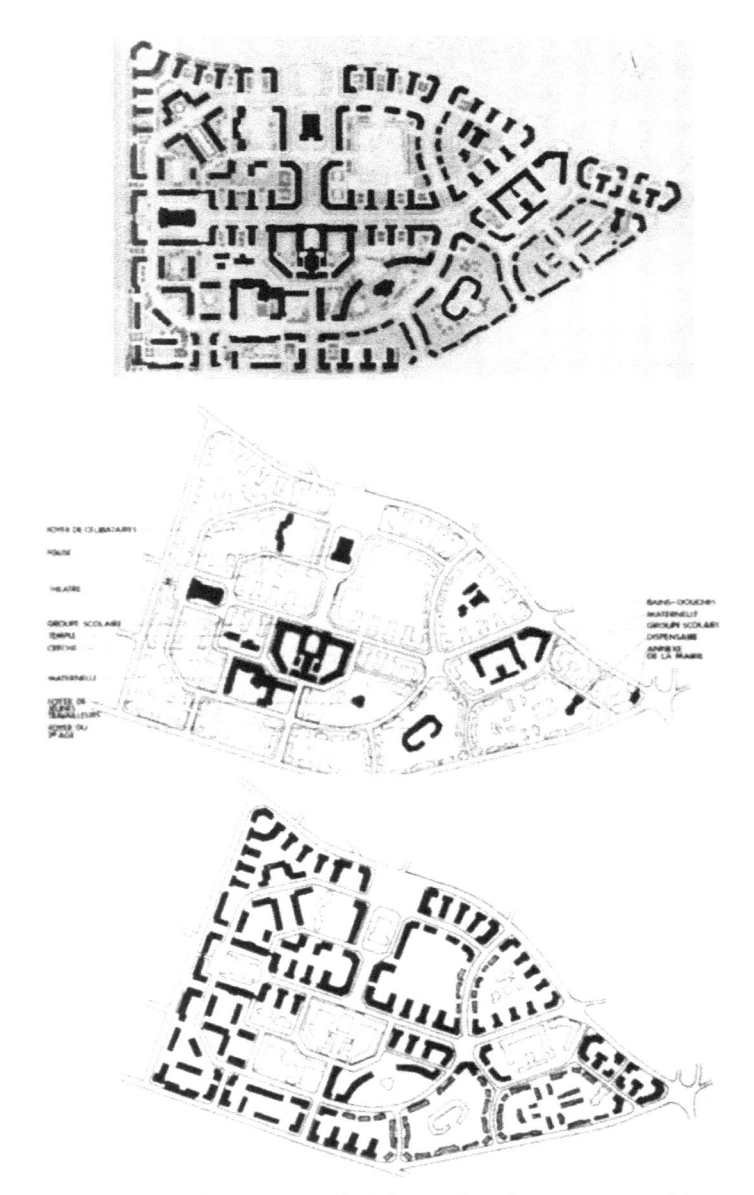

Figuras 11 a 13: *Suresnes, exemplo de bairros de Habitation Bon Marché desejados pelo prefeito Sellier. Em cima, o plano geral.*

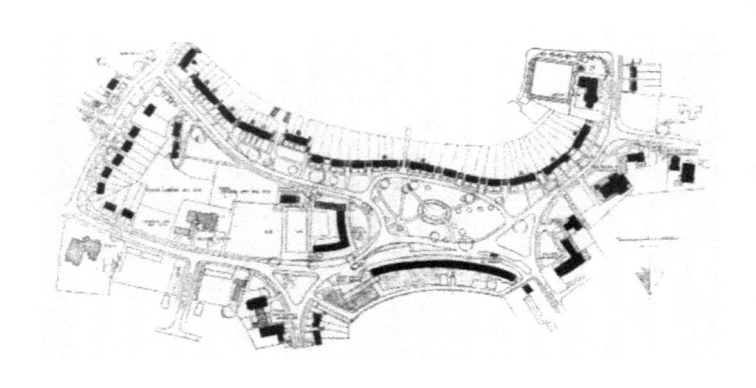

Figura 14: *Welwyn Garden City, Woodhall Centre.*
Figuras 15 e 16: *Welwyn Garden City.*

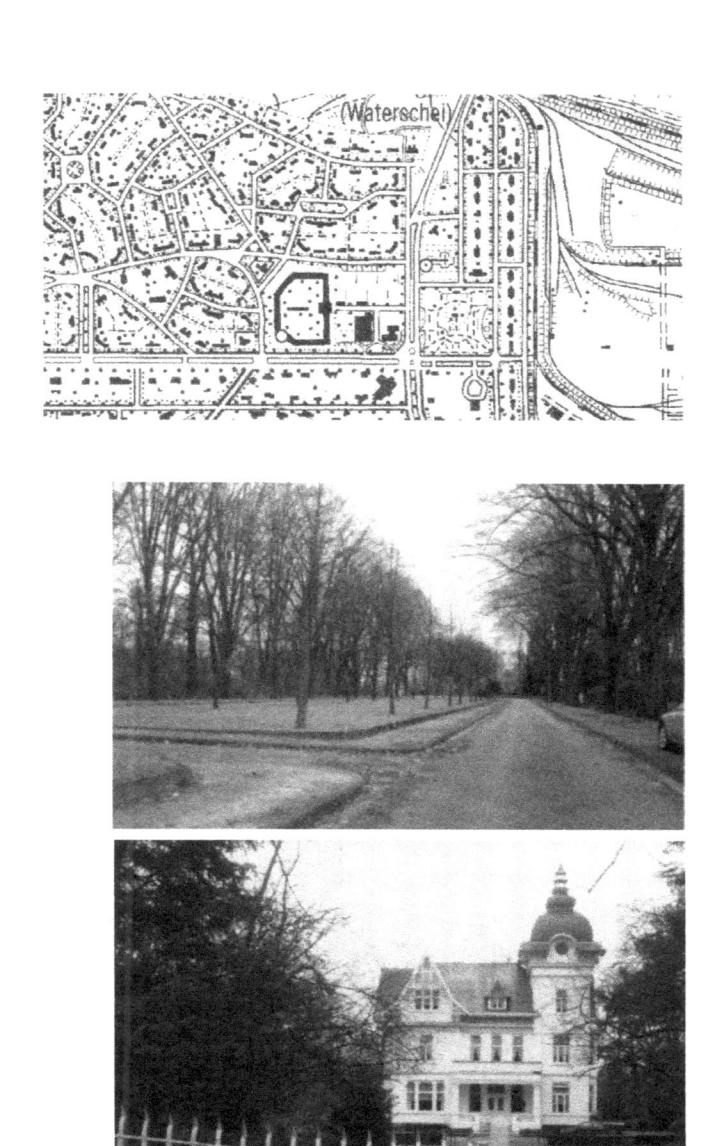

Figura 17: *Waterschei, Genk (Limburgo), planta da cidade-jardim.*
Figuras 18 e 19: *Cidade-jardim de Waterschei.*

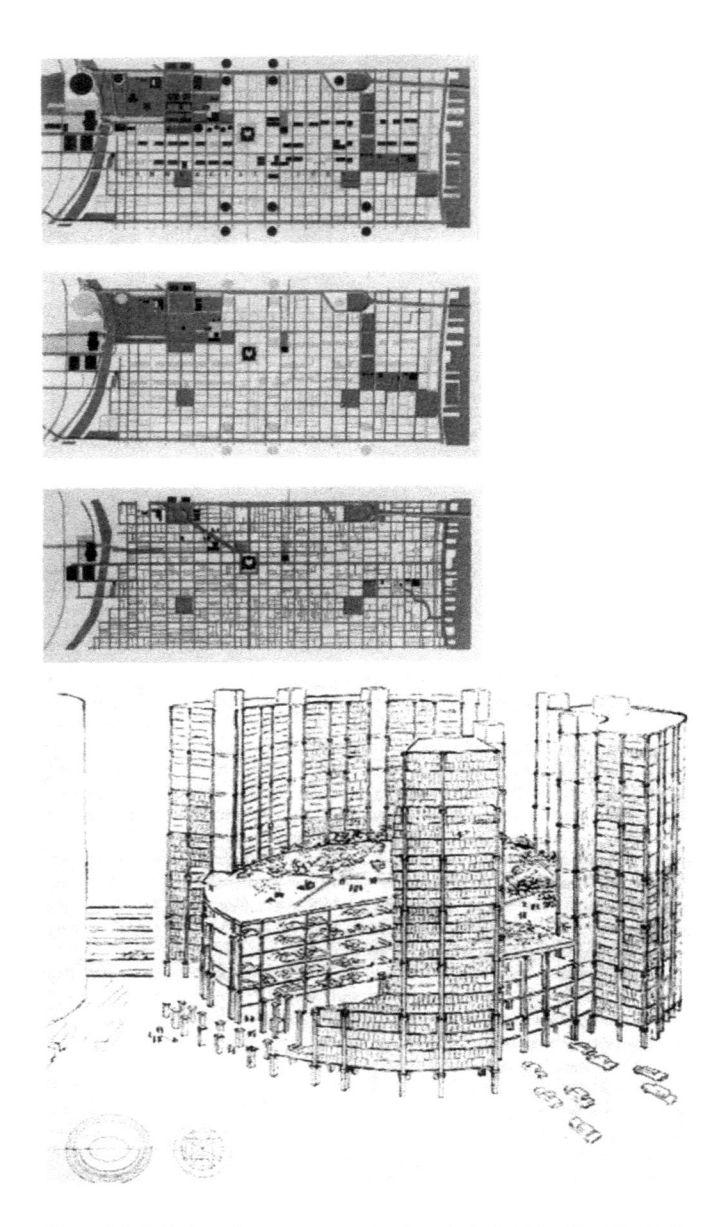

Figura 20: *L. Kahn, plano para o centro da cidade de Filadélfia, 1952-53.*
Figura 21: *L. Kahn, estudo para uma das torres de acesso ao centro da cidade de Filadélfia, com 1.500 vagas para automóvel.*

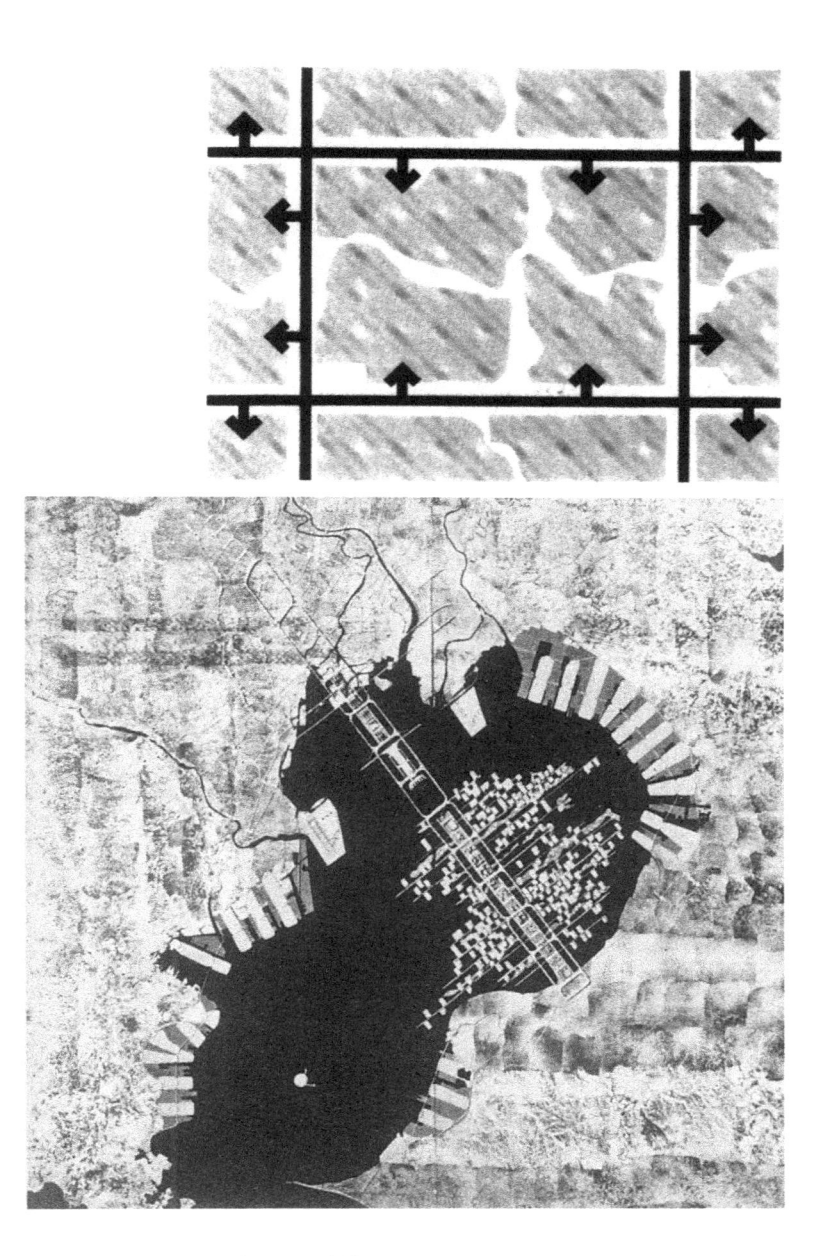

Figura 22: *C. Buchanan, Cellular Concept.*
Figura 23: *K. Tange, plano para a baía de Tóquio.*

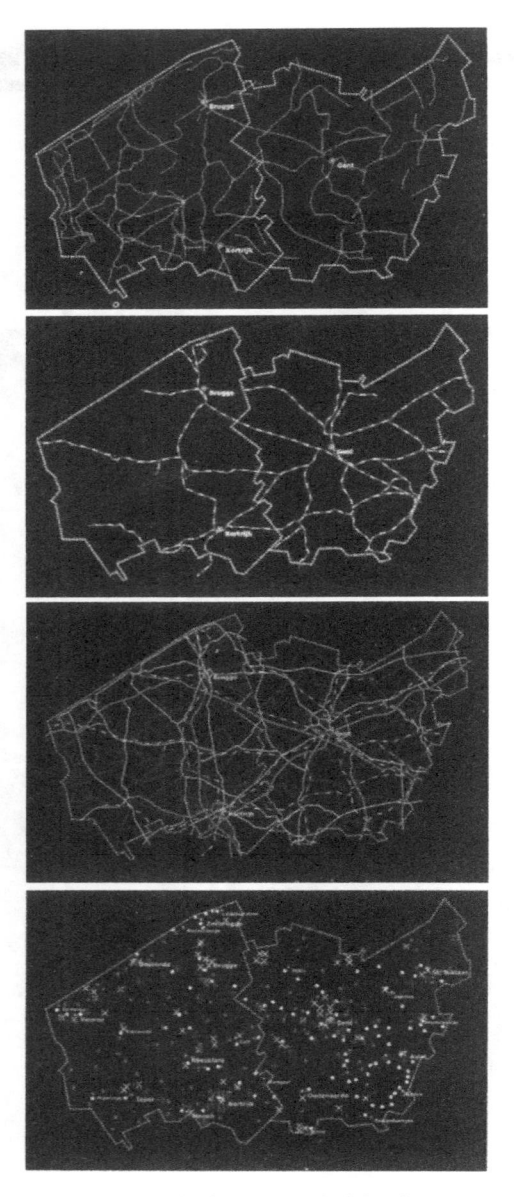

Figuras 24 a 27: *Flandres, oeste: rede de bondes em aproximadamente 1910; a rede ferroviária, a rede da mobilidade e os acessos da rede em 1995.*

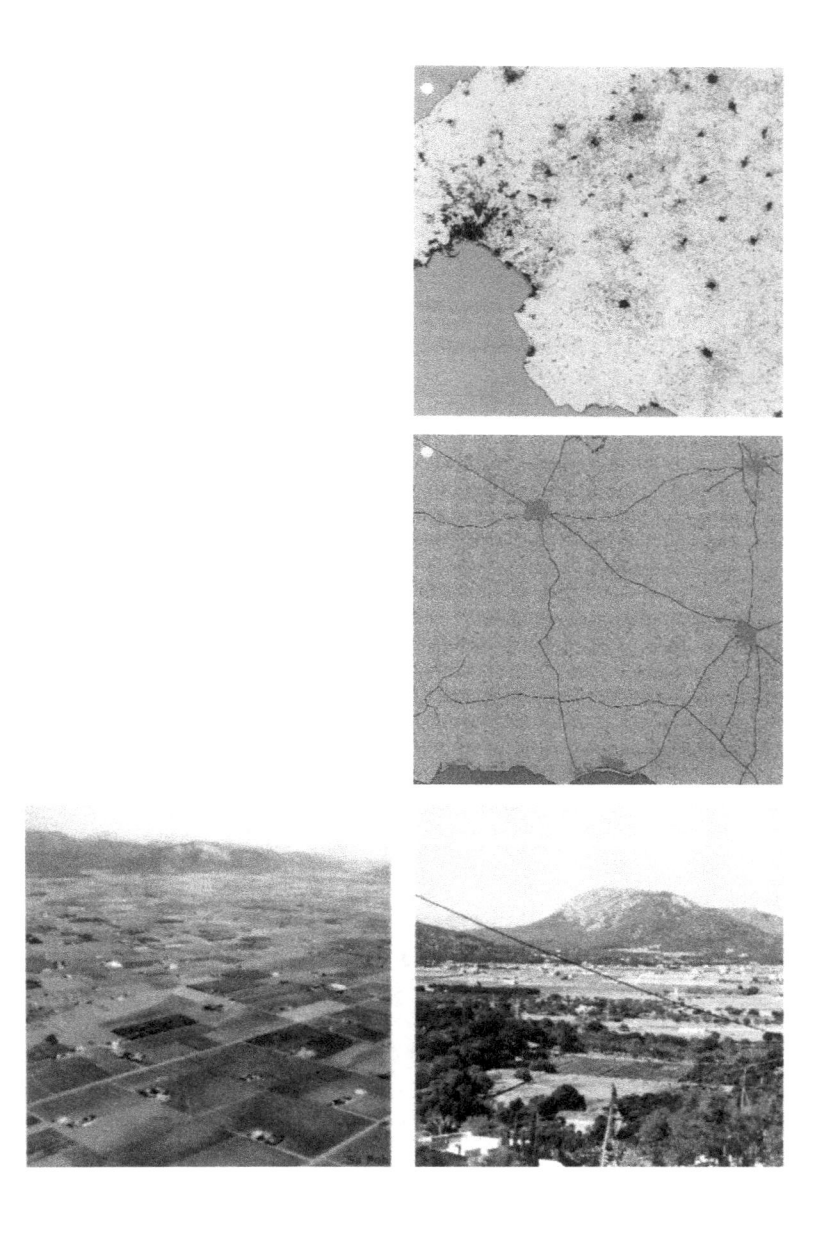

Figuras 28 a 30: *A dispersão na implantação de Mallorca.*

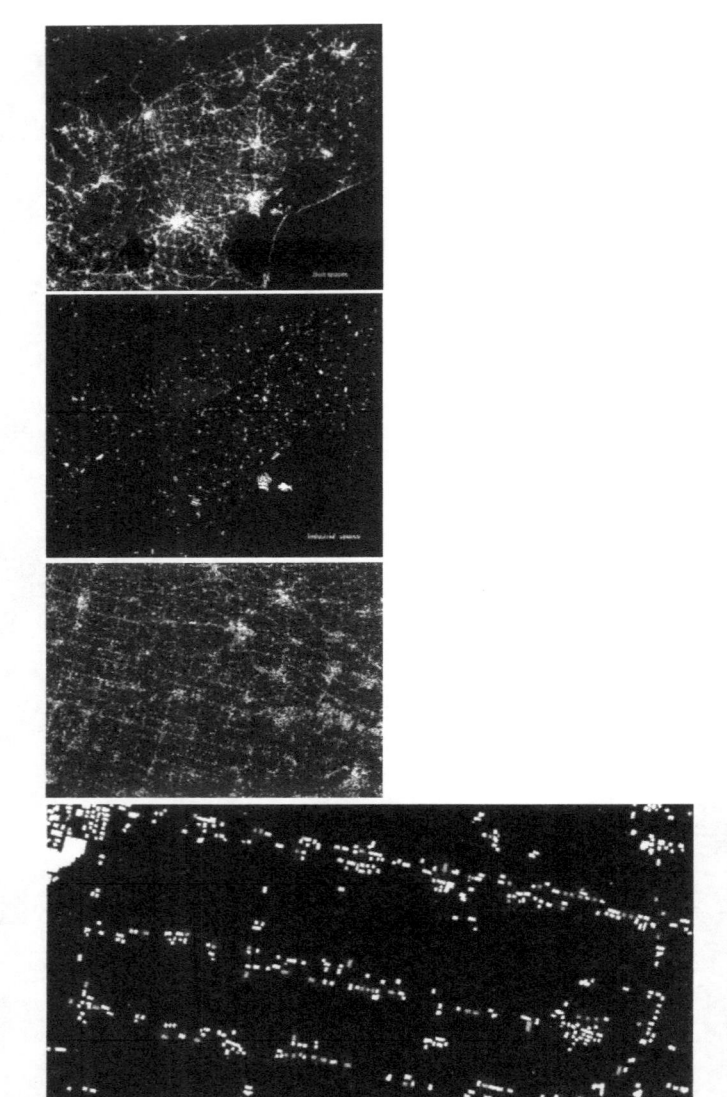

Figura 31: *A dispersão no Veneto central.*
Figura 32: *A dispersão das atividades produtivas.*
Figura 33: *A dispersão das residências.*
Figura 34: *Em cinza, os edifícios construídos nas duas últimas décadas.*

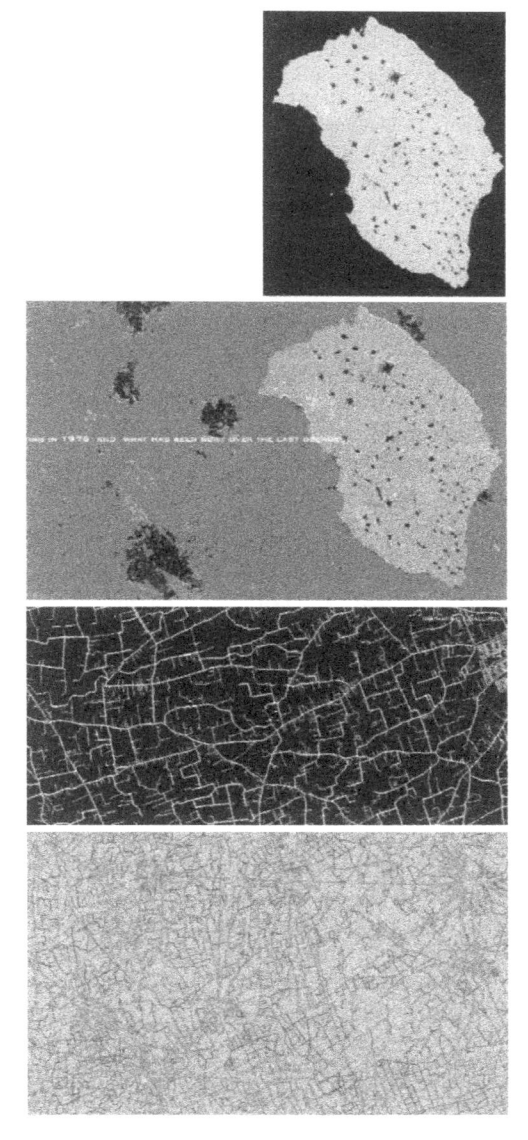

Figura 35: *A dispersão no Salento.*
Figura 36: *A dispersão em volta dos centros urbanos.*
Figura 37: *O papel da rede viária menor.*
Figura 38: *Dispersão e cultivos agrícolas de excelência.*

SIENA

Pode parecer estranho inserir Siena, a cidade medieval por excelência, em um livro dedicado à cidade do século vinte. No entanto, os centros antigos são partes fundamentais da experiência urbana do século vinte, assim como as questões conexas à sua conservação, sua reutilização e saneamento. Valorização e imitação são partes incontornáveis do debate sobre a cidade e as políticas urbanas, as quais, com ênfase e resultados diversos, desde o romantismo – através de todo o século dezenove e particularmente após o período haussmanniano[1] – se estendem por todo o século vinte.

Inicialmente observados pelos higienistas e administradores, pois parte da cidade obscura e insalubre, ventre da cidade onde a pobreza pode vir acompanhada pelo vício e pela criminalidade, os centros antigos, durante boa parte do século vinte, foram objeto de esvaziamentos e demolições radicais. Todas as cidades europeias, inclusive Siena, podem contar uma história própria a esse respeito. Porém, na comparação com a expansão metropolitana e com as tensões que esta porta,

a *finitudo** medieval e a cidade na qual ela é representada, se evidenciam também como "espelho verdadeiro e fiel de uma sociedade", frequentemente idealizada, à qual se olhou com nostalgia e, portanto, como uma cidade a ser salvaguardada, tanto no caso de ser reinventada, como no caso dos "puristas sienenses" no período entre os dois séculos[2].

A reflexão do século vinte sobre a cidade do passado é bem mais rica do que a que fizeram os higienistas e urbanistas contemporâneos àquele passado estudado ou os textos famosos como *Der Städtebau nach seinen Künstlerischen Grundsätzen*, de Camillo Sitte (1889), *L'Esthétique des villes* de Charles Buls (1893) ou *Vecchie città ed edilizia nuova*, de Gustavo Giovannoni; mais rica ainda de quanto a tenham feito os quase cento e vinte estudiosos, entre eles, Victor Horta, Giovannoni, Louis Hautecoeur, que se reuniram

---

* Em latim, condição, qualidade daquilo que é limitado, imperfeito. Na metafísica, finitude é uma característica dos entes que se modificam ou têm limites.
2. G. Zucconi, Neo-medievalismo e città, em C. Bianchetti (org.), *Città immaginata e città costruita*.

---

1. M. Roncayolo, *Lectures de villes*.

em Atenas, em 1931, dois anos antes do Ciam, para a Conferência de Atenas sobre a Conservação Artística e Histórica dos Monumentos[3], conferência essa patrocinada pelo Institut de Coopération Intellectuelle da Sociedade das Nações, a Unesco de então, na qual, pela primeira vez, os monumentos são considerados "patrimônio da Humanidade". Siena, uma das primeiras cidades na Europa declarada monumento integral, precedida somente por Capri e San Giminiano, é um caso exemplar. Essa reflexão se fundamenta, porém, em uma quantidade bem numerosa de "antimodernos", *arrière-garde de l'avant-garde*, segundo a expressão de Roland Barthes[4], com os quais o início do século vinte e um parece ainda ter que acertar contas.

Desde sempre Siena solicitou muito o imaginário: não somente o individual, mas principalmente o coletivo. Qualquer pessoa que tenha visitado com curiosidade e atenção a cidade, seus habitantes e sua história, pode perceber a força com a qual um acervo de imagens se depositou sobre a cidade e resistiu no tempo.

Pode também observar como essas imagens transcenderam a dimensão local e se tornaram lugar tópico do imaginário do século vinte: Siena, assim como outras cidades antigas europeias, faz parte da consciência histórica de uma vasta parte de nosso mundo.

O século vinte talvez seja, do ponto de vista da história, o mais consciente dos séculos que o precederam; sempre projetou a cidade com um olhar dirigido àquela do passado, interpretando, de maneira banal ou sofisticada, as principais lições. No final do século, a cidade antiga, Siena, talvez possa propor três das maiores lições.

A primeira, aparentemente a mais simples, está relacionada com a experiência comum: nas últimas décadas do século, os centros antigos são amados e frequentados por multidões cada vez mais numerosas; Siena, assim como Veneza, Toledo, Bruges, Rouen ou Quioto. Não somente centros medievais, mas também aqueles construídos em século mais próximos a nós: São Petersburgo, Barcelona, Savannah na Geórgia, ou Charleston na Carolina do Sul. Não somente as cidades autênticas e famosas, mas também os pequenos centros e os lugares onde se estratificaram falsificações

---

3. Cf. F. Choay, La Conférence d'Athènes sur la conservation artistique et historique des monuments.
4. Apud A. Compagnon, *Les Antimodernes*.

como Carcassone, San Marino ou Guérande, assim como o *Gröte Markt* de Bruxelas ou de Antuérpia. Um amor estranho, professado por pessoas e grupos que residem estavelmente em outros lugares, que vão ao centro antigo para seus ritos de consumo, como turistas ou mesmo somente para passear, para olhar e se mostrar, lentamente transformam os centros antigos, que se esvaziam cada vez mais de seus habitantes, em imensos parques temáticos ou em grandes centros comerciais. Por quê? Não é possível se satisfazer com uma resposta simplista: porque são bonitos. Essa expressão deve, ao menos, ser desconstruída e articulada. Nem todos os habitantes dos centros antigos foram expulsos pela violência do mercado ou das políticas de demolição e saneamento. Em muitas cidades, como Siena, inicialmente seus habitantes abandonaram o centro antigo buscando habitações mais arejadas e luminosas; com plantas mais bem divididas e materiais mais adequados; com relações menos diretas com a rua e os outros edifícios; em outros termos, saíram à procura de maior conforto interno e externo à habitação, como era apresentado no programa do urbanismo e da arquitetura moderna. Nem

mesmo o abandono dos centros antigos por parte de seus habitantes é sempre o resultado de uma competição pelo espaço, de uma ocupação do centro por parte de atividades e grupos que pagam melhor. Nos edifícios do centro antigo de Maastricht, por exemplo, como em outros diversos centros antigos da Europa do Norte, aparentemente bem conservados, os andares superiores estão vazios e são utilizados, para atividades comerciais, somente o térreo. O centro antigo de Maastricht tornou-se um cenário agradável, conjunto de coxias teatrais entre as quais se desenrola a grande representação do consumo e do passeio de populações que ali chegam de uma vasta região que vai além das fronteiras.

O grande sucesso desse cenário preferivelmente nos diz que, aos olhos da maioria, os espaços urbanos do centro antigo são mais confortáveis que aqueles da cidade moderna e da cidade contemporânea. Portanto, a primeira série de reflexões que a cidade antiga suscita é sobre o conforto do espaço público: uma questão que está relacionada não somente com as formas, as dimensões e articulações desses espaços, mas também com as condições de microclima construído a partir das dimensões dos espaços não construídos, da orientação dos edifícios, dos materiais utilizados tanto para uns quanto para outros.

Por exemplo, a Piazza del Campo, em Siena: sobre essa famosa praça, para a qual estão voltados edifícios de cinco séculos diversos, foram ditas e escritas muitas coisas importantes sobre sua forma, sobre a maneira na qual foi construída. Mas a experiência comum tem pouco a ver com tudo isso. Entretanto, quem tentou observar longamente a praça, reparando como a sombra e o sol se modificam nas diversas estações e como são frequentadas suas diversas partes, quem tentou permanecer sentado no piso dessa praça, protegido do vento, apreciando o calor dos tijolos e sua declividade, quem observou os modos simples

Figura 39 e 40: *Piazza del Campo (Siena)*.

nos quais o desenho do piso facilita o escoamento de água dessa imensa superfície nos dias de chuva, os modos nos quais o próprio desenho sugere suas modalidades de uso sem as impor, só pode concordar que é principalmente o grande conforto desse espaço público que pertence à experiência comum e o faz amado. A mesma sensação de bem-estar encontramos em Utrecht, nas partes menos frequentadas pelos turistas de Veneza ou de Amsterdã, em cidades que não se encontram às margens da experiência urbana contemporânea, mas no centro dela.

A segunda lição, diretamente ligada à primeira, está relacionada com a natureza do espaço aberto: as ruas, praças, pátios e jardins, os trechos rurais delimitados em Siena pelo cinturão de muralhas. O que deixa as pessoas estupefatas e desconcertadas em muitas cidades europeias do século vinte é principalmente a ausência de uma experiência significativa e sistemática do espaço aberto. Extremamente dilatado, ele parece ter se pulverizado em um conjunto ocasional de fragmentos interligados entre si por espaços destituídos de um estatuto claro.

Pelo contrário, o espaço aberto de Siena, como também em muitas outras cidades medievais europeias, tem três estatutos principais e claros[5]. Expressos segundo numerosas variantes, a eles correspondem diferentes materialidades, desenhos e experiências espaciais. O primeiro é aquele do espaço público, no qual se está em público e se desenrolam os principais ritos coletivos, desde a festa ao mercado, da procissão ao "passeio". Espaço coletivo e vago, sujeito às mais variadas interpretações e atividades, o espaço público é um espaço dentro da cidade, comprimido entre as paredes de edifícios bem próximos entre si e para a qual estão voltados. Com imprevistas e relevantes mudanças de escala, ele se dilata na praça e no largo, entra, como na planta romana de Nolli, na igreja, sob o edifício público, sob o telhado do mercado ou do *fondaco**, se encaixa nos edifícios através do claro-escuro do saguão, do pórtico ou de outros lugares específicos de mediação, se abre ao visual do campo circunstante.

Proust descreveu esplendidamente as relações entre a pressão exercida pelo espaço

---

5. J. D. Hunt, *L'Art du jardin et son histoire*; B. Secchi, *Primeira Lição de Urbanismo*; F. Choay, *Esapcements*.
* Edifício medieval que servia como depósito ou pousada para mercadores, em países estrangeiros, principalmente nas costas do Mediterrâneo (N. da T.).

Figura 41: *O espaço interno do jardim.*

restrito das vielas venezianas, seu suceder-se e a imprevista dilatação do campo visual sobre a bacia e a laguna. Para alcançar a Piazza del Campo, em Siena, vive-se uma experiência espacial análoga.

Espaço interligado, porém em transformação contínua, o espaço aberto da cidade medieval estabelece relações de grande variedade e complexidade com o edifício através de dispositivos específicos. Em seu desenho, ditado por uma economia de meios expressivos fundamental, é reconhecida uma atenção constante a soluções de problemas técnicos de detalhes: como fazer com que as águas escoem corretamente, como utilizar um desnível imperceptível, como utilizar materiais adequados. A estética sienense, como aquela de Bruges, Ascoli Piceno ou de tantas outras cidades europeias que, no imaginário coletivo, são consideradas cidades medievais por excelência, não é feita somente ou por muitas arquiteturas admiráveis, mas sim por esses aspectos.

O segundo estatuto é o grande espaço aberto e próximo do campo, da laguna das colinas, do exterior e de outras coisas da cidade, que se apresentam mais à vista, ao percurso e às atividades produtivas do que às atividades e ritos coletivos. Entre essas duas experiências – na cidade medieval – encontram-se aquelas mais íntimas das cortes, dos claustros, a das numerosas hortas e jardins parcialmente subtraídos à visão mais próxima, onde as relações entre as pessoas e as atividades podem se exprimir em uma série infinita de nuances.

O terceiro estatuto, portanto, é aquele dos espaços secretos, da privacidade mais absoluta e do silêncio: espaços de trabalho e do ócio, mas também da vida em comum.

A última lição, ligada àquela precedente de maneira mais sutil e de compreensão não universal, está relacionada com a gramática e a sintaxe do texto urbano antigo. Siena é bonita, como o eram algumas obras literárias para os grandes críticos norte europeus no período entre os séculos dezenove e vinte, Georg Brandes, Hermann Hettner ou Hans Larsson, no que se refere ao rigoroso controle da gramática e da sintaxe que compõe seus elementos.

O que caracteriza o espaço urbano e o território sienense é a íntima relação estabelecida e conservada no tempo entre signo e seu significado, entre forma da cidade e do território, seu papel e função, desempenhada por cada um dos elementos que a constituem. Em Siena, por exemplo, os percursos mais relevantes, sob o ponto de vista da constituição morfológica da ocupação, são os do alto da colina e também aqueles ao longo dos quais as atividades principais e mais representativas são postas, os lugares frequentados mais assiduamente, os mais importantes sob um ponto de vista comercial. Esses percursos têm como referência e conectam entre si lugares igualmente relevantes para a constituição morfológica da cidade: o alto das colinas onde estão situados os grandes complexos edilícios, as grandes fábricas, as únicas de Siena que têm direito a uma escala diferente do resto da edilícia urbana, incluindo os edifícios nobres; uma situação fora de escala que representa a excepcionalidade de seus papéis na organização da sociedade civil e política sienense: grandes complexos conventuais com suas igrejas, o grande hospital de Santa Maria della Scala, o Edifício Público, a catedral. O conjunto desses lugares e desses percursos constitui e delimita o espaço central de Siena: um espaço interno que, com mais frequência que outros, assume um papel de espaço coletivo. É peculiaridade de Siena que esse espaço de grande complexidade possa ser reconhecido observando uma planta e, mais ainda,

Figura 42 e 43: *As grandes fábricas sienenses: o Hospital de Santa Maria della Scala e São Domingo.*

observando a relação entre ocupação urbana e morfológica do terreno e, mais ainda, observando a posição dos principais edifícios culturais, sedes das grandes instituições, dos edifícios principais, das principais atividades comerciais e direcionais, ou então observando as variações contínuas sobre alguns caracteres tipológicos e arquitetônicos de edifícios. Essa é certamente uma situação anterior à redução quantitativa das metrópoles modernas que em Siena pode se conservar por muito tempo e que faz dessa cidade, como de muitas outras do passado, ser bem mais que um monumento integral, objeto de conservação, um imenso reservatório conceitual em condições de ainda dar lições importantes.

Durante todo o século vinte, Siena permaneceu às margens

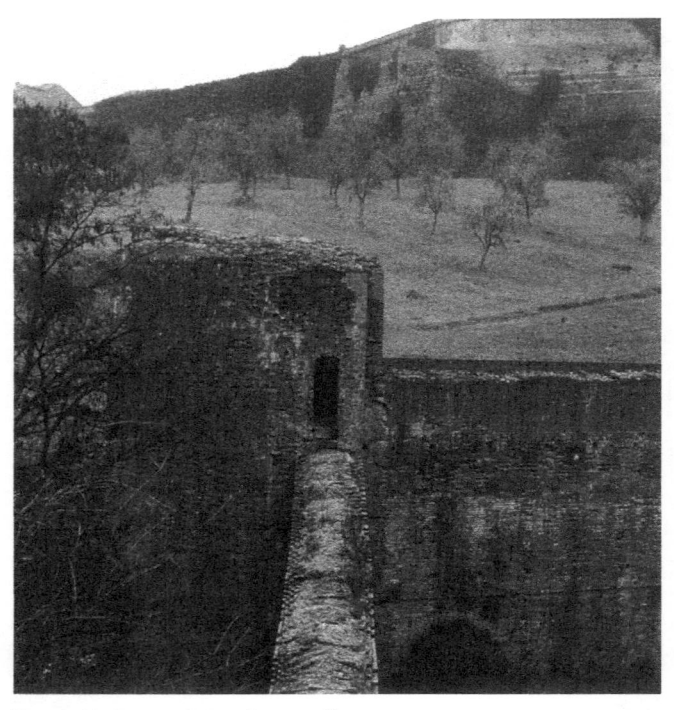

Figura 44: *O campo visto das muralhas.*

da modernidade, em particular do desenvolvimento urbano e metropolitano. Até quase o fim do século vinte, em Siena se respirava o ar de província dos romances de Federico Tozzi. Principalmente por isso se conservou tão íntegra. Muitos outros centros antigos europeus, ao contrário, foram violentamente investidos pelo desenvolvimento moderno, se encontraram no centro de uma cidade e de uma metrópole em expansão, imersos em uma megalópole ou cidade difusa, assediados por novas populações e atividades, atravessados por novos e mais importantes volumes de tráfego, e a essas pressões não souberam ou não puderam resistir, a não ser opondo, em um corpo a corpo extenuante, políticas de conservação, fracas e ambíguas.

Siena, como muitas outras cidades antigas europeias, nos propõe uma questão de grande relevância: uma cidade como Siena se constituiu por meio de uma interpretação individual contínua sobre uma mesma estrutura do espaço coletivo; em oposição, a cidade moderna se constituiu como tentativa de dar uma interpretação coletiva a exigências individuais. Dois programas de pesquisa fortemente justificáveis, mas profundamente diversos.

3. O FIM DA CIDADE MODERNA

A segunda história é aquela de "uma 'grande geração'"[1], de uma geração que atua em diversos campos artísticos e de pesquisa, entre eles a arquitetura e o urbanismo, e se inscreve na história do próprio tempo, procurando construir uma sociedade diferente, um "homem novo" consciente das dimensões da própria liberdade e, mais ainda, consciente do fato de que a própria libertação só pode ser encontrada dentro de uma mais ampla liberdade coletiva[2]; portanto, é a história de uma geração que, mesmo aproveitando os meios do urbanismo e da arquitetura da cidade, se esforça em construir uma história diversa. Depois de um século de críticas às condições sociais produzidas pela cidade da revolução industrial, a coisa não pode parecer surpreendente.

1. H. Godard, *Une Grande génération.*
2. A. Gramsci, *Quaderni del carcere.*

A geração à qual Henry Godard se refere, testemunha da Primeira Guerra Mundial e das desordens que a seguiram, "tinha feito uma das mais monstruosas experiências da história mundial"[3]. Como Céline, Bernanos ou Giono, tinha combatido nas trincheiras em Flandres e em Ardenne; como Lurçat e Gropius em frontes opostas, tinha observado as linhas de inimigos de um aeróstato, e a geração foi marcada por essa experiência vivida direta ou indiretamente. Essa mesma geração assistiu a movimentos revolucionários capazes de solicitar, para uma ampla parte da população europeia, a esperança de um mundo melhor; ela foi testemunha de uma profunda crise das economias ocidentais, da pobreza que se abateu em pessoas e classes que pareciam tê-la excomungado para sempre, como também assistiu a um desenvolvimento extraordinário da produção industrial e de uma reorganização completa dos métodos de produção; pôde entrever a passagem de uma sociedade indigente a uma sociedade opulenta. "Essa época desejou realmente que o céu descesse na terra, e querendo o que há de melhor, nos encontramos em guerra, uma guerra que frequentemente resulta incompreensível"[4].

A Primeira Guerra Mundial teve consequências importantes e de longa duração na Europa e no mundo. Nas palavras de Benjamim,

as pessoas retornavam mudas dos campos de batalha; não mais ricas, mas mais pobres de experiência comunicativa[...] Já que experiências nunca foram desmentidas mais profundamente que aquelas estratégicas por meio da guerra de posição, que aquelas econômicas por meio da inflação, das físicas por meio da fome, das morais por meio dos poderosos[5].

---

3. W. Benjamin, *Erfahrung und Armut, Die Welt im Wortz*, I.
4. H. Tessenow, *Handwerk und Keinstadt*.
5. Op. cit.

Talvez não seja audacioso pensar, como Godard, que aquele evento tenha induzido alguns a manter certa distância crítica da experiência e a refletir, individual ou coletivamente, sobre a natureza da história e sobre as possibilidades, no próprio campo de estudo e de intervenção, de dar a elas uma direção diversa. Somente quem acredita na predestinação pode considerar frívolo um pensamento desse tipo.

De maneira análoga, no início do século dezenove, uma geração que tinha vivido as esperanças da Revolução Francesa e os horrores do Terror, os sonhos do período napoleônico e as frustrações da restauração, elabora, nas duas versões do fourierismo e do saint-simonismo, um pensamento utópico no centro do qual a cidade, o território e suas transformações se tornam laboratório de uma possível diretriz diversa da história.

O segundo conflito mundial, embora tenha determinado importantes consequências no plano social e geopolítico, não produziu uma reação análoga. Guernica, Nanchino, Dresda, Hiroshima e, principalmente, a *schoá*, mas também as ambiguidades de muitos comportamentos individuais e coletivos durante o período das ditaduras e da ocupação alemã de diversos países, os mal-entendidos e os compromissos que deles derivaram, parecem ter esfriado e impedido, na Europa e no mundo ocidental, qualquer forma de pensamento utópico. A cultura ocidental é afetada ainda mais intimamente, durante a segunda parte do século, por uma nova onda de "anti-iluminismo", de correntes de pensamento inimigas de qualquer forma de racionalismo forte e de afirmação dos princípios gerais[6]. A procura da realização de uma utopia *sui generis* na Europa central, logo após a guerra e, na Europa oriental, nas últimas décadas do século, é principalmente aquela da formação de Estados étnica, linguística e culturalmente homogêneos[7]. As razões formais do segundo conflito mundial certamente contribuíram para construir

6. I. Berlin, *The Crooked Timber of Humanity*; A. Compagnon, *Les Anti-modernes*; Z. Sternhell, *Les Anti-Lumières*.
7. T. Judt, *Postwar. A History of Europe since 1945*.

essa espécie de utopia geopolítica que se situa em um terreno diferente daqueles percorridos pelo continente nos anos entre as duas guerras e, mais uma vez, têm origens mais longínquas, também na formação dos Estados nação. Ou, talvez e principalmente, o próprio resultado do conflito, o fim das ditaduras, a vitória das democracias, a influência da cultura norte-americana, as características do desenvolvimento do capitalismo mostravam a possibilidade de percorrer caminhos diversos no desenvolvimento social e econômico, caminhos inspirados em um pragmatismo substancial e em políticas construídas, baseando-se em um incremento prudente, finalizadas as melhorias graduais, planejadas e contínuas. A ideia se torna a de uma possível construção de uma *better-America* e, portanto, de uma Europa melhor por meio de melhorias difusas em cada setor da vida cotidiana.

Porém, o final dos anos de 1950 e início dos anos de 1960 são caracterizados também por uma postura mais reflexiva em relação ao futuro. A guerra deixou como herança a conscientização do risco e da insegurança. As experiências dos anos 30, seja nos Estados Unidos, seja na União Soviética, tinham instituído a ideia de que o planejamento poderia reduzir ou até mesmo eliminar tanto um como o outro e, na onda das experiências do pós-guerra em toda a década de 60, o plano e o *planner* gozaram de grande prestígio. Paralelamente, no mesmo período, uma importante reflexão se concentra na construção de futuros cenários possíveis[8], uma reflexão que teve seu início nos Estados Unidos na época do New Deal e que passa a certa distância das reflexões dos urbanistas e arquitetos mais concentrados na construção de planos. Por outro lado, a construção de cenários invade todas as disciplinas, da economia política às estratégias militares e às comerciais, se torna mais técnica e, em certa medida, mais banal, assumindo dimensões retóricas suspeitas para voltar a

---

8. F. Polak, *The Image of the Future*; P. T. de Chardin, *L'Avenir de l'homme*; B. de Jouvenel, *L'Art de la conjecture*.

inquietar, somente no fim do século, o pensamento europeu, inclusive aquele dos urbanistas e arquitetos[9].

Entretanto, algo de similar a um pensamento utópico emerge, nas formas de uma reflexão e de uma exploração de um futuro possível, muitas vezes somente imaginado a partir de fracos indícios, já visto na New York World Fair de 1939 e de maneiras diferentes. Esse pensamento utópico reaparece, ainda que por um breve período dos anos sessenta; no centro encontramos um resguardo da área afetiva do indivíduo, a confiança na técnica como instrumento de controle ambiental e, de maneira mais geral, a dimensão tecnicista da vida em uma sociedade dominada pela solidão e que se torna cada dia mais complexa: Archigram, Buckminster Fuller, Archizoom, Superstudio, Metabolists, na realidade fazem uma reflexão radical sobre a impraticabilidade da arquitetura: "A utopia não reside mais na cidade [...] a não ser como jogo ou estrutura produtiva vestida de imaginário"[10]. O pensamento utópico, entendido como esforço extremo da imaginação, migra para outros lugares e informa algumas realizações importantes sobre si, em países que agora procuram construir uma própria e nova história menos dependente daquela do mundo ocidental: em Chandigarh (1952), Brasília (1957), Islamabad (1959).

"Um Mapa-múndi que Não Inclua Utopia Não Merece nem Mesmo um Olhar"

Que a construção da cidade possa pertencer a um projeto de construção social mais amplo não é uma ideia nova no início do século vinte. Como é evidente, trata-se de uma utopia que tem suas raízes em épocas precedentes, em particular as diferentes utopias que desde a Antiguidade clássica acompanham, com continuidade, a cultura do Ocidente[11]

---

9. P. Viganò, *I territori dell'urbanistica*.
10. M. Tafuri, *Vienna Rossa*.
11. J. Carey, *Utopias*.

ou, mais especificamente, de um acúmulo de ideias que têm suas origens no primeiro Renascimento, quando todo o espaço urbano parece ser possível de ser projetado[12], na *renovatio urbis* do século dezesseis, quando um conjunto de intervenções pontuais parece estar em condições de dar novos significados e papéis a partes inteiras da cidade ou até mesmo a toda a cidade[13], nas ruas *rectae et latae*, nas quais, a partir do fim do século dezesseis, ela representa a captura do infinito, isto é, de uma nova dimensão do pensamento, da sociedade e da economia[14] e, naturalmente, na arquitetura do iluminismo[15] e na sua progressiva "engenheirização" em chave saint-simoniana da cidade e do território do século dezenove. Com sua força crítica e sua capacidade de imaginação, a utopia acompanha todo o século vinte.

Forma do pensamento e do discurso específicos da cultura ocidental, forma extrema da imaginação, a utopia volta ciclicamente na história europeia, não a percorrendo de maneira homogênea e contínua, mas se colocando sempre em um momento de crise, no momento da passagem entre um período histórico e o sucessivo, quando as características do que está para acontecer ainda não estão claras, sempre representando uma contestação do poder. Com a sua força crítica e sua capacidade de imaginação, a utopia acompanha a parte central do século vinte.

"Um mapa-múndi que não inclua Utopia não merece nem mesmo um olhar", escrevia L. Mumdorf[16], retomando as palavras de Oscar Wilde[17]. Porque a utopia, longe de se configurar como previsão ou evasão, impõe uma comparação crítica com o presente e sua história, como nas narrativas dos vários povos e de seus costumes, feito por

---

12. D. Calabi, *La città del primo rinascimento*.
13. A. Foscari; M. Tafuri, *L'Armonia e i conflitti*.
14. L. Benevolo, *La cattura dell'infinito*.
15. E. Kaufmann, *Von Ledoux bis le Corbusier*.
16. *The Story of Utopias*.
17. The Soul of Man under Socialism, em *Fortnightly Review*, v. xlix, n. 290.

Itlodeo na *Utopia* de Thomas More, e leva a imaginar sua possível mudança, da mesma maneira que na descrição da ilha feliz, no mesmo texto de More. Imaginar é o que faz o alpinista de Putnam que, para superar as próprias dificuldades, imagina uma série de percursos alternativos, até o momento em que, com algum risco, acredita ter encontrado aquele que lhe permite superar aquilo que, olhando o mundo de baixo para cima, lhe parece um obstáculo[18]. A utopia encontra sempre resistências, inércias e comportamentos dirigidos para um passado do qual se tem medo ou queremos nos afastar. Imaginar um futuro possível é o que fazem os protagonistas da "grande geração", em períodos de grandes alterações sociais e geopolíticas, correndo muitos riscos intelectuais.

Utopias Concretas

A reflexão e as realizações dos arquitetos e dos urbanistas da "grande geração" procuram dar à utopia dimensões concretas; isso é o que as tornam específicas. Crítica do presente e imaginação de um futuro possível e necessário são expressas no campo visual das grandes gerações das vanguardas artísticas, no campo das técnicas, com interesse no maquinismo e americanismo em suas diversas formas, mas em particular no fordismo e taylorismo[19], no campo social e na convicção da importância do suporte socioespacial para a construção de uma nova sociedade. É nesses setores que as utopias do século vinte encontram os imaginários individuais e coletivos, o mito, a ideologia e o saber. Elas tentam construir uma perspectiva para o futuro sabendo, no entanto, que uma parte dos eventos futuros pode transgredir as regras da representação perspéctica, invertendo, dilatando e projetando-a fora de seu contexto, deformando seu significado

18. H. Putnam, *Meaning and the Moral Sciences*.
19. A. Gramsci, *Quaderni del carcere*; J. L. Cohen; H. Damish, *Américanisme et Modernité*.

e o papel, transformando a perspectiva inicial em uma ana-morfose[20], e isso tudo poderia obrigar a modificar o ponto de fuga, a ter referências do futuro com diversos pontos de fuga. Ao mesmo tempo, propondo uma espécie de verdade pública, as utopias do século vinte também opõem uma forte resistência ao pragmatismo cego e oportunista que tinha levado aos horrores do primeiro conflito mundial.

Quase em meados do século, no período entre as duas guerras, em situações político-sociais diferentes, essa ideia é apresentada prevalentemente nos países europeus ocidentais mais do que na União Soviética ou nos Estados Unidos, com clareza diferente, segundo modos diversos e, eventualmente, em oposição entre si. Ela não é representada somente no movimento moderno ou particularmente nos Ciam (Congresso Internacional de Arquitetura Moderna). Cidade e território são investidos por uma multiplicidade de projetos radicais por meio dos quais o século tenta mostrar a própria diversidade em relação ao passado. Sua natureza ideológica, no sentido que Roland Barthes dava ao termo[21], reside na convicção de que a modernidade nunca se concluiu, de que os projetos dos arquitetos e urbanistas podem dar contribuições fundamentais ao seu cumprimento, desde que urbanismo e arquitetura não sejam somente representação dos valores de uma sociedade, mas sejam também instrumento de sua transformação, de seu progresso, de liberalização e igualdade.

A "grande geração" está na origem de uma série numerosa de cidades fundadas, e de uma série ainda mais numerosa de partes de cidade que se inseriram, sobrepostas, justapostas, como severas críticas à cidade existente, modificando a imagem. Por outro lado, a "grande geração" está na origem de uma série de "projetos demonstrativos" por meio dos quais procurou convencer da necessidade e

20. J. Baltrušaitis, *Anamorphoses ou Thaumaturgus opticus*.
21. *Essais critiques*.

da possibilidade de mudar, de maneira radical, o quadro de vida instituído pela cidade do antigo regime e, principalmente, pela cidade do século dezenove. As idéias e os projetos da "grande geração" nunca foram totalmente apoiados, principalmente em suas divagações mais rigorosas e extremas. Eles informam automaticamente, por adesão ou oposição, toda a reflexão feita sobre as formas do espaço habitável na cidade ocidental; reduzidos e banalizados, tornam-se, em muitas situações, a κοινή da construção da cidade na segunda parte do século e, em outras, tornam-se representação, anamorfose ou até mesmo perspectivas depravadas dos valores e das ideologias dos grupos dominantes e das estruturas do poder[22].

A arquitetura do poder é uma constante na história da cidade europeia como também na de outros continentes, e é necessário reconhecer que ela é a responsável por algumas das mais significativas expressões arquitetônicas e urbanísticas do passado. Temos a tendência de esquecer qual poder é representado nos castelos, palácios, nos parques e em partes inteiras de cidades do passado, quais pudessem ser as motivações das torres que desenhavam o *skyline* das cidades medievais, de quais relações sociais os parques, os jardins ou as grandes cenografias urbanas do barroco foram expressão; temos a tendência de decompor as formas arquitetônicas e urbanas nas relações sociais nas quais elas foram construídas e no significado que assumiam para os contemporâneos. No século vinte, a arte e a arquitetura do poder, das ditaduras fascista, nazista, stalinista, franquista e salazarista, tanto quanto as do poder financeiro, assumiram feições que nos interrogam e que quase sempre nos inquietam[23]. Com seus monumentalismos enfáticos nos faz questionar sobre o significado de uma análoga pesquisa desenvolvida pelos mesmos arquitetos da "grande geração" a partir dos anos quarenta[24]; nos inquietam porque as

22. B. Miller Lane, *Architecture and Politics in Germany, 1918-1945.*
23. D. Ades et al. (orgs.), *Art and Power.*
24. S. Giedion, *Architektur und Gemeinschaft.*

advertências e a memória que solicitam e que estão na raiz não somente da palavra, mas do próprio sentido de monumento, deveriam induzir a impedir que a distância entre as palavras e as coisas, entre as arquiteturas e seus promotores se amplie muito.

Extremos Esforços da Imaginação

A maioria dos arquitetos e urbanistas da "grande geração" nasceu entre o fim dos anos oitenta e noventa do século dezenove, tendo, portanto, nos anos vinte, de trinta a quarenta anos. A história deles foi contada várias vezes seguindo diversas linhas de pensamento que evidenciam questões diferentes. Como as histórias, por exemplo, de vanguardas que precedem os tempos, de precursores aos quais se seguem pioneiros e mestres: é o tipo de pensamento provavelmente mais cultivado pelas histórias das cidades, da arquitetura e do urbanismo modernos. Ou então, como uma sucessão da multiplicidade de contribuições limitadas e parciais que, mesmo procurando, como tantos outros temas de laboratório, temas e hipóteses diferentes, convergem de maneira cumulativa em alguns pontos fundamentais. Nessa história, até pouco tempo atrás, os Ciam, em geral, ocuparam uma posição central[25]. Mas a mesma história pode ainda ser contada tendo como centro de abordagem aquilo que, para não utilizar o termo frequentemente mal interpretado de utopia, eu indico com os termos, para mim equivalentes, "esforços extremos de imaginação", isto é, a Ville Radieuse e Broadacre City. Essa é a contribuição mais importante dessa geração tanto no projeto como sobre a mesma maneira de pensar a cidade.

Muitas vezes considerados como dois projetos em vez de textos-manifestos, eles frequentemente foram mal interpretados, ao fazerem convergir, da mesma maneira que

25. E. Mumford, *The CIAM Discourse on Urbanism, 1928-1960*.

na contemporânea *Carta de Atenas*, uma série de reflexões, de experiências, de tomadas de posição em torno de caracteres da sociedade e da cidade, amadurecidas em um longo trabalho coletivo. Em Ville Radieuse e em Broadacre City não é representado um desenho no sentido tradicional da palavra, mas uma reflexão sobre diversos princípios de implantação e maneiras opostas de pensar as relações entre indivíduos, sociedade e território.

Por toda a década de 1920, a cultura europeia cumpre, em muitas áreas disciplinares pertinentes a diversas formas expressivas, uma dupla e trabalhosa tentativa. Por um lado busca tomar certa distância crítica das vanguardas pré-bélicas, tentando reconduzir uma importante fase de experimentação no campo das artes visuais, da música e da literatura, a posições teoricamente mais claras e sólidas, levando-as a uma nova "ordem"[26]. Por outro lado, a cultura europeia tenta estabelecer uma espécie de "verdade pública" que a fundamente e a justifique, mostrando ostensivamente, por meio das próprias obras, um conjunto de princípios que, devido a suas capacidades de convencimento, imponham tomar certa distância crítica do "político".

Em 1923, Le Corbusier publica *Vers une architecture* (Por uma Arquitetura); em 1924, Klee realiza, em Jena, a conferência "De l'art moderne"[27]; Kandínski escreve, em 1926, *Punkt und Linie zu Fläche* (Ponto, Linha e Superfície); na primeira metade dos mesmos anos de 1920, na coletânea de textos *Rappel à l'ordre*, Cocteau define o próprio manifesto de um novo classicismo; em 1927 Stravínski escreve, baseando-se em um texto de Cocteau e em latim, *Oedipus Rex*, impondo-se uma restrição voluntária: "manter a música dentro de limites rigorosos e impedir que se abstraia em divagações, muitas vezes perigosas, de um autor"[28]; no mesmo período, Hilberseimer escreve *Groszstadt Architektur*; os Ciam, entre 1928 e 1933, mostram e discutem

26. C. Rosen, *Schoenberg*.
27. Cf. *Paul Klee in Jena 1924*.
28. I. Strawinsky, *Chroniques de ma vie*.

os diversos aspectos das novas teorias e da nova "verdade" em formação. Trata-se de obras e textos obviamente bem diversos entre si e, em parte, divergentes, porém, em todos se reconhece a tentativa de não perder a herança das vanguardas, reconduzindo-a a condições socialmente significativas. La Ville Radieuse e Broadacre procuram indicar os aspectos significativos para o projeto da cidade.

Direta ou indiretamente, ambos os esforços nascem do encontro com a primeira fase da Revolução Soviética e, em particular, com os problemas que ela apresenta ao mundo e à sociedade ocidental. Cronologicamente situada na base do debate que se desenvolveu por volta dos anos vinte e trinta sobre o conceito de cidade socialista, talvez um dos mais interessantes debates urbanísticos do século[29], Ville Radieuse nasce em 1930 graças ao encontro de Le Corbusier com Moscou[30]. Pelo contrário, Broadacre City nasce quando, em 1934, em um clima de crescente anticomunismo, o espectro da crise de 1929 ainda não havia sido exorcizado e quando, com o New Deal, é implantado um amplo programa de renovação da sociedade e da economia norte-americana que provocou inquietação das maiores corporações e das partes mais conservadoras da sociedade norte-americana, programa esse que propõe um projeto de cidade que, como representação de valores da sociedade americana e, de maneira mais geral, de uma sociedade livre, se contrapusesse tanto às ideias de Le Corbusier – "cavalo de Tróia do comunismo no mundo ocidental"[31] – quanto às realizações socialistas[32]. Nesses anos, logo após um período de pós-guerra sofrido, de uma crise profunda da economia ocidental e às vésperas do surgimento de algumas terríveis ditaduras, é feito um esforço, fruto ou síntese de um intenso trabalho coletivo, de imaginar um mundo diverso que siga um caminho diverso,

29. A. De Magistris, *La costruzione della città totalitaria*.
30. J.-L. Cohen, *Le Corbusier et la Mystique de l'URSS*.
31. A. Von Senger, *Krisis der Architektur*; idem, *Die Brandfackel Moskaus*.
32. D. L. Johnson, *Frank Lloyd Wright versus America*.

fazendo descer o céu na terra. Arquitetos e urbanistas experimentaram longamente alguns aspectos e tentam delinear as características gerais fundamentais.

"Elementaire"

Aproximadamente vinte anos após a construção de Letchworth, dez anos após Welwyn Garden City, isto é, depois das primeiras tentativas de se construir uma alternativa à grande cidade, enquanto na Inglaterra Howard e Osborn propunham a construção de outras cem *garden cities* e Unwin e Parker constroem alguns *garden suburbs*, nos anos que, para os Estados Unidos, Christine Boyer indica como sendo os anos de uma superespeculação, em parte responsável pela crise de 1929[33], Ernst May, diretor da atividade edilícia municipal e já então colaborador de Unwin no Hampstead Garden Suburb, procura, na Nova Frankfurt, em um clima político totalmente diferente[34], colocar-se em continuidade com algumas das ideias e projetos do mestre. Desenvolvendo experiências precedentemente conduzidas em Breslavia, May constrói uma série de bairros satélites separados entre si e da cidade por corredores de áreas verdes. Em um amplo programa de edilícia social, dá amplo espaço, da mesma maneira que Unwin, às casas individuais geminadas, porém, e de maneira diferente de Unwin, ao qual, nesse período, se opõe, opta claramente por uma linguagem da arquitetura do movimento moderno[35].

Martin Wagner e Bruno Taut em Berlim, no amplo programa de edilícia social da Alemanha no período após a Primeira Guerra[36], constroem algumas *siedlungen* (condomínio), não bairros satélites, mas sim novas partes da cidade, em adjacência às grandes fábricas, sem nada que

33. J. K. Galbraith, *The Great Crash*; C. Boyer, *Dreaming the Rational City*.
34. L. Richard (ed.), *Berlin, 1919-1933*.
35. D. W. Dreysse, *Les cités de Ernst May*.
36. L. Scarpa, *Martin Wagner e Berlino*.

as separe do tecido urbano preexistente. Bruno Taut e Martin Wagner talvez tivessem, como ponto de referência importante, as cidades jardins e os *suburbs* de Unwin e Amsterdã Sul de Berlage. Porém, Walter Gropius, Hugo Häring, Hans Scharoun e os outros arquitetos chamados para projetarem as novas *siedlungen* constroem ambientes tão confortáveis quanto Hampstead, com edifícios lineares de diversos andares e amplos jardins individuais e coletivos. A *siedlung* de Onkel-Toms-Hütte, no fim do século, torna-se um dos bairros mais procurados pela classe média berlinense, em seguida viria Berlim Britz. Mas não se pode ignorar o fato de que os quatro bairros berlinenses mais famosos do movimento moderno, Siemenstadt, Onkel-Toms-Hütte, Britz e Weissenstadt representam menos de 10% do programa edilício de Martin Wagner nos anos compreendidos entre 1924 e 1932.

Frankfurt e Berlim são somente dois exemplos importantes de uma experimentação difusa que, desde as primeiras décadas do século até o início dos anos trinta, tenta aperfeiçoar os elementos que compõem uma "outra" cidade em relação a qualquer precedente histórico. Amsterdã, Roterdã, Dessau, Karlsruhe, Celle, Stuttgard, Viena, Zurique, Genebra, Praga, Breslavia, Brno, Barcelona, Milão são somente algumas das cidades nas quais essas experiências são realizadas. Frequentemente abafados pelo desenvolvimento urbano do segundo pós-guerra, os bairros de Frankfurt e Berlim, como também outros a eles contemporâneos nos diversos países europeus, são testemunho importante de um caminho que poderia ter sido percorrido até o fundo de maneira mais rigorosa até convergir, antes das reduções e banalizações progressivas do pós-guerra, na imagem geral de uma cidade radicalmente diversa daquela do passado, uma convergência que foi diagramaticamente tentada por Le Corbusier e Wright e experimentalmente procurada nos poucos exemplos que as condições políticas da Europa dos anos trinta permitiram.

Os resultados dessas experiências foram, por muito tempo, discutidos nos primeiros três congressos dos Ciam[37]: La Sarraz, 1928; Frankfurt, 1929; Bruxelas, 1930. Nas primeiras décadas do pós-guerra, os congressos dos Ciam não eram o único grupo de arquitetos e artistas que se reuniam, as denominadas "vanguardas" europeias e, por outro lado, não eram lugares tranquilos como a holografia das fotos de grupo pode fazer pensar[38]. Desde o início, a partir do encontro em La Sarraz, nos Ciam se forma um grupo "saint-simoniano" do qual faziam parte Le Corbusier[39] e o próprio Sigfrid Giedion e, uma esquerda "fourierista-construtivista" formada pelo grupo suíço de ABC, com Mart Stam, Hannes Meyer, Hans Schmidt e Ernst May[40]. Os dois grupos, mesmo tendo muitas coisas fundamentais em comum, por exemplo, o elementarismo, e mesmo cultivando juntos uma ideia de racionalização forte, uma ideia que só entra em crise nos anos oitenta, divergiam na interpretação do papel político da nova arquitetura e dos novos métodos de produção industrial, isto é, o fordismo e o taylorismo[41]. De fato, apesar de um contexto diferente e de maneira menos ambígua, os dois grupos retomavam os termos do debate que, nos primeiros anos do século, tinha investido o taylorismo nos Estados Unidos quando o grupo de *systemyzers* se opunha ao do *industrial bettement*; o primeiro procurando melhorar a produtividade e as condições de trabalho por meio de uma sua nova organização da fábrica, o segundo através de uma série de ações no contexto urbano: creches, escolas, hospitais e cidades-jardins; o primeiro dando origem aos modos de produção indicados sucessivamente

37. C. Aymonino (org.), *L'abitazione razionale*.
38. K. Somer, *The Functional City*.
39. R. Fishman, From the Radiant City to Vichy: Le Corbusier's Plans and Politics, 1928-1942, em R. Walden (org.), *The Open Hand*.
40. J. Gubler (org.), ABC *1924-1928. Avanguardia e architettura radicale*; E. Mumford, *The CIAM Discourse on Urbanism, 1928-1960*.
41. G. Ciucci, The Invention of the Modern Movement, *Oppositions*, n. 24.

como taylorismo; o segundo muitas vezes ocasionando os exemplos e as contradições de George Pullman[42].

Ambos os grupos europeus, no final dos anos vinte, já haviam realizado diversas experiências no campo da pré--fabricação construtiva e tinham participado de um intenso debate sobre as relações entre a técnica e a cultura[43]. Le Corbusier, em uma determinada interpretação sobre a arquitetura, reivindicava um papel apolítico: a arquitetura da cidade, melhorando as condições de vida de todos, está acima das formas do poder; La Ville Radieuse é genericamente dedicada "à autoridade". Por sua vez, seu particular saint-simonianismo o fez frequentemente se aproximar dos ambientes culturais e políticos da direita, da mesma maneira que tinha ocorrido, no século precedente, com Michel Chevalier, engenheiro formado, como muitos saint-simonianos, pela École des Ponts et Chaussées. Posto na cadeia por ser saint-simoniano, portanto considerado subversivo, mais tarde foi libertado por Thiers e por ele enviado, em 1837, aos Estados Unidos para estudar os sistemas de transportes daquele país. Lá, Michelle Chevalier se torna escritor, escrevendo, quase contemporaneamente a Tocqueville, *Lettre sur l'Amérique du Nord* (Carta sobre a América do Norte) e *Des interêts materiels de la France: de l'aménagement des voises navigables à la recherche de métropoles* (Interesses Materiais da França: da Melhoria das Vias de Navegação à Busca de Metrópoles)[44]. As novas técnicas produtivas ou de transporte, assim como, depois, o taylorismo e o fordismo, assumem, para Chevalier e para Le Corbusier, um caráter natural e iniludível, independentemente do significado contingente que possam ter sobre parte de população que está envolvida e, por meio dessa, sobre toda a sociedade.

O grupo suíço-alemão-holandês tinha raízes diferentes: uma interpretação elementarista da cidade e do

---

42. S. Haber, *Efficiency and Uplift*; M. Crawford, *Building the Working-man's Paradise.*

43. T. Maldonado (ed.), *Tecnica e Cultura.*

44. M. Roncayolo (org.), *Villes et civilisation urbaine*, XVIIIe-XXe siècle.

processo de sua construção que provinha do De Stijl e do construtivismo russo, que fazia o grupo interpretar de maneiras mais originais e profundas a questão das técnicas. Taylorismo e fordismo podiam ser interpretados não somente como origem de uma produtividade maior e do emprego da classe operária, mas como oportunidade de uma diminuição da fadiga, do esforço de trabalho dispendido durante o processo produtivo, isto é, como contribuição à liberação do trabalho. Em uma relação mais profunda com o que era denominado como fourierismo, isso os levava a interligar os progressos do maquinismo com a organização do tempo de descanso, em propor a "cidade verde", lugar onde a força de trabalho, liberada progressivamente, pudesse se reconstituir, dedicando-se a outras atividades. Isso os fazia interpretar diferentemente a questão das habitações, pondo mais ênfase sobre a "casa comum" e, de modo mais geral, sobre os espaços comuns.

Em 1930, parte desse grupo se transfere para a União Soviética onde, participando com propostas em diversos concursos para a "cidade do trabalho", se torna parte ativa no debate sobre a cidade socialista: Avtostroj, Magnitogorsk, Novokuzneck, Novi Cardzou e Moscou tornam-se lugares para continuar, em uma escala mais ampla e com dedicação diferente, as experimentações iniciadas nos países da Europa continental.

Convictos da importância do suporte socioespacial para alcançar os objetivos postos pela industrialização, diretores políticos e responsáveis do primeiro plano quinquenal soviético convidam arquitetos e urbanistas, em uma fase de industrialização acelerada dos campos, a se responsabilizarem pela reconstrução socialista da estrutura de implantação do país inteiro, dando destaque à construção da vida cotidiana[45]. Alguns temas recorrentes nas utopias europeias do Renascimento em diante, claríssimos

45. S. G. Strumilin, Problema socialisticeskich gorodov, *Planovoe Chozjajstvo*, n. 5.

nas utopias do século dezenove, são agora retomados: o ambientalismo, isto é, a convicção da importância do suporte físico na construção de uma nova sociedade; a dimensão concluída da cidade, seja para os "urbanistas", seja para os "desurbanistas", assim como para Franklin Delano Roosevelt e Henry Ford nos Estados Unidos; a grande cidade deveria ser substituída por tantos núcleos urbanos de médias ou mesmo de pequenas dimensões distribuídas no território; a atenção aos modos de vida e à cotidianidade dos jovens, das mulheres, dos adultos, dos velhos; o trabalho como regulador da temporalidade, dos idioritmos dos diversos indivíduos; a importância quantitativa e simbólica dos espaços comuns e um comportamento institucional, regulamentar e ordenador do decorrer das diversas atividades individuais e coletivas. O clube operário e a casa comum são os lugares experimentais onde esses princípios são postos à prova até o segundo pós-guerra[46].

"Equilibrium"

Apesar de opostas em suas intenções demonstrativas, a Ville Radieuse e a Broadacre City recorrem amplamente a um esquema conceitual análogo. Em ambos os casos, algumas atividades, a residência, a produção e o comércio, os equipamentos coletivos para a instrução, o esporte e a cultura assumem uma identidade clara e visível que se exprime e se representa em elementos específicos, princípios de implantação e localização. Separar, estabelecer distâncias corretas e interligar as diversas atividades e as arquiteturas com as quais elas se identificam, dar a cada

---

46. M. J. A. Ginzburg, *Saggi sull'architettura costruttivista*; V. Quilici, La "comune d'abitazione" da modello della mitologia comunitaria a modello produttivo, *Lotus*, n. 8; J. L. Cohen, Architecture soviétique, em *Utopies et réalitées en URSS 1917-1934*; A. Kubova, Cecoslovacchia 1945-1948: reinventare il territorio, ricostruire il 'paesaggio abitabile', em P. Di Biagi et al. (orgs.), *La citta' della ricostruzione*; K. Azarova, *L'Appartement communautaire*.

atividade dimensões corretas, construir a cidade como um parque são parte essencial da arquitetura da cidade. Em ambos os casos, a produção em série domina e organiza a residência, a singularidade dos equipamentos coletivos. O espaço urbano é inteiramente estruturado por uma malha de infraestrutura que, em ambos os casos, agrupa duas malhas ortogonais, uma com ângulo de 45° em relação à outra. Ao lado das grandes infraestruturas que interligam a cidade e cada uma de suas partes com o mundo externo estão localizadas as atividades produtivas e de troca e os grandes equipamentos coletivos. As áreas residenciais são irrigadas capilarmente por uma rede de infraestrutura menor: "as ruas de um lado – dirá Le Corbusier –, as casas de outro [...], porque são dois fenômenos totalmente independentes um do outro". Estrutura de ordem por excelência, a malha constrói, em ambos os casos, um espaço urbano aberto e flexível, que se pode expandir em vastos territórios. Em ambos os casos, portanto, existe a rejeição do peso da história, a urgência de uma arquitetura da cidade esteticamente pura e despojada das influências do passado. As diferenças entre os dois esquemas são construídas em dois terrenos de profundidade diferente.

O primeiro é conexo à relação com o terreno: em Le Corbusier, a habitação é solta em relação ao terreno, e, onde é possível, o edifício é construído sobre pilotis que marcam o destaque; em Wright, pelo contrário, a habitação se mantém próxima às suas raízes terrestres. Grande parque, totalmente destinado a atividades coletivas e de movimento, o solo da Ville Radieuse faz parte de uma natureza que se oferece como um desenho próprio e autônomo à visão do espectador e às atividades coletivas. O solo da Broadacre é um jardim, lugar de atividades individuais e privadas, prolongamento e intersecção da habitação, o solo dela é sede de uma relação mais íntima com a terra e a natureza.

Em um nível mais profundo, nos conceitos de base da Ville Radieuse existe uma longa reflexão dos arquitetos da "grande geração" e de Le Corbusier sobre a grande cidade do século dezenove, uma reflexão que tinha originado, em 1922-25, os desenhos do Plan Voisin para uma Paris de três milhões de habitantes e, principalmente, em 1930, as reflexões sobre projetos dos arquitetos moscovitas para a Ville Verte, que tinha provocado principalmente a polêmica com Mojsei Ginzburg e os "desurbanistas" e, enfim, no mesmo ano, a *Réponse à Moscou*[47]. Mas as raízes de Le Corbusier devem ser procuradas nas diversas propostas emersas na União Soviética daqueles mesmos anos do grupo dos "urbanistas", em particular o princípio funcional-sequencial e, em consequência, o esquema proposto por Miljutin[48], então presidente da Comissão governamental para a construção das cidades novas; devem ser procuradas também no plano de Magnitogorsk do grupo de Ernst May com Mart Stam e, naturalmente, existem diversas experimentações conduzidas na Europa Ocidental pelos arquitetos da "grande geração" e pelo próprio Le Corbusier; devem ser procuradas em Peter Behrens e Auguste Perret, com os quais Le Corbusier tinha trabalhado em seus primeiros anos de atividade; e devem ser procuradas, finalmente, na centralidade que a questão das habitações – de Engels em diante – tinha assumido no pensamento sobre a cidade na Europa[49].

Na edição-testamento de 1964, Le Corbusier propõe considerar a Ville Radieuse como um lugar para o qual convergem os próprios projetos e as realizações precedentes. Por outro lado, durante todos os anos trinta Le Corbusier tinha continuado a trabalhar sobre suas próprias propostas. As pranchas da *Réponse à Moscou* tinham sido apresentadas com algumas modificações gráficas, ainda em 1930, nos Estados Unidos e no congresso dos Ciam, em Bruxelas, onde a proposta obtém o título definitivo de Ville Radieuse, sendo publicadas, finalmente, em um

47. J.-L. Cohen, *Le Corbusier et la Mystique de l'URSS.*
48. *Socgorod. Problema stroitel'stva socialističeskich gorodov.*
49. F. Engels, *La Questione delle abitazioni.*

volume com o mesmo título[50]. Se olharmos mais para trás no tempo, Ville Radieuse recebe também influências do calvinismo genebriano de uma família que possuía antecedentes entre os exilados Albigesi e Catari, influências de Rousseau e de sua ideia sobre as relações entre o homem e a naturreza[51], de Saint-Simon, Durand, Ledoux e do idealismo europeu na sua versão kantiana[52]; é influenciada também pela forte ideia de boa parte do século sobre a possibilidade de sobrepor e antepor uma verdade pública ca às experiências e interesses pessoais como sendo uma evidência necessariamente destinada a ser compartilhada.

Wright fundamentou seu pensamento na malha jeffersoniana que tinha permitido medir e colonizar todo o território dos Estados Unidos[53] e na qual, mitologicamente, era representada uma forma de democracia que nasceu nos grandes territórios do novo continente; uma democracia que herda, em parte, a ideia de regularidade própria da idade dos iluministas e em parte o mito da "fronteira": ideias de liberdade, propriedade e conquista que nelas estavam condensadas. Na origem do pensamento de Wright existe a ideia de que o ruralismo seja a base da democracia americana: "o ruralismo, distintamente do urbanismo, é americano e realmente democrático"[54]. Mas encontramos também a origem galesa de sua família materna, os Lloyd Joneses, que chegaram aos Estados Unidos em busca de terras e de liberdade religiosa por ocasião da grande emigração dos anos oitenta do século dezenove; o transcendentalismo de Emerson e o pragmatismo de Peirce, os

50. Le Corbusier, *La Ville Radieuse*.
51. P. Turner, Romanticism, Rationalism and the Domino System, em R. Walden (org.), *The Open Hand*; R. Walden, New Light on Le Corbusier's Early Years in Paris: The La Roche-Jeanneret Houses, em R. Walden (org.), op. cit.
52. E. Kaufmann, *Von Ledoux bis le Corbusier*.
53. A. Linklater, *Measuring America*.
54. Modern Architecture (The Princeton Lectures), em *The Future of Architecture*.

New Englanders, Henry D. Thoreau e Walt Withman[55]; o discurso com o qual, nos inícios de 1933, Franklin Delano Roosevelt inicia seu longo mandato presidencial e a sua proposta de redistribuição da população em todo o território americano; o relatório de Henry Ford e sua ideia de pequenos centros produtivos dispersos no território; as propostas de Miljutin ilustradas no *The Architectural Review*, em 1932 e em 1934; e, enfim, encontramos também os projetos e as realizações de Frederick Law Olmsted que Wright conhecia bem, mesmo que não tenha citado na edição de Broadacre City de 1943, e muitos projetos precedentes realizados pelo próprio Wright[56]; enfim, encontramos o crescimento dos *suburbs* estimulado pela crescente motorização da sociedade norte-americana e pela percepção de que se trata de um fenômeno incontrolável, que irá alterar a geografia das cidades desse país.

As ideias representadas em Broadacre nascem e se reproduzem em um período de extraordinária criatividade de Wright. Até 1932, Broadacre era somente um conjunto de hipóteses expressas verbalmente: as *Kahn Lectures*, em Princeton, de 1930, não continham ainda nenhuma ideia precisa sobre a nova cidade, mas somente uma crítica da cidade existente. As primeiras ideias surgem em um artigo publicado em 1932, em *American Architect*, e o nome Broadacre surge pela primeira vez em um artigo "Broadacre City: an Architect's Vision", publicado em *The New York Times Magazine*, no mesmo ano de 1932, como reação a um artigo precedente no qual Le Corbusier ilustrava La Ville Radieuse. Os primeiros esboços e o primeiro modelo construído pelos "estudantes" de Taliesin West são de 1934; o conjunto de desenhos e do modelo que ilustravam *a new pattern of living for America* foram, enfim, expostos no Rockfeller Center de Nova York, em 1935, acompanhados por um conjunto de negações verbais,

---

55. A. L. Huxtable, *Frank Lloyd Wright*.
56. D. L. Johnson, *Frank Lloyd Wright versus America*.

nas quais estava resumido um programa antiurbano conceitualmente análogo ao de Howard[57]. Assim como Le Corbusier, Wright continuou repensando e detalhando os desenhos de Broadacre durante todos os anos trinta e início dos anos quarenta.

Pode parecer surpreendente que as propostas de Le Corbusier tenham sido criticadas e, de fato, rejeitadas porque consideradas burguesas por parte de Sergj Gornyj, chefe do departamento para a preparação do plano de ampliação da Moscou futurista e socialista e por Vladimir Semenov, que mais tarde será o principal autor do plano geral de Moscou de 1935, um plano que, por sinal, tem suas próprias raízes na Paris de Haussmann e na Viena de Ringstrasse. De maneira análoga, as ideias de Wright foram interpretadas como dirigidas inexoravelmente no sentido da abolição do capitalismo e da criação de uma sociedade socialista[58].

Na sua resposta a Alexander, Wright apresenta também as próprias propostas como parte de uma primeira reflexão sobre a descentralização urbana, necessidade essa que urbanistas e desurbanistas soviéticos, Franklin Delano Roosevelt, assim como Henry Ford, estavam de acordo durante todo o debate dos primeiros anos trinta.

Logo após 1933, durante o quarto congresso dos Ciam sobre a Patris II e após as dificuldades para alcançar a unanimidade em relação ao texto da *Carta de Atenas*, a "grande geração" se dissemina: Turquia, Quênia, Brasil, Japão e, principalmente, Estados Unidos: Joseph Albers, no Black Mountain College, Lionel Feiniger, Amédée Ozenfant, Piet Mondrian e José Luis Sert, em Nova York, Laszlo Moholy-Nagy, em Chicago, assim como Ludwig Mies van der Rohe e Ludwig Hilbersheimer, Walter Gropius e Marcel Breuer, em Harvard, Bruno Taut em Tóquio, Ernst May na Turquia e

57. Idem.
58. S. Alexander, Frank Lloyd Wright Utopia, *New Masses*.

Quênia, Alexander Klein na Palestina. Uma parte permanece na Europa, uma outra volta após o conflito, mas a tensão que tinha animado os anos entre o primeiro conflito mundial e o início dos anos trinta desaparece, também devido à frustração produzida pelas ditaduras e o sucessivo conflito: inicia-se uma diáspora física e intelectual que faz distinguir cada vez mais claramente as posições de cada um, em uma série de micro-histórias pessoais interessantes.

Os congressos dos Ciam do pós-guerra têm temas mais articulados, mesmo se menos claros que aqueles dos anos vinte e trinta. O esforço parece ser o de ordenar as várias ideias imersas durante a terrível década precedente e que, experimentalmente, estão emergindo durante a reconstrução dos países envolvidos no conflito; de construir *frames* e malhas nas quais posicionar os novos problemas da cidade e as propostas de uma geração de arquitetos e urbanistas mais jovem e numerosa, fortemente solicitada por novas posições, tais quais a arquitetura orgânica wrightiana ou o neoempirismo escandinavo; a ideia de criar novas disciplinas, entre elas a antropologia e a etnografia; de uma interpretação estrutural ou fenomenológica do espaço e das atividades urbanas; provavelmente também de ordenar reflexões como aquelas de Ortega y Gasset em *A Rebelião das Massas*, que interligavam o nascer das ditaduras com a superespecialização e divisão do trabalho capitalista e a consequente redução de uma participação consciente do cidadão na história e na dimensão coletiva. Nos congressos dos Ciam de Bridgwater em 1947, Bérgamo em 1949, Hoddeston em 1951, Sigtuna em 1952, Aix-en-Provence em 1953, Dubrovnik em 1956 e, por fim, Otterlo em 1959, quando os Ciam se dissolvem, isto é, nos quinze anos de reconstrução, as novas gerações de arquitetos e urbanistas, mais do que uma crítica às posturas e ao trabalho da "grande geração", solicitam um aprofundamento e uma abertura no horizonte de referência: um aprofundamento no sentido de uma nova reflexão sobre a história e uma abertura que consiga se confrontar com situações, experiências e posições mais articuladas[59]. Na diáspora, a "grande geração" provavelmente exauriu seu próprio papel.

"Continuité"

Porém, seria um erro identificar a "grande geração" somente com Le Corbusier e Wright, somente com os protagonistas dos Ciam e da Bauhaus ou ainda com a série bem mais numerosa de arquitetos que viram suas próprias obras expostas nas três seções da exposição Modern Architecture, organizada em 1932 por Alfred Barr Jr., Henry Russell-Hitchcock e Philip Johnson no Museum of Modern Art de Nova York[60]. O termo geração quer enfatizar o quanto algumas reações em relação ao passado, algumas ideias em relação ao futuro e alguns temas foram compartilhados por muitos, por uma multidão obscura de arquitetos, urbanistas e, mais genericamente, intelectuais e administradores ativos durante o período entre as duas guerras.

Nos anos trinta, são numerosos os projetos que procuram verificar os resultados das pesquisas realizadas nas diversas partes da Europa por parte dos arquitetos da "grande geração" e continuar o trabalho. Alguns desses projetos ficaram na história do pensamento sobre a cidade e provocaram modificações concretas de algumas áreas urbanas importantes.

A cidade linear, por exemplo, o princípio funcional--sequencial de Miljutin, induz o próprio Le Corbusier, em 1935, a estudar a Bat'a, importante indústria de sapatos tchecoslovaca, uma cidade linear no vale do Zlin, projeto que será retomado em 1946 no Trois Etablissemens Humains. Na Bélgica, em 1932, Gustave Herbosch, aluno e mais tarde colaborador de Raphaël Verwilghen, estuda

59. E. Mumford, *The CIAM Discourse on Urbanism, 1928-1960*.
60. H. R. Hitchcock, P. Johnson, *The International Style*; T. Riley, *The International Style*.

uma expansão linear de Bruxelas que se baseia claramente nas experiências soviéticas; em 1934, René Braem se inspira nas mesmas experiências para o projeto de uma cidade linear com cem quilômetros de comprimento, que vai de Liegi a Antuérpia[61].

Em 1935, Maurice Braillard, então responsável pelo urbanismo de Genebra, dota a cidade de um novo plano de urbanização. Com sua configuração abstrata, o plano à primeira vista cria embaraço e parece ser uma aplicação rígida e extremista dos princípios e dos elementos da urbanização experimentada nos bairros de Frankfurt, Berlim, Celle, Zurique, Barcelona ou da própria Genebra. O plano não tem um escopo demonstrativo, ele não se limita a mostrar uma parte daquilo que seria possível realizar em um todo, porém tem essa ambição e, em parte, ele consegue propor e realizar uma nova forma de cidade, uma cidade contemporânea radicalmente diferente daquela conhecida até então[62].

O plano da cidade, de 1935, e aquele implantado dois anos depois para o cantão genebrino inteiro, mostram a importância dos conceitos de repetição, produção em série e estrutura. A abstração geométrica da configuração acompanha, de maneira sofisticada, a topografia do território. A repetição de uma série de edifícios longos e baixos – elemento construtivo fundamental no plano de Braillard – se insere na malha viária e na mais ampla das áreas verdes, originando pequenos deslocamentos e pequenas e sistemáticas mudanças das relações entre o edifício e o espaço aberto. Com esses fundamentos, a geometria do plano parece ser bem mais articulada do que se supunha à primeira vista, a topografia se torna ocasião para afirmar o valor da experiência sensível dos lugares mais do que sua aparência estética. As diferenças do plano, que

61. F. Strauven, *René Braem*; A. van Loo, F. Zampa, *Vers un monde plus harmonieux,* em *Les années 30 en Belgique.*
62. E. Cogato Lanza, *Maurice Braillard et ses urbanistes.*

o arquiteto socialista realiza em um espaço urbano que recusa o isotropismo da cidade do século dezenove, não são as diferenças entre os níveis qualitativos, ou seja, de valor, que possam ser traduzidos em diferenças sociais. A repetição e a produção em série, como, por exemplo, a malha que organiza tanto o plano da cidade como aquele do cantão, têm outra origem, outro valor e outro significado; eles procuram construir uma cidade aberta à igualdade dos sujeitos e é por isso que o plano de Braillard – menos ligado que aquele de Amsterdã aos caracteres da cidade do século dezenove[63] – se situa no mesmo nível teórico e qualitativo de outros planos contemporâneos: do Pla Macià para Barcelona, do plano de Cornelis Van Eesteren para Amsterdã ou do plano de Ludwig Hilberseimer para Dessau e ainda o de Luigi Piccinato para Sabaudia, das cidades novas na União Soviética projetadas pela May-Gruppe ou por Hannes Meyer.

Entre 1929 e 1934, Cornelis Van Eesteren, *chairman* dos Ciam desde 1930, prepara o plano de expansão de Amsterdã, plano símbolo desse período e da cidade funcional, o primeiro plano moderno que, para ser construído a partir de um conjunto de análise cuidadoso, prevalentemente sob responsabilidade de I. S. P. Scheffer e K. T. Van Lohuizen e de uma visão geral do desenvolvimento da cidade, se propõe a ser não somente modelo exemplar, mas também um guia metodológico para a construção de outros planos[64]. No encontro preparatório para o quarto congresso dos Ciam, que produziria a *Carta de Atenas*, os métodos de análise e as representações cartográficas do plano de Amsterdã, em vias de elaboração, foram propostas como linhas diretivas às quais qualquer outro caso proposto para o debate foi convidado

63. H. Hellinga, The General Expansion plan of Amsterdam, em AA.VV. *Het Nieuwe Bouen. Amsterdam 1920-1960.*
64. S. Giedion, *Space, Time and Architecture*; E. Klusman; B. Teunissen, The 1935 AUP and the 1958 and 1965 Revisions, em A. Jolles et al. (eds.), *Planning Amsterdam.*

a se adequar[65]. Em 1949, Giovanni Astengo, dedicando um número de *Urbanistica* à "lição de Amsterdã", a propõe novamente como modelo para o urbanismo da segunda metade do século[66].

A confiança dos autores no plano de Amsterdã e dos responsáveis políticos da cidade na própria capacidade de interpretar a sociedade a eles contemporânea, bem como na possibilidade de extrapolar as tendências em andamento, confiança essa que os levou a fazer previsões de longo prazo, até o ano 2000, pode parecer ingênua, mas foi a primeira vez que um plano se organizava com um grande aparato de informações e de análise. Os representantes políticos, impressionados pelos dois volumes ricos de dados e de pranchas, não tiveram alternativas a não ser aquela de confiar na experiência de quem os apresentava[67]. A sorte do plano foi realmente excepcional, sua dimensão mítica talvez irrepetível.

Em uma aula com o curioso título *O Urbanismo em Uma Hora*, realizada em Berlim, em janeiro de 1928 – a reunião da fundação dos Ciam no castelo de La Sarraz será realizada em junho do mesmo ano –, Van Eesteren explica os princípios da cidade funcional, princípios que amadureceram em um longo estudo crítico do urbanista Berlage e, principalmente, durante algumas experiências de concursos importantes. Os motes que Van Eesteren utilizou nessas ocasiões são bem significativos: em 1924, na competição para o Rokin em Amsterdã, o mote é *elementaire*, no ano seguinte, naquela para o Unter den Linden em Berlim se torna *equilibrium*; finalmente, em 1926, no concurso para a reorganização do tráfego pari-

65. J.-L. Cohen, Les Fronts mouvants de la modernité, em J.-L. Cohen (org.), *Les Années 30: l'architecture et les arts de l'espace entre industrie et nostalgie*; P. Di Biagi (org.), *La Carta d'Atene*.
66. G. Astengo, La lezione urbanistica di Amsterdam. Formazione storica e nuovi ampliamenti, *Urbanistica*, n. 2.
67. Algemeen Uitbreidsingsplan van Amsterdam, *Nota van Toelichting*, v. 1; *Bijlagen, v. 2*.

siense, o mote se torna *continuité*. Nesses três motes está condensado o programa de Van Eesteren: uma interpretação elementarista da cidade, já presente no *memorandum* preparado em 1923 para o Prix de Rome, que o faz reconhecer e separar os diferentes elementos com os quais a cidade é composta, dando largo espaço ao *zoning*, uma concepção analítica do projeto da cidade como busca contínua de um equilíbrio entre o passado e o novo, entre as diversas funções, entre as arquiteturas que o exprimem, entre o espaço construído e o espaço aberto e, à medida que os resultados são obtidos, ele tenta fixá-los em relações e parâmetros e dar importância às análises que precedem à construção do plano; enfim, uma concepção do crescimento da cidade como processo dominado pela figura da continuidade, isto é, da possibilidade e necessidade de inserir toda nova ação no *frame* oferecido por uma história urbana que se estende quanto mais longa é sua duração.

O zoneamento expresso claramente no plano de Amsterdã de 1934 nas formas que, nas décadas sucessivas, se tornarão habituais e tão criticadas, é implantado primeiro nas atividades sociais e somente depois nos projetos dos urbanistas. A partir do fim do século dezoito, com o insurgir de certos temores, na Inglaterra – e sucessivamente também em outros países europeus –, todo um sistema de valores relativos ao habitar se modifica. A domesticidade começa a assumir uma importância cada vez maior por três motivos: por um lado, a pressão dos movimentos evangélicos para os quais a casa se torna um microcosmo, núcleo de uma sociedade ideal oposta ao mundo externo; os progressos tecnológicos e sanitários com uma consequente diminuição da mortalidade infantil e uma presença de jovens nas famílias da classe média; e, enfim, a separação das atividades profissionais ou empregadoras da família e da casa, por parte das novas gerações. O mundo burguês se separa em dois:

em uma espécie de exterior – o mundo do trabalho e a cidade – e em um mundo interior – o da casa e da família, o estojo do compasso e de seus acessórios imersos no veludo, evocado por Benjamin em seus escritos dos anos vinte[68]. A narrativa do século dezenove está cheia de personagens que distinguem e separam ou aspiram a distinguir e separar claramente entre si os dois mundos[69]. E é nas décadas iniciais do século dezenove que se encontram as primeiras realizações de partes de cidade como Edgbaston, a Belgravia de Birmingham, nas quais foi proibida a presença de lojas e até mesmo de atividades profissionais na própria residência[70]. Até mesmo as propostas de boa parte de reformadores sociais do século dezenove seguem o sistema de preferência das classes médias, das quais eles provêm[71]. No início do século vinte o zoneamento é uma prática difusa, principalmente na América do Norte. Na Europa, em meados do século, ele é quase totalmente institucionalizado[72], porém, também reduzido e banalizado, abandonando percursos que, apesar de tudo, tinham sido propostos.

A partir de 1901, Tony Garnier desenha uma *cité industrielle*, finalmente publicada em 1918, efetivamente contemporânea à aprovação, em 1917, do plano de Berlage para Amsterdã Sul[73]. Os desenhos de Garnier eram em nada imaginários e, com todas as probabilidades, representavam a pequena cidade de Givor, no sul de Lion[74]. O que Garnier faz em seu projeto de cidade industrial é

68. W. Benjamin, *Das Passagen-Werk*.
69. J. Flanders, *The Victorian House*.
70. C. Hall, The Sweet Delights of Home, em M. Perrot (org.), *A History of Private Life*.
71. N. Bullock; J. Read, *The Movement for Housing Reform in Germany and France: 1840-1914*.
72. F. Mancuso, *Le vicende dello zoning*.
73. T. Garnier, *Une cité industrielle*; K. K. Pawlowski, *Tony Garnier et le débuts de l'urbanisme fonctionnel en France*.
74. P. Uyttenhove, Au fond de la Cité Industrielle, Givors, em A. Charre (org.), *Les Nouvelles conditions du projet urbain*.

mostrar que diversas funções, a residência, a indústria, os equipamentos coletivos determinam diversos princípios de implantação e relações diferentes com a topografia e com as principais infraestruturas. O zoneamento se torna prática dos projetos da arquitetura da cidade e não somente a tentativa de separar e afastar entre si – encontrando a justa distância as diferentes funções segundo o grau de compatibilidade ou incompatibilidade. A mesma operação será feita por Le Corbusier – que de fato apreciava o trabalho de Garnier – na Ville Radieuse e por Wright em Broadacre.

O que Van Eesteren faz, seguindo, apesar de tudo, uma tendência já bem clara, é construir um conjunto de argumentos que permitam construir o zoneamento para além da idiossincrasia ou dos interesses particulares: dar importância às diversas zonas, dando uma correta localização em relação ao sistema de infraestrutura e à topografia, separando-as ou unindo-as de maneira lógica. A interpretação elementarista da cidade tinha convencimento de que todo material urbano deveria ser estudado por si próprio, no seu funcionamento e nas suas relações com o contexto; a atenção para o equilíbrio o tinha convencido de que era necessário encontrar relações corretas entre os espaços e objetos diversos; a ideia da continuidade que o novo deveria ter em relação ao que já existia, estabelecendo ordem.

Em 1968, em Bérgamo, Giovanni Astengo tenta fazer uma última tentativa de combinar as ideias de Garnier com as de Van Eesteren, propondo um zoneamento que exprime, na linguagem implícita que se tornou habitual aos urbanistas, a complexidade de um projeto tridimensional da cidade, mas sua tentativa nunca será compreendida, como se falasse uma língua estrangeira[75].

---

75. G. Astengo, *Bergamo: gli studi per il nuovo P.R.G. 1965-1969*; P. Viganò, Forme progettuali, tipi di rappresentazione, *Urbanistica, Quaderni*.

Copenhague, Estocolmo

No segundo pós-guerra, Copenhague e Estocolmo, cidades de dimensões muito inferiores a Londres ou Paris, adotam, respectivamente em 1948 e 1952, planos urbanísticos que seguem uma política de expansão progressiva, de crescimento da cidade por acréscimos sucessivos, ao longo de diretrizes marcadas pela história precedente e com um controle atento da forma urbana, recuperando imagens de longa tradição na cidade europeia. A imagem do plano da Grande Copenhague, inicialmente proposta em forma de esboço, a imagem bem conhecida dos cinco dedos da mão que se alongam para o campo, é reencontrada, por exemplo, em Bérgamo, no século dezesseis; a da estrela do plano de Sven Markelius e Göran Sidenbladh é frequente nos projetos das cidades renascentistas.

Steen Eiler Rasmussen, presidente do grupo de trabalho encarregado do estudo e elaboração do plano de Copenhague que certamente o inspirou, tinha preparado, em 1936, um plano para as áreas verdes livres a serem salvaguardadas na Grande Copenhague, um plano similar àqueles inspirados por Olmsted, elaborados nas primeiras décadas do século por George Kessler para Kansas City e por Charles Eliot para Boston[76]. A relação com o espaço aberto da zona rural se torna, na Grande Copenhague, elemento fundamental e duradouro de controle da forma urbana, da mesma maneira que a topografia, a paisagem e a água em Estocolmo (Utarbetad av Stads Stadsplanekontor, 1952).

Quando o governo social-democrata sueco, em 1932, inicia uma consistente política edilícia e uma concepção positiva do *welfare* que virá a marcar uma forte diferença em relação à concepção sucessiva do *welfare* na Europa continental, Estocolmo era composta por uma numerosa série de pequenos e médios assentamentos dispersos em

76. M. Scott, *American City Planning since 1890.*

uma natureza dominada pelas águas e bosques. Daquela data em diante, a expansão da cidade determina o adensamento e a unificação de um território disperso mais do que seu *sprawl*. O plano de Markelius e Sidenbladh, em uma situação de propriedade pública quase total do solo, age nos interstícios dessa cidade, reestruturando-a em grupos de bairros satélites separados entre si e apartados das áreas produtivas por amplos parques interligados por uma densa rede de corredores verdes. Relembrando os planos 1918 de Eliel Saarinen para Helsinque e para Tallin, o plano de Markelius e Sidenbladh constrói um arquipélago: os diversos bairros, dotados de centros próprios, gravitam em volta dos centros maiores de Vällingby, Farsta e Skärholmen como ilhas imersas em uma natureza feita de água, bosques e declives verdes. As densidades decrescem do centro de cada bairro, onde se situa a estação de transporte público, em direção às suas margens. Muitos equipamentos públicos, como, por exemplo, os portos em um arquipélago, estão situados ao longo da linha que separa as partes edificadas daquelas deixadas à natureza, o bairro do parque[77].

Questões Hereditárias

Os planos de Copenhague e de Estocolmo e, de maneira mais geral, a tradição do neoempirismo escandinavo, tiveram uma enorme influência na Europa continental exatamente porque foram construídos em continuidade à estrutura urbana do passado em um nível mais geral e mais abstrato. Ao mesmo tempo, do mesmo passado, mantinham distância de uma escala mais detalhada, a dos princípios de implantação e de organização interna de cada bairro e dos principais elementos que a compunham. O passado com o qual os dois planos de Copenhague

---

77. E. Rudberg, *Sven Markelius, architect*.

e Estocolmo se confrontavam era diverso: aquele de uma estrutura radiocêntrica em Copenhague, passível de desdobrar-se em uma vasta periferia indiferenciada, como se verificou em muitas cidades europeias; e, no caso de Estocolmo, uma cidade dispersa em uma paisagem tornada bem rica e complexa por causa da geografia das águas e da topografia, isso explicando, pelo menos em parte, seus diversos comportamentos e as pequenas polêmicas que nos anos cinquenta ocorreram entre os dois grupos de projeto e com as políticas londrinas[78]. Mas os planos de Copenhague e Estocolmo são também representativos de um conjunto de ideias que amadureceram nos anos trinta: a cidade parque de Le Corbusier, a cidade floresta de Alvar Aalto, a cidade verde e as hipóteses de Taut ou dos desurbanistas soviéticos, as implantações rurais de Wright ou as cidades disseminadas nos campos de Henry Ford, as cidades do trabalho soviéticas ou "a cidade do homem" de Adriano Olivetti. Esses exemplos representam um conjunto de ideias que poderia ter deixado os países europeus mais preparados frente aos problemas da reconstrução, mesmo quando, a partir dos anos setenta do século vinte, a dispersão explodiu e se tornou um fenômeno pervasivo.

Se observados hoje, com certa distância temporal e crítica, os anos nos quais se situam algumas das mais importantes aquisições do século no plano da arquitetura e do urbanismo foram aqueles em que a modernidade se exprimiu com um nível mais alto e rigoroso, mas também aqueles nos quais a cidade moderna talvez tenha chegado ao seu fim. A crítica implacável, frequentemente pouco generosa, a abundante série de projetos realizados nos diversos países europeus e nos Estados Unidos pela "grande geração" nas décadas imediatamente anteriores e posteriores ao segundo conflito mundial; a crítica por tentar

78. S. E. Rasmussen, Kobenhavnsegnens Planlægning, Status 1950, *Politiken*.

fazer convergir seus resultados em um esforço extremo de imaginação, como foi concebido na Ville Radieuse ou em Broadacre City; a crítica por tentar codificar esses resultados na linguagem implícita da *Carta de Atenas* ou de Van Eesteren; e, principalmente, a crítica à profusão obscura de projetos de que se investiu a cidade europeia do segundo pós-guerra, frequentemente banalizando, reduzindo e distorcendo aquilo que a "grande geração" tinha proposto. Isso tudo preparou o terreno, nas últimas décadas do século, para uma revisão crítica mais severa.

Mesmo que seja difícil dizer quais são as consequências sobre o quadro de vida da maior parte da população ocidental no fim do século vinte, a "grande geração" e os debates que suscitou esclareceram o problema das relações concretas entre liberdade individual e liberdade coletiva. Aquela da "grande geração" era ainda uma epistemologia de espectador que continuava observando o mundo de fora, enfatizando o valor da continuidade e da quantidade; fascinada pelo maquinismo, a "grande geração" subdividia e decompunha todo elemento em busca de seu melhor funcionamento; sua sociedade era ainda uma sociedade disciplinar, de massas, nas quais o indivíduo estava como que afogado e protegido[79]. Apesar da *vision in motion*[80] para encontrar, na primeira metade do século, a percepção de um olhar em movimento, da irrupção da descontinuidade, do fragmento, do *souci de soi*, da busca da *privacy* e da intimidade, de uma visão de dentro, ocorre, apesar de tudo, se dirigir ao mundo da música, das artes figurativas e literárias que, tendo que prestar menos contas com a inércia dos próprios produtos, frequentemente antecipam os tempos. Mas, de qualquer modo, a "grande geração" colocou as bases para enfrentar esses novos aspectos da sociedade europeia e ocidental. A pesquisa dos arquitetos e dos urbanistas da "grande geração" não foi apenas uma pesquisa

79. G. Deleuze, *Pourparler*.
80. Cf. L. Moholy Nagy, *Vision in Motion*.

formal, produção de uma nova estética urbana[81]. Ao longo das duas demarcações da "moralização" e da construção de uma alternativa radical, tentando dar uma dimensão concreta ao *welfare* individual e coletivo, ela se difundiu em estratos bem mais profundos e relevantes da história social europeia e do mundo ocidental.

81. N. Bullock; J. Read, op. cit.

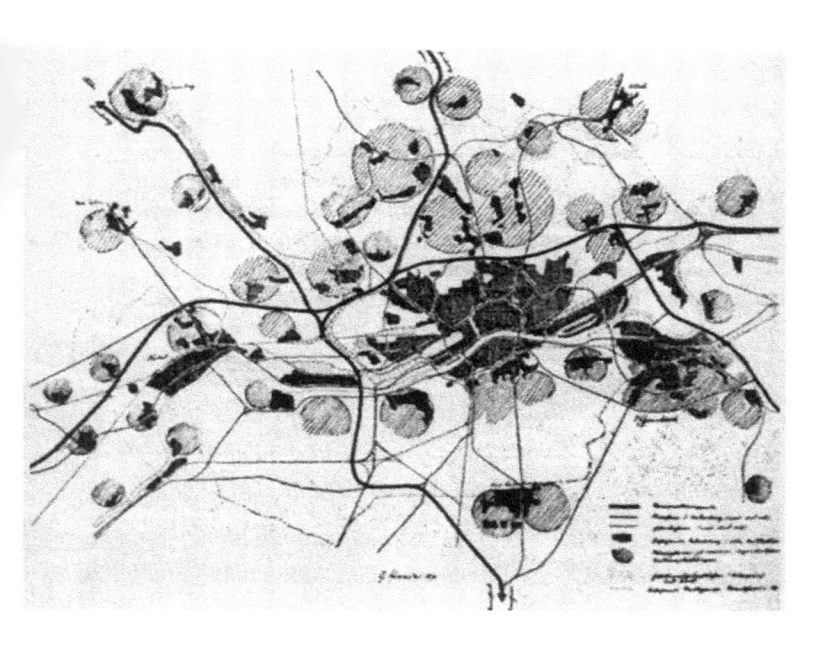

Figura 45: *Esquema de desenvolvimento de Frankfurt baseado no* Trabantenprinzip.

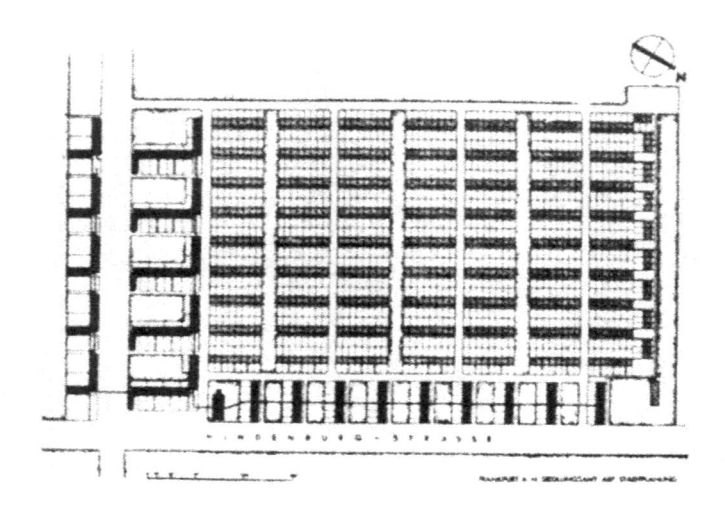

Figuras 46 e 47: *E. May, E. Böhm, planta e vista da Siedlung Westhausen.*

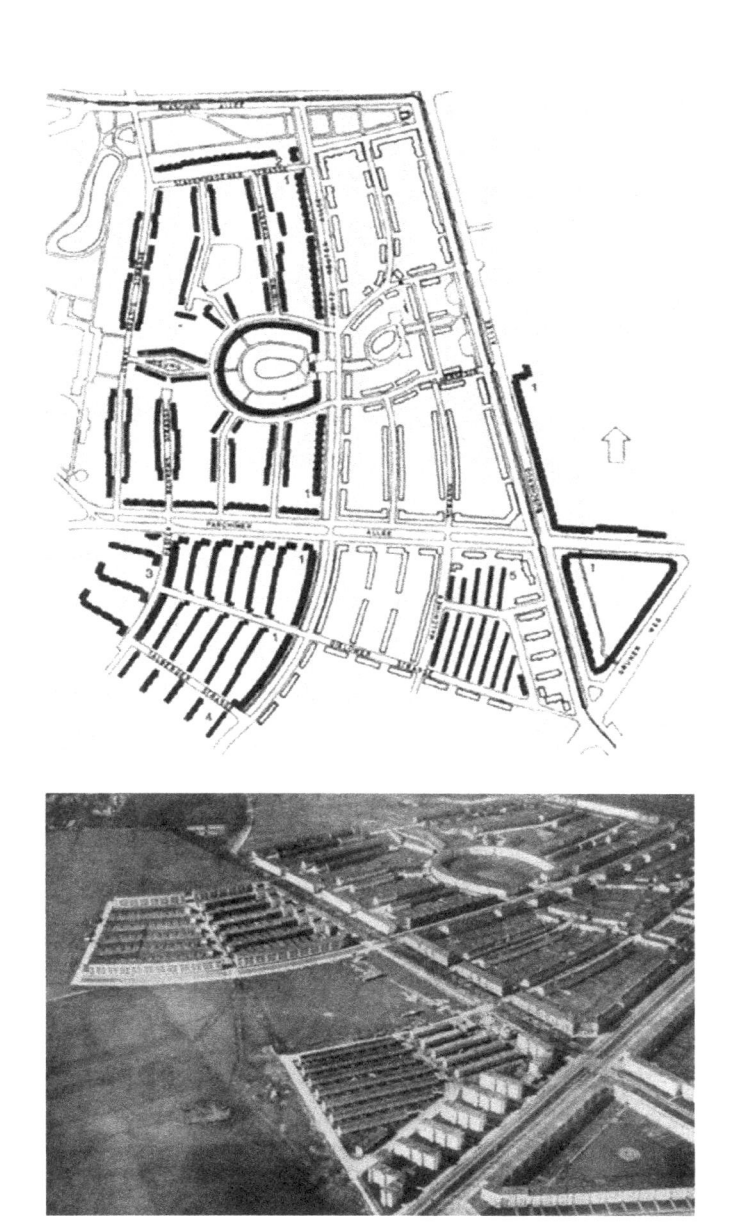

Figura 48 e 49: *M. Wagner, B. Taut, Grßsiedlung Britz, 1925-27. Planta geral e vista aérea.*

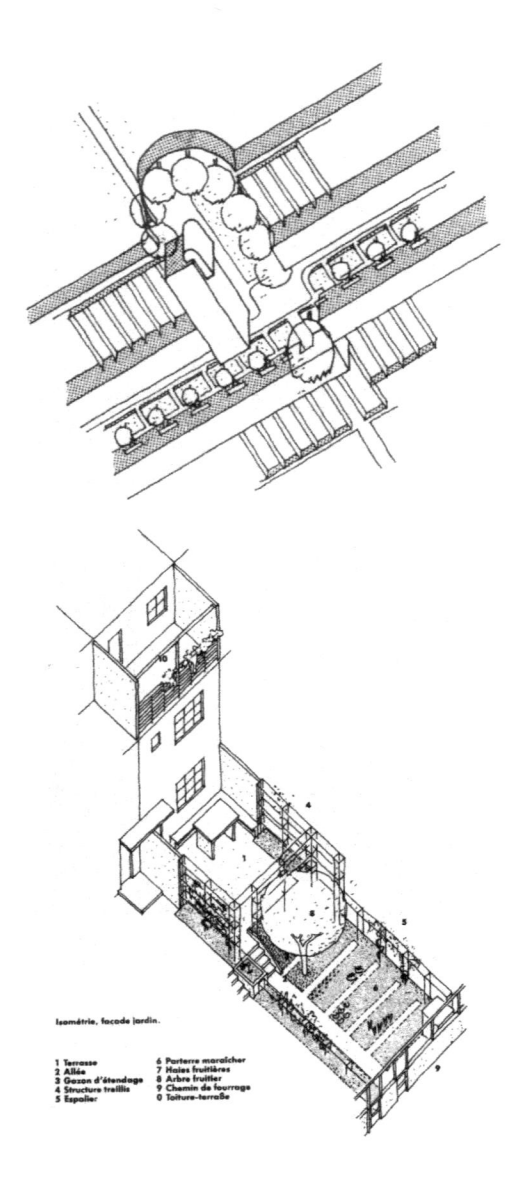

Isométrie, façade jardin.

1 Terrasse
2 Allée
3 Gazon d'étendage
4 Structure treillis
5 Espalier
6 Parterre maraîcher
7 Haies fruitières
8 Arbre fruitier
9 Chemin de fourrage
0 Toiture-terrasse

Figura 50: *E. May, Römerstadt. As relações entre espaço interior e exterior.*

Figura 51: *E. May, Praunhein. As relações entre espaço interior e exterior.*

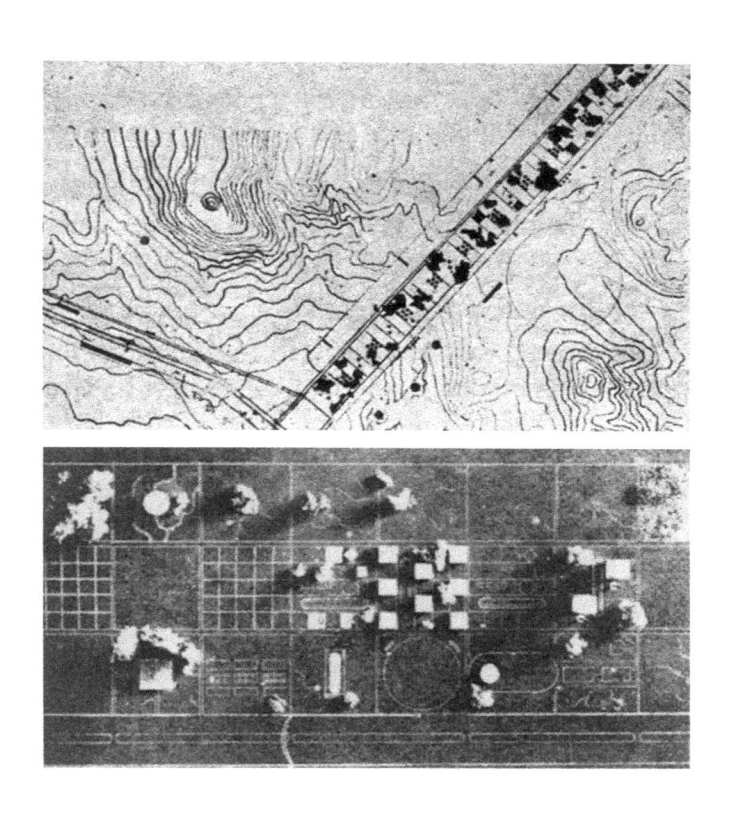

Figura 52 e 53 - *Brigada Osa dirigida por I. Leonidov, projeto para Magnitogorsk, 1930. Esquema geral do plano e planta da implantação da zona residencial.*

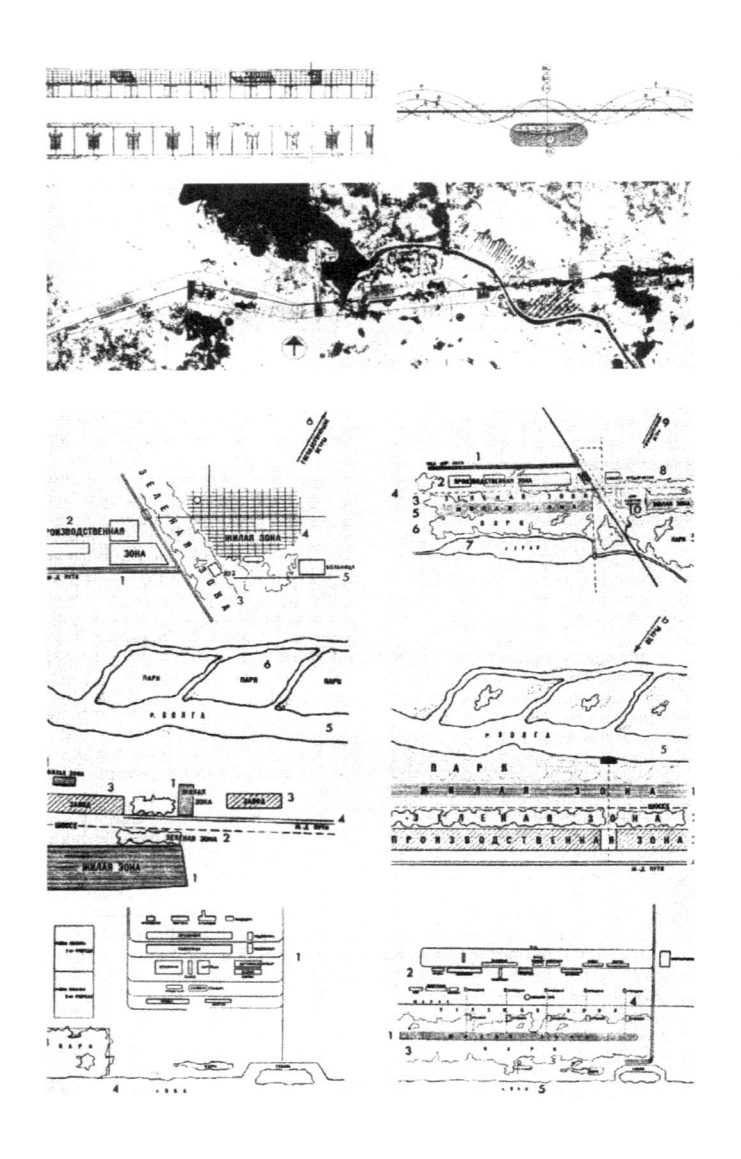

Figura 54: *M. Ginzburg, esquema geral dos serviços de um setor de cidade linear segundo os desurbanistas e porção típica de um trecho do território.*

Figura 55: *Estudos de N. M. Miljutin para o esquema do plano de Magnitogorsk.*

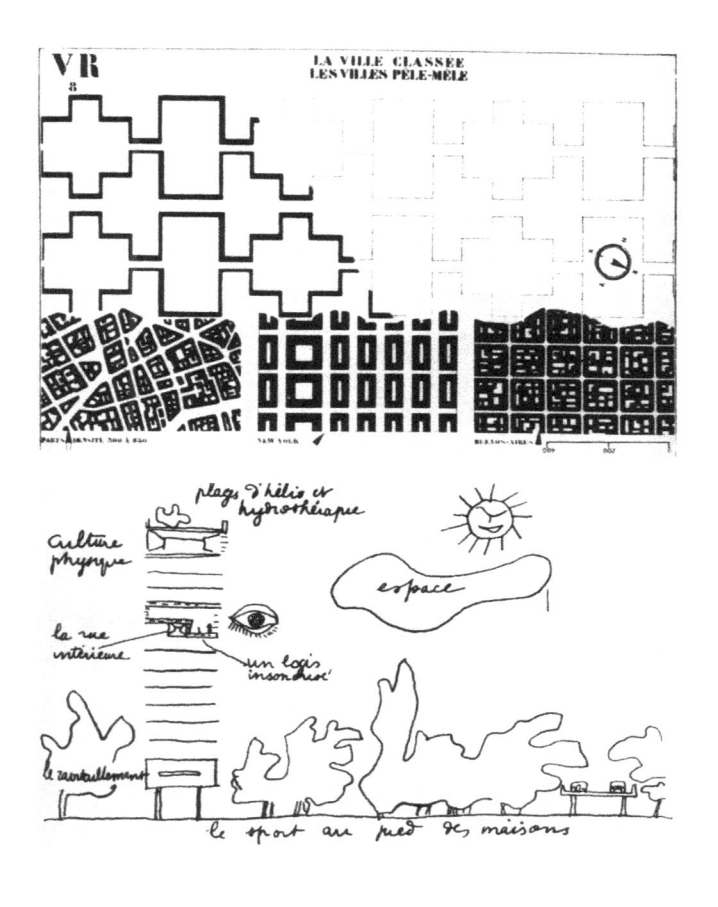

Figura 56: *Le Corbusier, o tecido da Ville Radieuse, comparado aos de Paris, Nova York e Buenos Aires.*

Figura 57: *Corte de um dos edifícios da Ville Radieuse. Cada moradia está voltada diretamente para o espaço verde e para o céu; as ruas destinadas a automóveis passam sobrelevadas, sem incomodar o percurso dos pedestres.*

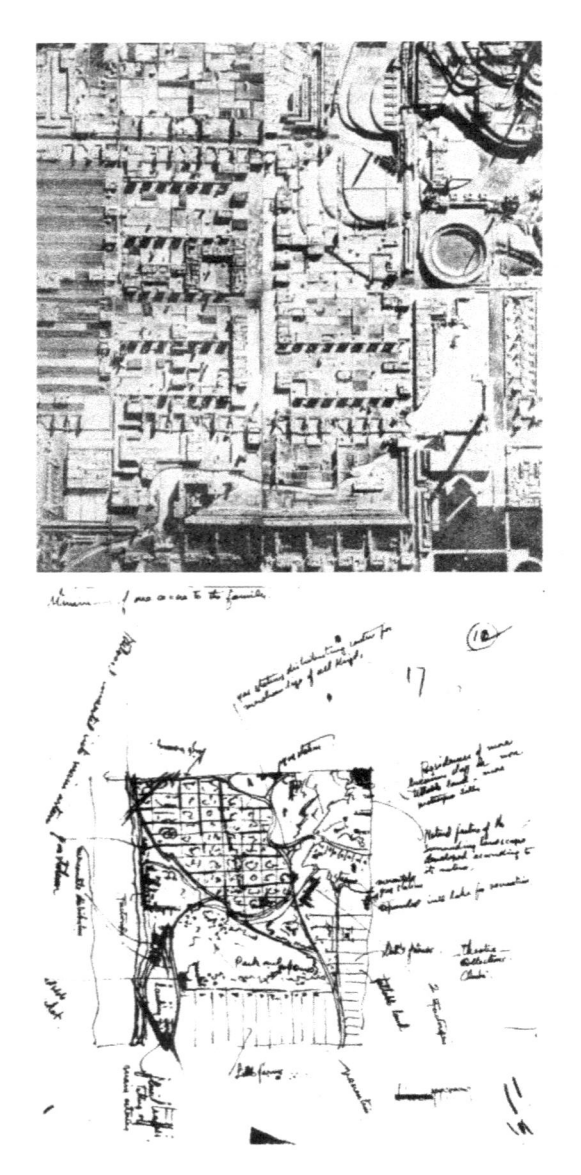

Figura 58: F. L. Wright, Broadacre City, Vista zenital do modelo.
Figura 59: F. L. Wright, Broadacre City, Planta da implantação geral,
esboço.

156

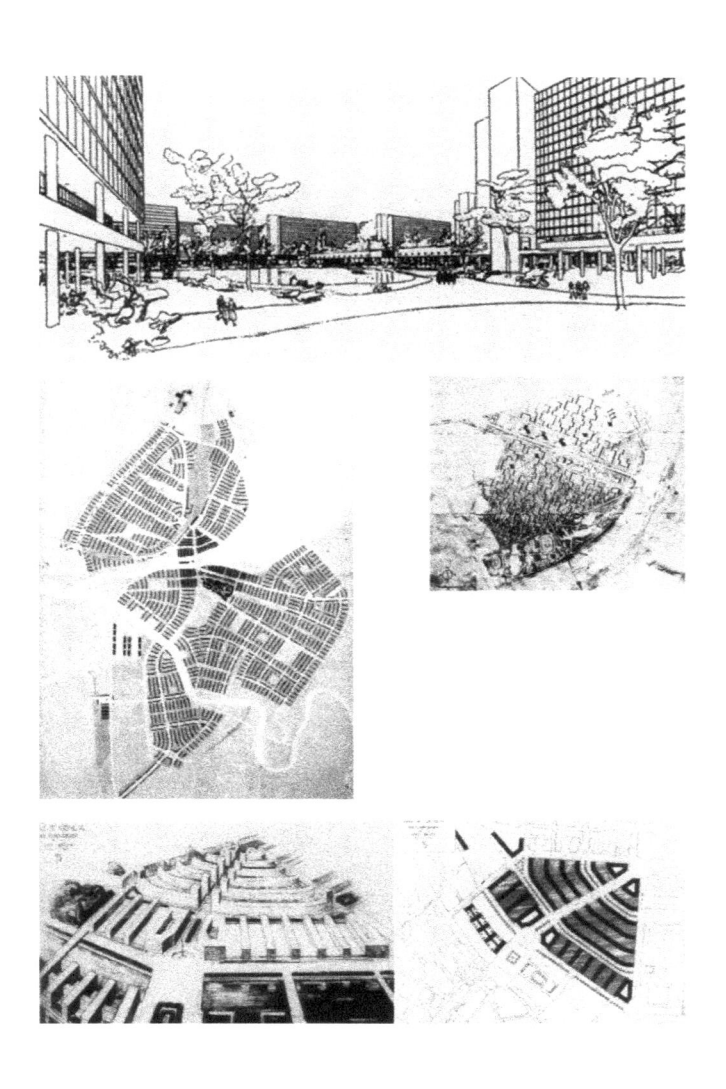

Figura 60: *Vista e planta da implantação (em baixo à direita) do projeto apresentado por Le Corbusier em colaboração com Hoste e Locquet, no concurso de Antuérpia de 1933.*

Figura 61: *M. Braillard, plano de urbanização para a cidade de Genebra, 1935.*

Figura 62: *M. Braillard, organização da rive droite (margem direita), segunda versão, 1931. Perspectiva voo de pássaro e planta do conjunto.*

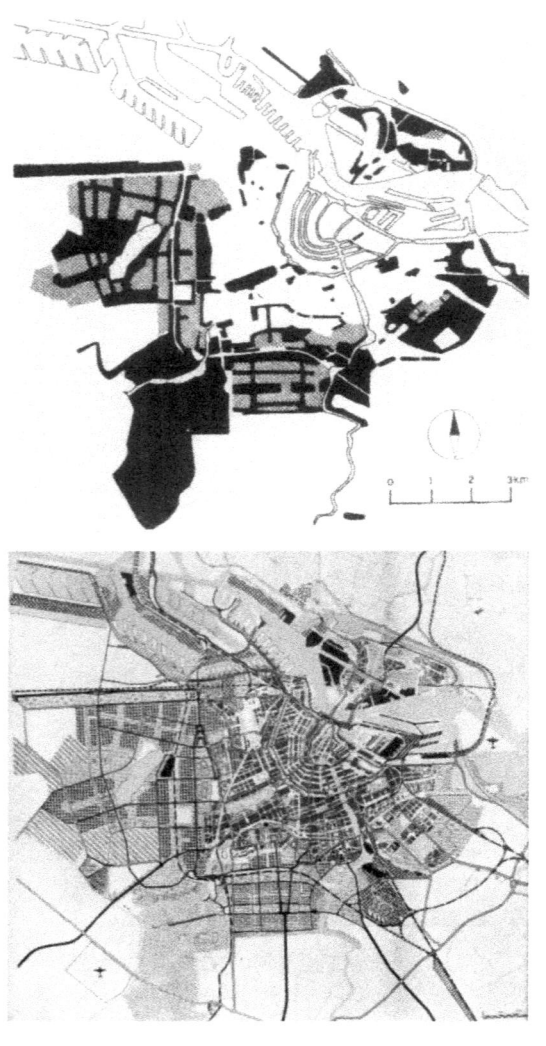

Figura 63: *Esquema do plano regulador de Amsterdã, de 1935. Os novos bairros são representados por linhas tracejadas cruzadas, as áreas verdes são representadas em preto.*

Figura 64: *O plano regulador de Amsterdã, de 1935. Os novos bairros são representados por quadradinhos, as áreas verdes são representadas por pontilhados, linhas tracejadas cruzadas representam as áreas industriais, o tracejado diagonal representa a área das hortas.*

158

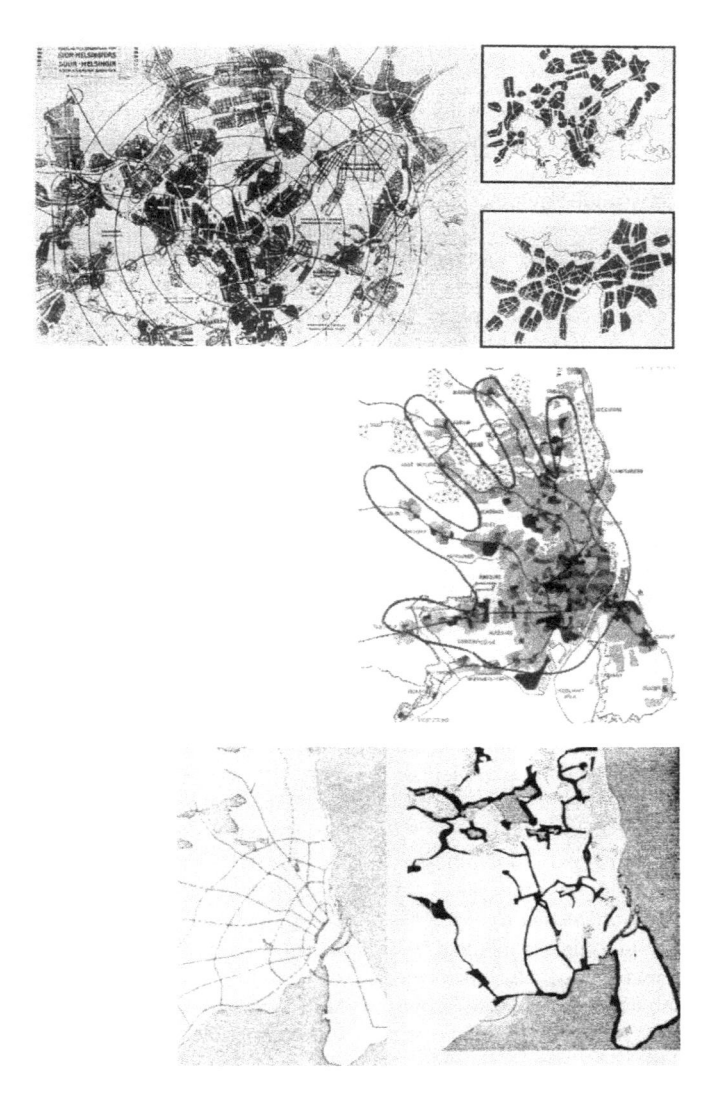

Figura 65: *E. Saarinen, plano para a Grande Helsinque e esquemas de descentralização, planejado para Helsinque e Tallin.*

Figura 66: *E. Rasmussen, esquema do plano dos cinco dedos para Copenhague, 1926.*

Figura 67: *E. Rasmussen, esquema do plano dos cinco dedos para Copenhague: projeto setorial do esquema viário, 1926.*

LES HAUTS DE ROUEN

Les Hauts de Rouen são um *grand ensemble*, um dos muitos bairros de iniciativa pública construído na França durante os "trinta gloriosos" [1], isto é, entre o fim dos anos cinquenta e os primeiros anos setenta. A ele foi confiado o papel de resolver uma gravíssima crise das habitações, de modernizar a indústria edilícia e construir uma nova cidade nos moldes do urbanismo moderno: grandes espaços abertos; eficientes equipamentos coletivos generosamente dimensionados; rede viária, áreas de estacionamento e áreas verdes bem desenhadas; edifícios bem orientados, torres e edifícios longos e baixos, um desenho plástico da cidade claro e forte em um contexto de grande qualidade ambiental.

O bairro inicialmente foi habitado por famílias nucleares, pais e dois filhos, operários ou empregados com comportamentos e consumos substancialmente homogêneos; trinta anos depois foi habitado, em muitas de suas partes, por uma população bem diferente: imigrantes extraeuropeus, prevalentemente norte-africanos, rendas baixas e incertas, famílias numerosas, taxas de desemprego juvenil muito elevada e

violência difusa sobre as coisas e pessoas. Os habitantes originais deixaram em boa parte o bairro procurando novas situações, as quais exprimissem melhor estilo de vida e desejos, coerentes com os níveis mais elevados de bem-estar alcançados.

Outros bairros similares a esse, com dimensões diferentes a ponto de assumir as de uma nova cidade, se encontram dispersas por toda a Europa, tanto em sua parte ocidental quanto na oriental; portanto, em lugares que, por longo tempo, viveram em sistemas políticos e institucionais profundamente diferentes.

Em diversas versões, eles são os resultados de conceitos da sociedade do século vinte que foram comuns a uma grande parte da cultura europeia e ocidental, mas também de uma forte intenção pedagógica e de uma insistente retórica do progresso moral e social.

Les Hauts de Rouen é um bairro honesto, corretamente desenhado e realizado, mas é de situações como essa que nasceu e se consolidou, tornando-se um lugar comum na última parte do século, uma crítica engenhosa da arquitetura da cidade do movimento moderno.

Na França, uma grave penúria de habitações e inaceitáveis condições de vida

---

1. J. Fourastié, *Les Trente Glorieuses*.

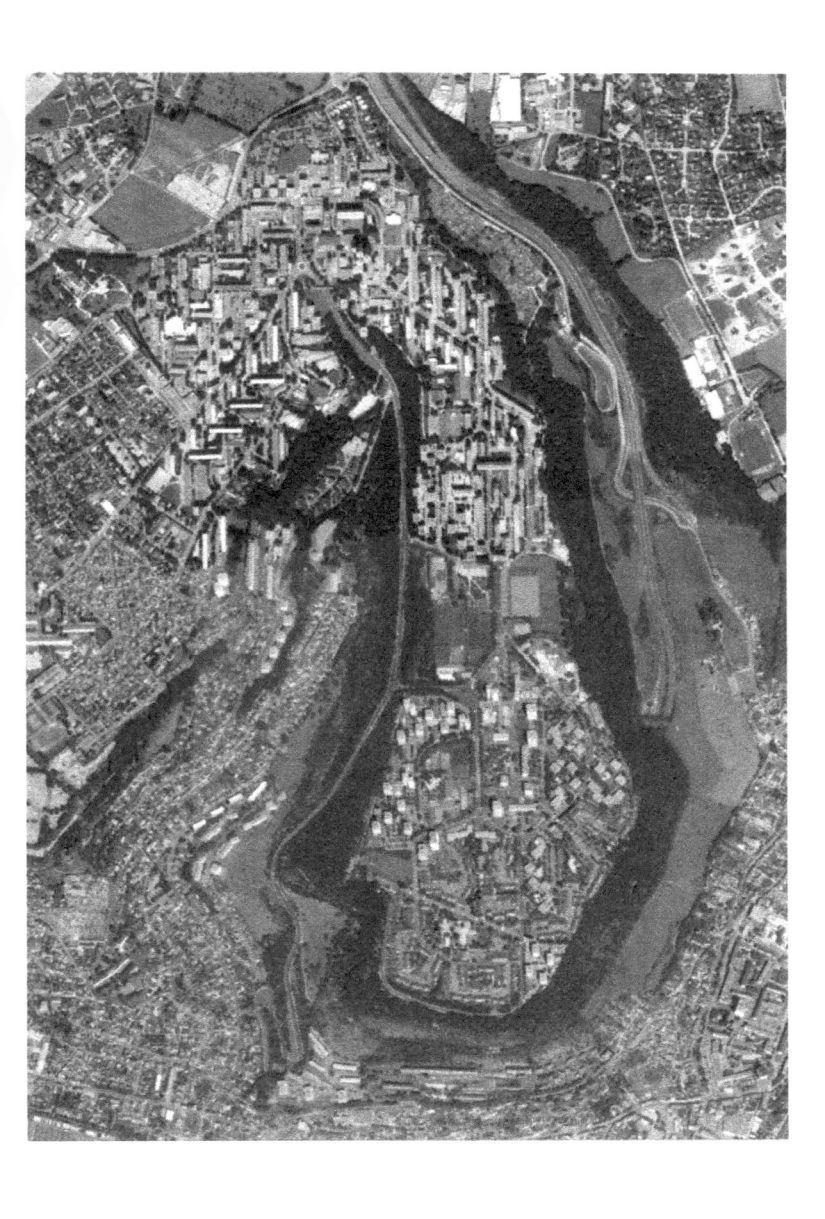

Figura 68: *Les Hauts de Rouen, ortofoto.*

nos bairros superpopulosos das maiores cidades são as condições que determinam, em 1954, "a insurreição da bondade" de Abbé Pierre, levando, em meados dos anos cinquenta, a considerar o problema da habitação como o problema nacional fundamental e a pressionar no sentido da adoção de uma política de habitações que esteja em condições de aumentar rapidamente a oferta graças ao estímulo da industrialização do setor edilício. De meados dos anos cinquenta até o início dos anos setenta, isto é, em quinze anos, cerca de sete milhões de habitações foram construídas nos *grands ensembles*; nos anos sessenta são construídos três milhões de habitações por ano e nos primeiros anos de setenta cerca de 450.000.

Os *grand ensembles* começam a fazer parte da paisagem urbana francesa: com uma dimensão média entre 2.500 e 3.000 habitações, eles formam cidades novas longe de um grande centro urbano, em localidades monoindustriais como, por exemplo: o bairro de Beauregard, em Poissy, feita para os operários da Simca; os bairros novos na periferia de uma grande cidade como La Duchère, em Lion; a Canadière em Strasburgo; Les Courtilières em Pantin-Bobigny; ou Sarcelle, talvez o mais famoso *grand ensemble* na periferia parisiense; bairros ligados ao antigo tecido da cidade como La Courneuve em Paris ou, finalmente, bairros destinados a renovar partes da cidade insalubres, como La Bièvre, sempre em Paris, ou St. Joseph em Marselha. Depois de anos de polêmicas, em um clima político diferente, uma circular ministerial suspende a construção em 1973[2].

Nos países da Europa centro-oriental, aproximadamente trinta milhões de pessoas, no fim do século, moram em casas projetadas e realizadas, entre os anos cinquenta e noventa, com métodos industrializados. O estoque residencial – aproximadamente 1,3 milhão de habitações na ex-República Democrática Alemã, 2,1 milhões na Tchecoslováquia, 3,7 milhões na Polônia, 1,1 milhão na Hungria, 2 milhões na Romênia e 1 milhão na Bulgária –, que representa entre 18% e 36% do total das moradias dos diversos países, na maior parte é constituído pelo *großsiedlungen*, bairro que possui mais de 2.500 habitações ou, pela *siedlungen* de dimensões relativamente

---

2. E. Langereau, *L'Etat et l'Architecture, 1958-1981*; idem, De coup d'arrêt de la circulaire guichard au "cadre de vie" giscardien, *Urbanisme*, n. 322.

Figuras 69 e 70 - *Les Hauts de Rouen, vistas aéreas.*

menores, compostas de 500 a 2.500 habitações[3]. A distinção entre *großsiedlungen* e *siedlungen* não é irrelevante: por *großsiedlungen* se entende um bairro construído depois da Segunda Guerra Mundial, de grandes dimensões e prevalentemente constituído por habitações de aluguel, segundo um projeto das infraestruturas e das áreas verdes que seguem regras coerentes; o caráter das construções é relativamente homogêneo e disso deriva uma clara distinção em relação ao entorno. Isso se refere tanto aos bairros da ex-República Democrática Alemã quanto aos bairros construídos na República Federal. As menores dimensões destes últimos restabelecem a importância da política da habitação na ex-República Democrática Alemã e nos outros países socialistas.

Entre 1958 e 1990, por exemplo, somente na República Federal Alemã foram construídas 2,2 milhões de novas habitações, segundo métodos de construção industrializados; dessas, cerca de 1,5 milhão foram realizadas com painéis pré-fabricados (*Platten*, de onde o nome *plattenbausiedlungen*):

1.140.000 habitações estão nas *großsiedlungen*, 600.000 fazem parte de *siedlungen*, com dimensões menores. O maior número de habitações foi construído na década 1975-85, durante a mítica *Wohnbauserie 70 (wbs 70)*, com um único método de construção industrializado em série e com tempos de realização nunca alcançados antes. Fritz Heckert, construído entre 1976 e 1989 em Karl Marx Stadt (agora denominado Chemnitz), com seus 95.000 habitantes, Leipzig-Grünau, construído entre 1976 e 1986 em Lipsia, com 100.000 habitantes, Berlim-Marzahn, construído em Berlim Leste entre 1976 e 1988, com 135.000 habitantes, Berlim-Hellersdorf, construído ainda em Berlim Leste entre 1979 e 1991, com 121.000 habitantes, são alguns dos exemplos mais conhecidos[4].

Outros países, como a Itália, inicialmente seguem políticas de habitação diferentes que somente mais tarde, no final dos anos sessenta, se aproximam da dos *grand ensembles*[5]. Por outro lado, as políticas de habitação sempre tiveram, na Itália, um caráter *multipurpose* e as condições

---

3. W. Rietdorf et al., *Weiterentwicklung großer Neubaugebiete in Ostmitteleuropa als Bestandteileiner ausgeglichenen, nachhaltigen Siedlungsstruktur- und Stadtentwicklung.*

4. M. D'Ambros, *Stadt und Plattenbau. Decostruzione e riconversione dei quartieri di edilizia sociale nella Repubblica Democratica Tedesca.*
5. P. Di Biagi (org.), *La grande ricostruzione.*

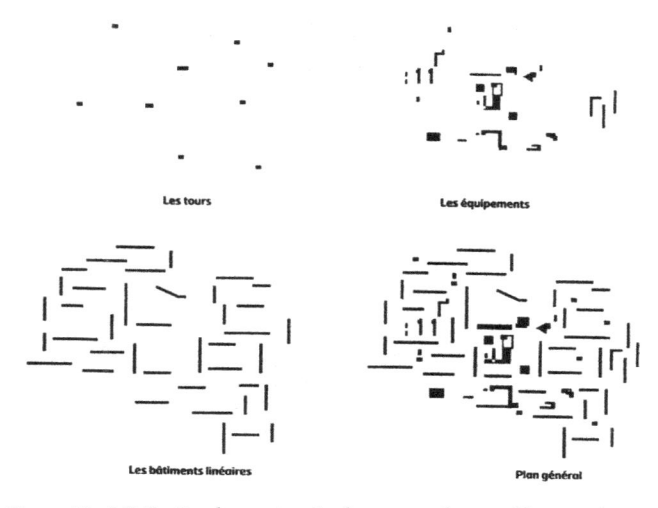

Figura 71: *J. P. Fortin, desconstrução de um* grand ensemble, *sem data.*

de mercado de trabalho ou das técnicas tiveram um peso análogo ao da pressão da demanda ao determiná-las[6].

Por exemplo, considerações relativas aos níveis de desocupação, aos níveis de instrução dos trabalhadores que se pretendia empregar, à limitação das importações, fizeram com que, pelo menos nos planos Ina-casa* até 1962, fossem utilizadas técnicas e materiais tradicionais em vez da industrialização da construção[7], com evidentes consequências sobre as características tipológicas dos edifícios e dos bairros que resultavam.

Ainda mais distante dos *grands ensembles* são algumas partes de cidade construídas nos países escandinavos para responder a necessidades urgentes de moradia similares àquelas que os *grands ensembles* tentavam resolver. Tapiola, por exemplo, na cidade de Espoo, perto de Helsinque, construída nos anos cinquenta como uma *forest town* (cidade floresta), apesar de ter sido fortemente e talvez indevidamente criticada nos anos sessenta, deve ser considerada um dos mais

6. B. Secchi, *Il racconto urbanistico*.
* Entidade que se ocupava de construir e gerir a construção de habitação popular na Itália (N. da T.).

7. S. Poretti, Le tecniche edilizie: modelli per la ricostruzione, em P. Di Biagi (org.), *La grande ricostruzione*.

altos exemplos de arquitetura e urbanismo moderno, testemunha de "um período no qual o cotidiano tinha assumido uma dimensão heroica"[8]. "Cidade floresta" é uma expressão adotada por Alvar Aalto nos anos trinta, por ocasião do plano de Sunila: uma cidade que se adapta à topografia e que cresce em módulos segundo as variações das exigências dos habitantes. Os fundamentos do pensamento de Otto Meurman, projetista de Tapiola, baseavam-se em Mumford, os de Aalto, além de Mumford, baseavam-se também em Wright ou até mesmo, principalmente, na tradição escandinava, que não temia a descontinuidade do espaço urbano nem temia composições mais livres, as quais, exatamente por respeitarem a topografia frequentemente complexa, se afastavam da rigidez dos esquemas típicos das *siedlungen* alemãs dos anos entre as duas guerras e dos *grands ensembles* franceses do segundo pós-guerra.

No fim do século, Les Hauts de Rouen se tornaram "zona sensível" e, como muitos bairros similares de diversas partes da Europa, objeto de numerosas contribuições apresentadas mesmo que de maneira implícita, objeto de propostas frequentemente opostas entre si, cujos termos essenciais podem ser colhidos nas palavras dos habitantes e de seus representantes, dos administradores, dos vários especialistas chamados e seus comentaristas: demoli-los, transferir seus habitantes para outros lugares, como já havia sido feito em muitas partes do centro histórico, de onde, entretanto, uma parte de seus habitantes provinha. Ou esvaziá-los gradualmente de seus habitantes atuais; esperar que mudassem as características de uma massa crítica de população, que os habitantes atuais se tornassem uma pequena minoria: uma política de esvaziamento físico e social como muitas vezes foi praticado nos centros históricos. Ou então, ainda, interligar a rede viária hierarquizada e cheia de conflitos de maneira a construir um *maillage* mais homogêneo que tornasse o bairro permeável em cada direção, o mais similar possível a uma parte de "cidade normal": quarteirões implantados em uma malha viária ortogonal e totalmente interligada. Ou trabalhar sobre a ideia de um bairro multiétnico; renunciar a uma integração difusa e homogênea, reforçar as identidades na escala do bairro e pensar a integração como sendo um conjunto de relações entre várias etnias

---

8. P. Viganò, L'espace de Tapiola, em *Urbanisme*, n. 316.

na área metropolitana ou na região; deixar, como todavia já acontece em muitas partes da cidade europeia, que modos de vida e atividades se desenvolvam coerentemente com as culturas das populações que residem no bairro, infiltrem-se como um processo de percolação nas geometrias do desenho original, dobrando-o e deformando-o, incrementando, modificando tipos de uso, acrescentando ou tirando volumes, densificando ou tornando menos rígida a estereometria do bairro. Ou ainda modificar a imagem do bairro inserindo novas atividades limpas e tecnologicamente avançadas, localizadas em edifícios imersos em áreas verdes e em zonas bem interligadas às maiores infraestruturas viárias. A força retórica da imagem é frequentemente associada à sua capacidade de autorrealização, ao poder de tornar real aquilo que no início é só representação. Tudo isso cria sérios problemas para quem reflete sobre a história do século vinte e seu sentido.

A partir do século dezoito e até pelo menos os anos sessenta do século vinte, com alguma antecipação ou atraso nos diversos países europeus, a cidade foi meta, como é notório, de intensíssimos fluxos migratórios que provocaram um crescimento de sua população e da demanda de habitações sem precedentes. As destruições bélicas, seja em seguida ao primeiro conflito mundial, seja principalmente após o segundo, quando Les Hauts de Rouen e muitas partes de cidade a ele similar foram construídas, têm feito com que, na Europa, a questão das moradias seja, por grande parte do século, o centro de quase todas as políticas urbanas. A cidade do século vinte ganhou consistência em boa parte graças a essas intervenções.

Nas últimas décadas do século, o tema mudou. O crescimento urbano, em muitos países, se encerrou ou pelo menos se reduziu a um ritmo mais lento. Devido a uma série de motivos demográficos, sociais, econômicos e culturais, o imenso êxodo de população do campo para a cidade, da agricultura para a indústria, do Sul para o Norte, do mundo e da cultura rural ao mundo e à cultura urbana, inicialmente se atenuaram e depois praticamente se anularam. Enquanto boa parte da população do ocidente europeu, protegida pelos elevados níveis de renda e de um *welfare state* que tinha estendido sua própria abrangência a todos os aspectos da vida individual e familiar, poderia, cada vez mais, se permitir escolher um espaço habitável concorde com o próprio estilo de vida, os fluxos migratórios, provenientes de outros continentes e culturas, faziam com que o destino dos diversos *grands ensembles*, pensados desde o início como áreas filtrantes com elevado *turnover* dos próprios habitantes, tornasse a acolher, como em Les Hauts de Rouen, toda "la misère du monde"[9].

As críticas aos *grands ensembles*, dessa maneira, se misturaram a outras inquietações, e a retórica da insegurança tornou cada vez mais ambíguo o terreno sobre o qual se exercita uma análise correta da situação e se apresentam propostas projetuais concretas[10].

As críticas aos *grands ensembles*, porém, precedem esse momento[11] e concernem fundamentalmente a quatro aspectos: a disposição dos volumes e as dimensões como são representadas no *plan masse*; as tipologias edilícias e o recurso que as reduz a edifícios longos e baixos e torres apenas; as dimensões e a flexibilidade das moradias e do edifício; as características da moradia, do imóvel e do bairro.

O *plan masse* dos *grands ensembles*, como aquele de muitos bairros construídos nos anos entre as duas guerras, deu origem a muitas polêmicas e, ainda mais, a incompreensões. Frequentemente e de maneira redutiva, tomado somente em seu aspecto gráfico, foi ambiguamente posto em confronto com as expressões das artes visuais contemporâneas a ele. Quem atua no setor de uma atividade artística, como a arquitetura ou o urbanismo, trabalha em um clima cultural carregado de sensibilidade e urgências comuns a outros, sejam esses escritores, músicos, pintores ou escultores. A história da arquitetura do século, como a dos séculos anteriores, certamente pode ser contada tendo como pano de fundo os principais movimentos artísticos que atravessaram o século[12]. Isso não significa, porém, que as diversas expressões artísticas não sejam pertinentes ao tema que se propõem indagar e enfrentar e, em sentido amplo, às técnicas com as quais se confrontam.

De fato, quando se considerou que a construção da cidade não podia mais ser regulamentada somente pelos traçados viários e pelas consequentes adequações de

9. P. Bourdieu (org.). *La Misère du monde*.
10. G. Amendola, *Uomini e case*; M. Davis, *Ecology of Fear*.
11. F. Choay, Production de la ville, esthétique urbaine et architecure, em M. Roncayolo (org.), *La Ville aujourd'hui*.

12. I. de Solà-Morales, *Diferencias*.

elementos conhecidos, mas deveria permitir novas regras segundo as quais montar, agregar ou compor elementos em parte diferentes daqueles do passado, estabelecendo novas relações entre cheios e vazios, gabaritos, distâncias e orientações dos edifícios, o *plan masse* foi considerado instrumento indispensável da representação e de controle de sua realização.

Como é notório, diversos motivos fizeram arquitetos e urbanistas construírem novas regras de composição e uma linguagem para se expressar.

Não se tratava somente da urgência de modificar o mundo figurativo do século precedente, de sair do pastiche gerado pelo ecletismo do século dezenove por meio de uma reconstrução de relações espaciais mais atentas e racionais, nas quais fossem representadas relações mais abertas e igualitárias entre os indivíduos, as atividades, as técnicas, a natureza e as instituições. Em outros termos, não se tratava apenas de colher os frutos das pesquisas dos médicos e dos higienistas ou da longa pesquisa sobre as dimensões físicas do *welfare*. A nova dimensão das intervenções, como nos *grands ensembles* e nas *großsiedlungen*, impunha encontrar um lugar onde o programa de cada intervenção, recursos e técnicas construtivas

disponíveis, ademais os interesses públicos e privados e procedimentos administrativos exigidos, pudessem se enfrentar em uma longa e muitas vezes extenuante negociação. O *plan masse*, sempre acompanhado por estimativas normativas e procedimentais de que em geral são parte integrante, tenta fazer convergir todas essas dimensões em uma única reflexão. É esse aspecto que normalmente não é captado pelos críticos pouco atentos ao longo procedimento que cada projeto deve percorrer para se concretizar.

Além disso, a história dos *grands ensembles* coincide com a de um mito: o da industrialização da construção. Pai das primeiras experimentações da industrialização nos anos entre as duas guerras e extraordinariamente reforçado pela competição com os resultados dos programas edilícios realizados na União Soviética e nos países da Europa centro-oriental durante a "Guerra Fria", o mito da industrialização edilícia produz três consequências importantes: a busca da unificação e codificação dos componentes do produto edilício e de seus sistemas de montagem; o encurtamento do horizonte de duração deste mesmo produto, da mesma maneira que outros

Figura 72: *J. Bossu, estudo para uma* artère résidentielle (*artéria residencial*), 1967.

produtos industriais, por ser destinado a ter uma vida bem mais breve que no passado; a carência de atenção para com toda especificidade local, seja ela o clima, os elementos, os sinais aparentes de uma cultura radicada no tempo. Com os ritmos produtivos pedidos e com os limites de custos impostos pela situação social, em um clima de fordismo exasperado e de centralização burocrática muitas vezes injustificada, tudo isso se tornou responsável, independentemente das intenções iniciais, por uma forte redução e banalização tipológica dos edifícios e de suas regras de composição, de uma forte codificação das características distributivas das habitações, da falta de flexibilidade e desempenho frequentemente de baixo nível[13]. A ideia, depois demonstrada como totalmente ilusória, era que aqueles edifícios não deveriam durar mais de vinte e cinco anos e, portanto, não se deveria questionar o problema de uma sociedade em vias de transformação porque o *grand ensemble* teria funcionado como um filtro através do qual faria passar uma população caracterizada por uma mobilidade social ascendente. No entanto, entre os *grands ensembles* construídos nos diversos países europeus e extraeuropeus se sobrepõem profundas diferenças também devido ao desenvolvimento, mais ou menos sofisticado, dos

---

13. J. P. Fortin, *Grands ensembles.*

métodos de industrialização da construção.

O século vinte foi, na Europa, o século do concreto e dos sistemas de industrialização da construção mais difundidos, tanto nos países ocidentais como, sucessivamente, nos da Europa oriental, que se basearam principalmente em componentes pesados, isto é, no concreto armado. Desde os anos trinta, principalmente na França, o painel de concreto, com dimensões e pesos diferentes, cuja montagem teve que recorrer a técnicas diferentes, tornou-se o elemento base de uma edilícia pré-fabricada que será muito difundida a partir dos anos cinquenta e será muito imitada nos outros países. A ideia da *maison à sec* aperfeiçoada por Edmond Wanner, construtor, baseando-se no projeto de Le Corbusier, da Maison Clarté em Genebra e, praticada pelo próprio Le Corbusier em diversos projetos dos anos trinta, desde o Pavillon Suisse às Maisons M.A.S (*maison à sec*)[14], não tem igual sorte, pelo menos no que se refere a programas edilícios extensos.

Les Hauts de Rouen foram construídos com sistemas de pré-fabricação pesada, não muito sofisticados. Contrariamente ao que se demonstrou ser possível em diversos bairros nos países da Europa oriental, os edifícios não são desmontáveis e recomponíveis, e isso acentua, obviamente, seus outros limites.

Em Les Hauts de Rouen, por exemplo, cozinhas e banheiros muito pequenos, junto com as caixas de escadas, constituem um núcleo duro e pouco modificável: não permitem a instalação de uma banheira ou de eletrodomésticos que se tornaram de uso comum poucos anos após a construção do bairro. O isolamento acústico escasso dos edifícios exacerba os conflitos entre inquilinos. O aperto dos apartamentos e as famílias atuais, numerosas, tornam inevitável que os jovens se encontrem nas escadas, incomodando, obviamente, os outros inquilinos. Edifícios longos e baixos e torres tendem a se distanciar perigosamente da Unité d'Habitation de Marselha, que possui vinte e três tipos de apartamentos diferentes, e tendem a se aproximar do arranha-céu de Ballard[15].

---

14. C. Sumi, L'immeuble Clarté et la conception de la "Maison à sec", em P. Devanthéry et al. (orgs.), *Le Corbusier à Genève, 1922-1932.*

---

15. J. G. Ballard, *High-Rise.*

A cidade é constituída por elementos dotados de uma grande inércia no tempo, enquanto a sociedade ocidental do século vinte foi caracterizada por transformações muito rápidas. Os *grands ensembles*, na Europa como em outros lugares, foram implantados, geralmente, em um período de passagem entre duas sociedades: uma passagem veloz, dominada pela urgência de solucionar problemas inesperados, que se debateram com a inércia, muitas vezes subvalorizada, da cidade física e das atividades projetuais. Quem tentou melhorá-los se debateu com a resistência desses edifícios a serem modificados, aliás, uma resistência muitas vezes sobrevalorizada que origina algumas ideias fúteis, como a de poder modificá-los com operações cosméticas, e origina uma fúria iconoclasta que imagina poder demolir diversas dezenas de milhões de moradias em toda a Europa, começando por monumentos da arquitetura e do urbanismo modernos como os Westaleg Tuinesteden de Amsterdã projetados por Van Eesteren.

Parece, como nos enunciados rigorosos, que os *grands ensembles* não aceitam mediações, se recusam a fazer parte das estratificações complexas que marcam a história da cidade europeia, preferem permanecer como fósseis testemunhas de uma época. Frequentemente os arqueólogos usam a expressão "fóssil-guia" para indicar alguns achados que possam fornecer, como nesse caso, indicações importantes sobre a classificação das características de uma sociedade, de uma cidade e de seus problemas não resolvidos[16]. Muitas vezes é prudente conservar esses fósseis com cuidado.

---

16. P. Viganò (org.), *New Territories*.

4. CIDADE, INDIVÍDUO, SOCIEDADE

A terceira história é aquela de uma paciente pesquisa sobre as dimensões físicas e concretas do bem-estar individual e coletivo; uma pesquisa iniciada e realizada em boa parte antes da construção do *welfare state*, certa de que o bem-estar, ou seja, o *welfare* fosse um enfoque importante para a liberdade individual e coletiva.

A história se inicia bem antes de 1912, quando, no ensaio *Wealth and Welfare*, Pigou antecipa o conteúdo do sucessivo e fundamental *The Economics of Welfare*. Desde o início da ciência econômica, um conceito de bem-estar social, apesar de expresso de maneira vaga, sempre teve uma função importante nos textos dos economistas[1] e na construção das políticas econômicas dos países ocidentais. Mesmo antes do século dezenove, as condições de vida nas

1. J. A. Schumpeter, *Ten Great Economists*.

grandes cidades solicitam, ainda que com atrasos evidentes, atitudes filantrópicas, movimentos de reforma social e ações administrativas, cuja finalidade é melhorar o bem-estar de grupos menos favorecidos.

A penúria das habitações e as condições higiênicas das grandes cidades industriais exercem, no século dezenove, um papel análogo ao das carestias dos dois séculos precedentes. Junto com o temor da instabilidade social e política que derivava, a carestia havia gerado reflexões importantes que tinham contribuído na passagem de uma concepção mercantilista do sistema econômico a uma concepção fisiocrata[2]. De modo análogo, as condições de vida nas grandes cidades do século dezenove e, ainda nas primeiras décadas do século vinte, logo após o primeiro conflito mundial, e no período da grande depressão dos anos 1930, solicitam, em todos os países europeus e nos Estados Unidos, uma reflexão que induz a um desvio do centro temático da teoria e da política econômica.

A partir dos anos vinte do século vinte e, principalmente, após o segundo pós-guerra, o debate, não somente teórico, em relação aos temas da economia do bem-estar, em todos os países do Ocidente, assume um papel central. Isso faz com que todos os governos prestem mais atenção aos problemas relativos à distribuição de renda entre os diversos grupos sociais e entre indivíduos e dediquem maior atenção às condições de produção dos bens públicos, isto é, de bens que, devido a fortes indivisibilidades que os vinculam, dificilmente podem ser garantidos de maneira adequada pelo mercado. Desde os anos trinta, isso faz com que os países percorram duas direções diversas, reconhecíveis em seus aspectos fundamentais, mesmo que, com frequência, parcialmente sobrepostas entre si. Os países escandinavos adotam políticas "positivas": o grosso da redistribuição prevalente de riqueza acontece por meio

---

2. M. Foucault, *Sécurité, territoire, population*, em particular lição de 11 de janeiro de 1978.

de uma imposição fiscal progressiva, e a renda financia os grupos sociais menos favorecidos na distribuição de bens e serviços, a custos que não são de mercado; a casa e os equipamentos para a instrução, a saúde e o esporte assumem um papel central nesse tipo de política. Os outros países ocidentais, pelo contrário, adotam uma política de redistribuição monetária feita através de transferências monetárias entre famílias sob a forma de um imposto fiscal progressivo, por um lado e, de ajuda, com créditos e isenções fiscais, por outro. Mesmo nessas políticas, como por exemplo nos Estados Unidos do New Deal ou no Canadá, durante o mesmo período, a casa e, em particular, a concessão de financiamentos para facilitar sua compra tem um papel central. Depois do segundo conflito mundial, os países europeus ocidentais adotam políticas que oscilam entre os dois extremos: entre uma forte intervenção pública, por exemplo, na produção de novas moradias para os grupos sociais menos favorecidos e engenhosas transferências monetárias entre famílias.

Estudando e dando grande atenção às dimensões físicas do bem-estar, os estudos e projetos de arquitetos e urbanistas constituem, de algum modo, um terreno de cultivo, de experimentações e antecipações daquelas que se tornaram as políticas do *welfare* em todos os Estados ocidentais.

Mais uma vez se trata de uma pesquisa que tem raízes longínquas e durante a qual estudiosos e especialistas de diferentes campos disciplinares acharam meios de se encontrar e colaborar: por sinal, o costume do trabalho interdisciplinar é um dos mais importantes resultados colaterais. Como nota Michel Foucault, a partir do século dezoito, e talvez até se possa antecipar esse início em pelo menos um século[3], todo tratado que considera a política como sendo arte do governo, necessariamente tem um ou

3. A. Cavalletti, *La città biopolitica.*

mais capítulo dedicados à cidade e ao urbanismo, às estruturas coletivas, à higiene e à arquitetura privada[4], e não existem dúvidas de que a cidade do século vinte é também o resultado do conjunto dessas políticas.

Mediante uma reflexão mais longa de médicos, higienistas, sociólogos e economistas, de engenheiros do trânsito e da produção, de pedagogos, assistentes sociais e instrutores esportivos, acompanhando os diversos movimentos de reforma social ativos no século dezenove e reunindo os resultados, pouco a pouco acumulados durante uma longa fase de experimentação tipológica construtiva e visual, ábacos e manuais, em normas gerais e em regulamentos específicos, essa pesquisa provocou uma modificação radical no comportamento de cada indivíduo, grupo e instituição em relação à construção e transformação da cidade. Em certo sentido, pode-se afirmar que ela deixou na cidade a contribuição mais estável do século vinte, deixou aquilo que modificou a cidade radicalmente nos seus aspectos mais minuciosos e na sua imagem de conjunto, aquilo que mudou seus modos de uso, construção e transformação.

Se observarmos a cidade ou partes dela construídas durante o século vinte, as periferias urbanas e metropolitanas, assim como os novos bairros e as cidades novas, deve-se reconhecer que elas são efetivamente diferentes das dos séculos precedentes: diversos são os elementos que as constituem e, principalmente, são diferentes as relações espaciais que se institui entre os diversos elementos. Seus habitantes nunca viveriam na Siena da Idade Média ou em uma cidade de antigo regime, com os cheiros, a obscuridade e falta de higiene que as caracterizava ou com riscos de incêndio e de inundações dos quais ainda se fala, por exemplo, nos *Tableaux de Paris* de Sébastien Mercier e em muitas das literaturas a elas contemporâneas ou posteriores. O século vinte deixa como herança uma cidade lu-

4. M. Foucault, Space. Knowledge and Power, *Skyline*.

minosa, inodora e lavável, propondo elementos e relações espaciais diferentes e, em geral, bem mais confortáveis que as da cidade do passado.

Os resultados dessa pesquisa experimental realizada durante o desenrolar de todo o século por tentativa e erro, e da qual participou um grupo de engenheiros, arquitetos e urbanistas bem mais amplo da "grande geração", o que permitiu à sociedade ocidental sair lentamente dos construtos da sociedade disciplinar, não foram nem um pouco previsíveis: em parte foram aceitos e em parte recusados[5]. Munidos de grande legitimidade nos países norte-europeus, que adotaram políticas "positivas" do *welfare*, eles também determinaram debates dinâmicos, com tomadas de posição técnicas e ideológicas que assumem grande relevo quando se quer entender o sentido de um período, percorrido por tantas tensões e contradições, como o século vinte.

A fúria iconoclasta das últimas décadas do século tornou irrelevante tanto a pesquisa quanto os seus resultados, tanto mais na medida em que esses foram transformados em normas e regulamentos através de um processo de codificação progressiva e, talvez, de inevitável redução; ela evitou reconhecer que a norma é frequentemente o lugar onde é colocada a positividade de um projeto social. De fato, dessa maneira se perdeu muito: muitas pistas de investigação foram interrompidas ou resultaram em pequenos segmentos que permanecem como pálidas testemunhas daquilo que poderia ter sido produzido; outras, à medida que alguns resultados se tornavam públicos, codificados e institucionalizados, isso acabou por alimentar a bulimia de normas do fim do século, construindo o armamento burocrático de boa parte das políticas urbanas ou, por outras vias, acabou alimentando "o hedonismo democrático" ao qual se refere Jacques Gubler[6]. Mas isso não

5. L. Benevolo, *Storia della città*.
6. *Motion, émotion*.

pode nos levar a subestimar a importância de refazer continuamente essa pesquisa sobre o *welfare* e sobre a liberdade individual e coletiva.

Construir o "Welfare" Mediante Casas, Equipamentos Coletivos, Áreas Verdes e Infraestruturas

Reconhecer e nomear em primeiro lugar: cada saber inicia-
-se construindo sua própria positividade a partir daí[7]. Um
grupo de intelectuais e profissionais, no qual arquitetos e
engenheiros são amplamente representados, um campo de
estudos que cria um estatuto próprio a partir das pesquisas oitocentistas sobre as condições das moradias, de partes menos favorecidas da sociedade e da cidade, em uma
ordem lógica, em parte diferente da cronológica, coloca
em primeiro lugar a casa: dimensões da moradia e dos
diversos ambientes, sua distribuição interna, ventilação,
calefação e iluminação, elementos utilizados e seus desempenhos, sistema de adução da água potável e de evacuação
das águas usadas e do lixo. Depois, os equipamentos coletivos de que, durante todo o século precedente, tinham se
ocupado principalmente as entidades filantrópicas do reformismo social: são as creches, as escolas, as bibliotecas,
as academias, os hospitais, orfanatos e as casas de repouso,
os mercados, os matadouros e os cemitérios: suas presença
e distribuição no espaço urbano constituíram referências
visuais e simbólicas na cidade. Depois vêm os espaços verdes, os campos esportivos destinados à diversão, jardins e
parques: suas quantidades em relação à densidade da população nas diversas partes da cidade, suas distribuições,
conexões e função higiênica, pedagógica ou de divisão
entre as várias partes da cidade. Depois ainda os museus,
teatros e feiras, os lugares para o espetáculo e exibição; os
lugares de segurança: quartéis e presídios e, finalmente, as

---

7. M. Foucault, *L'Archéologie du savoir*.

infraestruturas, ruas, pontes e viadutos, linhas de bonde e ferroviárias, estações e estacionamentos; lugares de pausa, de repouso, de movimento; lugares fechados ou abertos; lugares de exclusão ou do viver junto; lugares conectados entre si por relações temporárias e espaciais específicas.

A maior parte desses elementos tem, na cidade europeia, uma longa história. À medida que o século vinte avança, sua lista se torna mais longa e articulada, como mais articuladas se tornam as atividades às quais estão sujeitos os espaços e os edifícios correspondentes; cada item se subdivide, mudam as hierarquias e as prioridades. Nikolaus Pevsner, citando um texto de 1886 de Henry van Brunt, faz notar as origens oitocentistas do fenômeno[8]. Reconhecer, nomear, distinguir se torna, desde o final do século dezenove, um exercício cada vez mais difícil que determina novos problemas: complementaridade de diversos elementos, fundindo-se uns nos outros, suas compatibilidades ou incompatibilidades, distâncias relativas, disseminação na cidade e território ou sua contribuição na construção de áreas características específicas, na construção de um espaço heterogêneo, na construção de novas heterotopias; na justaposição em um único espaço urbano de elementos caracterizados por temporalidades diferentes, contraditórias ou até mesmo incompatíveis[9]. O "campus" é um exemplo.

O campus não é certamente uma invenção do século vinte. Provavelmente contribuição americana na *civic art*[10], Pricenton, considerado o primeiro exemplo, é do fim do século dezoito, Charlotteville talvez o preceda, mas no século vinte o campus se torna uma figura difundida, frequentemente contribuindo na modificação da geografia, temporalidade e imagem da cidade e dos próprios equipamentos coletivos: campus escolar, esportivo, hospitalar, universitário e, no fim do século vinte, *gated communities*. O campus

8. *A History of Building Types.*
9. M. Foucault, *Le Souci de soi.*
10. W. Hegemann; E. Peets, *American Vitruvius.*

é heterotopia não somente devido às especificidades das atividades e às temporalidades que contém, mas também devido à sua oposição radical na continuidade do tecido urbano, mesmo se nas suas origens, como na origem de qualquer heterotopia, existem motivações fortes e razoáveis. Garantir a coerência das relações espaciais e temporais com o contexto se torna, ao longo de todo século e à medida que os campus se multiplicam, tarefa cada vez mais difícil.

Com exceção das igrejas, dos museus, dos hospitais e dos mercados, até a primeira metade do século dezenove muitos dos equipamentos coletivos ainda se confundiam no tecido urbano devido a suas fachadas. Distribuídos em diversos bairros, assumiam as características arquitetônicas da edificação circunstante. Nikolaus Pevsner, mesmo atento à evolução dos *building types* como parte da história da arquitetura e da história social, não inclui no próprio estudo as escolas, colégios, academias e edifícios esportivos, edifícios que, pelo contrário, assumem um papel bem importante na história social do século vinte[11]. O século vinte submete, a uma análise cuidadosa, as atividades e os processos que se desenvolvem no interior da cidade e através dela; os analisa como se fossem processos produtivos, os desconstrói em suas principais fases, isolando os elementos fundamentais e estuda, de cada elemento, seu funcionamento, sua forma, suas dimensões e relações com os outros. O programa econômico e funcional de cada espaço é submetido a uma análise cuidadosa. Durante todo o século, arquitetos e urbanistas, influenciados pela imagem do maquinismo, aperfeiçoam os requisitos e desempenhos de cada um desses elementos urbanos e suas regras de composição na construção da cidade. Os equipamentos coletivos, muitas vezes lugares de experimentação dos diversos métodos de industrialização da construção, assumem, dessa maneira, formas

11. Op. cit.

próprias, as mais coerentes possíveis com a função que deveriam desempenhar, e se destacam do resto do tecido urbano, afirmando seu papel específico, tornando-se elementos urbanos dotados de uma identidade própria: como o são, emblematicamente, na Ville Radieuse ou em Broadacre City.

Casas

O principal terreno de experimentação é o da moradia: seja na versão rica ou até mesmo opulenta da casa urbana individual, ou da moradia e edifício destinados a muitas famílias pertencentes a grupos sociais mais favorecidos, seja na sua versão de habitação popular que, com uma política de redistribuição da riqueza, se propõe a dar uma resposta às exigências fundamentais das famílias e dos grupos sociais menos favorecidos pela história. O estudo das características específicas da moradia e de suas modalidades de agregação na cidade e, em particular, na cidade pública[12], foi o terreno no qual as pesquisas, tanto em um campo como no outro, tiveram meios de intercambiar aquisições importantes. Em continuidade com o reformismo oitocentista, a moradia e a política da habitação tornam-se, por longo período, o centro de reflexão de uma multiplicidade de estudiosos e de atores institucionais.

Se observada sob esse ponto de vista, isto é, da pesquisa do bem-estar individual e coletivo, a política da habitação durante o século vinte foi dominada, na Europa, por duas ideias principais. Para a primeira, inspirada por um naturalismo ingênuo, herdeiro do naturalismo do século dezenove, a habitação corresponde a uma necessidade insuprimível e irredutível, cuja insatisfação se torna causa de instabilidade social e política. Dessa concepção nascem estimativas mais meticulosas sobre as "necessidades" edilícias,

---

12. P. Di Biagi (org.), *La grande ricostruzione*.

que são maneiras de fornecer à política da habitação uma dimensão física e econômica referente a um conjunto de grandezas não remissíveis ao mercado, no que concerne à população e sua articulação em tipos e grupos profissionais que tenham um legado de histórias e cultura diferentes. O conceito de necessidade, quando examinado sob essa perspectiva, se torna um conceito bem complexo, não atinente a simples contas, que desde o século dezessete está no centro de todos os tratados de "polícia"[13]. Dessa concepção nasce também um conjunto de estudos que procura desconstruir o termo "necessidade" em suas componentes fundamentais e em suas relações recíprocas, para reconhecer o limite mínimo de sua satisfação, além do qual fica comprometida a própria existência do sujeito, da família, do grupo social. Exemplo disso é o debate que se desenrola nos anos de 1920 até os primeiros anos de 1930, na União Soviética; um debate bem mais rico do que aquele que ocorria no Ocidente, mostrando de que forma três questões fundamentais – a emancipação feminina, a educação infantil e o abandono de uma série de preconceitos "pequeno burgueses" relativos ao desenrolar da vida cotidiana e da habitação – implicaram em uma redefinição contínua do termo necessidade quando empregado na questão das moradias[14].

Para a segunda ideia, inspirada por uma longa reflexão, que na versão moderna é possível remeter ao século dezessete[15], a política habitacional está relacionada principalmente com a dimensão do cotidiano e a consequente e incessante busca de conforto. O conceito de conforto é menos amplo que aquele do *welfare*, mesmo que interaja com ele de maneira evidente. Enquanto o *welfare* está relacionado com o trabalho, a saúde, a instrução, a casa, as férias, a pensão, além da segurança de poder dispor de tudo

13. M. Foucault, Space. Knowledge and Power, op. cit.; A. Cavalletti, op. cit.
14. K. Azarova, *L'Appartement communautaire*; A. Kopp, *Ville et Révolution*.
15. T. Todorov, *Eloge du quotidien*.

isso ao longo do tempo, o conceito de conforto está relacionado com a interação entre o corpo e o ambiente físico circunstante; não se limita somente ao espaço da habitação e da *privacy*, mas está relacionado também aos espaços externos, isto é, todo o espaço habitado. Como demonstram todos os estudos da cultura material, a ideia de conforto não consegue ser definida em termos naturalistas: varia no tempo através das diversas culturas e diferentes grupos sociais, mantém uma relação direta com a memória, mesmo se talvez mantenha uma idêntica estrutura fundamental[16]. Por exemplo, as entrevistas de P. Messana e K. Azarova com os habitantes das Kommunalka, moradias comunitárias de Moscou, mostram com clara evidência esses aspectos[17]. A cultura e a cidade do século vinte, fascinadas seja pela versão laica do naturalismo, seja pela espessura simbólica da cultura material, são altamente influenciadas pelos resultados dessas duas diretrizes de pesquisa.

A primeira coloca no centro da própria observação a atuação no setor habitacional. O estudo minucioso de seu desenvolvimento e dos consequentes aspectos de distribuição da moradia, de sua decoração e dos materiais utilizados, leva, nas situações mais extremas, a indagar sobre as possibilidades e os modos de redução da moradia às suas mínimas dimensões; o menor espaço interno poderá ser compensado, proporcionando mais espaços e equipamentos comunitários, tanto dentro quanto fora do edifício no qual a moradia está localizada. Até o segundo pós-guerra, e não somente na União Soviética e nos países do leste europeu, isso determina uma série de experiências que têm como tema principal a casa comunitária. As lojas, a creche e o espaço para brincar, por exemplo, das Unités d'habitation de Le Corbusier e de muitas outras realizações feitas em todos os países europeus, perseguem o mesmo tema, submetendo o limite oitocentista e burguês a uma

16. M. Douglas, *Thought Styles*; J. E. Crowley, *The Invention of Comfort*.
17. K. Azarova, op. cit.; P. Messana, *Kommunalka*.

forte tensão entre interno e externo, privado e público, indivíduo e sociedade.

Os exemplos mostrados em 1929, em Frankfurt, na exposição *Die Vohnung für das Existenzminimum* e na publicação realizada no ano seguinte com o mesmo título, é o único resultado concreto do Ciam daquele ano[18], assim como as pesquisas sobre o *existenz minimum* de Alexander Klein[19], e a cozinha de Frankfurt desenhada por Margareet Lihotsky, em 1927, são somente os aspectos mais conhecidos dessa pesquisa que, extremamente devedora em relação aos métodos de estudos de Henry Ford e de Frederic Winslow Taylor, é igualmente descrita com humor, seja no início do século vinte e um, no filme *Kitchen Stories* de Bent Hamer, seja em romances como *Middlesex* de Jeffrey Eugenides e com menos humor em *Voyage au but de la nuit*, de Céline. Essa pesquisa evidencia dois temas constantes da experiência do século vinte: a procura de uma dimensão estética mais intrinsecamente ligada aos novos materiais e com significado mais claro na organização e coesão racional das diversas operações, nas quais cada atividade pode ser decomposta, mas também evidencia uma atenção mais precisa sobre a condição da mulher no desenrolar da vida doméstica.

A esperança de conseguir reduzir os custos de construção da habitação através de uma política de forte industrialização do setor edilício, por outro lado, pressiona, por meio de dificuldades que nunca serão totalmente superadas, em direção à produção em série e à padronização. A história da industrialização, da estandardização e da produção em série, muitas vezes interpretada como simples repetição, atravessa todo o século vinte. Ela não está somente relacionada com a construção da cidade; programas substancialmente análogos podem ser encontrados, como se sabe, também em outros setores, sendo o primei-

---

18. K. Somer, *The Functional City.*
19. *Das einfamilienhaus. Südtyp.*

ro deles o da produção e difusão do automóvel que teve tanta influência, durante toda a década de sessenta, sobre os imaginários coletivos e sobre as técnicas de organização do trabalho e da produção, nas mais diferentes atividades. Reflexões e experiências importantes sobre a produção em série são encontradas em outros campos artísticos, em primeiro lugar, o musical.

Uma produção edilícia organizada segundo modalidades industriais banalizadas faz com que a estandardização se torne um imperativo do qual parece difícil derrogar: a cidade se torna lugar onde, mais que uma simples ideia de igualdade, são organizadas produções em série e repetições; torna-se verdadeira imagem de uma sociedade de massa na qual, pelo menos durante toda a década de sessenta, parece que os comportamentos estão, inexoravelmente, se uniformizando[20]. Nos anos entre os dois conflitos, esta primeira reflexão parecia ter obtido resultados que poderiam ser considerados muito convincentes, senão definitivos[21], naturalmente apresentando-se como referências implícitas nos planos e nas realizações daquele período: tanto em Amsterdã, Genebra, como em Moscou e nos países escandinavos.

A segunda diretriz de pesquisa, mais atenta às dimensões do conforto, coloca, ao contrário, as habitações mais ricas no centro da própria reflexão, em que as dimensões do habitar, da articulação e dos detalhes dos equipamentos necessários para o desenrolar da vida cotidiana podem ser reproduzidos sem muitos vínculos estranhos a elas. Uma consistente parte da burguesia europeia apreciou seriamente o trabalho da "grande geração" e da multidão obscura de arquitetos e urbanistas que, seguindo seus preceitos, ao longo de todo o século vinte, trouxeram contribuições concretas para melhorar as condições ambientais da cidade e da habitação europeia; em outros termos, ela

20. D. Riesman, *The Lonely Crowd*.
21. G. Samonà, *La casa popolare*.

apreciou seriamente os resultados de suas pesquisas em relação às dimensões materiais do *welfare*, assim como tinha
apreciado, adquirido e colecionado seriamente os produtos da "arte degenerada".

Entre as características que compõem as casas e os apartamentos burgueses e aquelas das *siedlungen* decorre, inten-
cionalmente, uma distância menor que da existente entre os
níveis de renda dos habitantes de cada uma. O esforço de
tornar as condições do habitar menos disformes dos níveis
de renda e de riqueza é a base da política do *welfare* e implica, por outro lado, a passagem dos resultados experimentados, de uma concepção do habitar à outra.

Aparentemente distantes, essas duas concepções produzem, ao longo de todo o século, em um período mais
longo que aquele caracterizado pelas pesquisas e experiências radicais da grande geração, uma forte e constante
tensão em relação à inovação tipológica e, ao mesmo tempo, delimitam o intervalo ideológico e pragmático no qual
as políticas habitacionais e da cidade foram construídas.
Dizer "da colher à cidade", se ocupar de urbanismo, arquitetura e *design*, passar constantemente de uma escala para
outra, era para os arquitetos modernos não somente um
modo de definir um campo próprio de competência e um
horizonte profissional próprio; era também um modo de
definir uma área de estudos e experimentações na busca
de um equilíbrio entre o conforto da classe burguesa, im-
pregnada pelos vestígios de seus habitantes[22], e a luminosa
essencialidade das casas de Cicladi, visitadas nas diversas
viagens ao Oriente[23]; um modo de refletir com antecedên-
cia em relação às outras disciplinas sobre o quê estrutural-
mente significa o conjunto de atividades das habitações.

Porém, os Estados Unidos tinham realizado um percurso diferente da Europa, na primeira metade do século e, em particular, no período entre as duas guerras.

---

22. W. Benjamin, *Erfahrung und Armut, Die Welt im Wortz,* I.
23. G. Gresleri (org.), *Le Corbusier, Viaggio in Oriente.*

A Machine Age e o New Deal tinham sido dominados pela ideia da organização científica e pela produção, pelo consumo e pela sociedade. Christine Frederick e Mary Pattison, duas *leaders* desse movimento, por exemplo, adoravam se considerar especialistas sobre a eficiência familiar. Em 1915, Frederick escreve um livro com o título *Household Engineering: Scientific Management in the Home*, enquanto Pattison, no mesmo ano, escreve outro, intitulado *Principles of Domestic Engineering*, cujo prefácio foi escrito por Frederick Winslow Taylor, o mesmo do livro da Christine Frederick. A ideia desses informadores, entre os quais muitos são mulheres, era que um bem-estar individual e coletivo maior e uma casa e uma vizinhança melhor desenhadas pudessem eliminar o conflito latente na sociedade e, portanto, fossem a solução de muitos dos problemas gravíssimos, seja daqueles dos anos da grande expansão urbana, seja do período sucessivo à grande depressão, como tinham sido documentados, por exemplo, antes das fotos de Riis e depois das de Dorothea Lange[24]. Segundo F. D. Roosvelt, um terço da população norte--americana vivia em condições de pobreza e mais de 40% vivia em habitações sub-Standards nos anos da depressão. Porém, o determinismo ambiental dos *human engineers* e dos *consumer engineers* norte-americanos[25] conceitualmente não estava muito distante daquele dos "engenheiros de almas" stalinistas[26], mesmo se a história deles tinha começado bem antes e se concentrava sobre valores, objetivos e materiais bem diferentes.

Desde as primeiras décadas do século, a cozinha se torna o centro da casa moderna. Muitas revistas femininas e muitos textos sobre a construção e decoração da casa lhe dedicam uma atenção maior. Nos anos 30, a *streamlined kitchen* norte-americana se aproxima muito da cozinha de

---

24. D. Lange; P. Taylor, *An American Exodus*.
25. R. Sheldon; E. Arens, *Consumer Engineering*.
26. S. Haber, *Efficiency and Uplift*; C. Lee Henthorn, *From Submarines to Suburbs*; F. Westerman, *Ingenieurs van de Ziel*.

Frankfurt. Por um longo período, antes, durante e depois do conflito, os modelos de produtos *streamline* são propagandeados nos Estados Unidos como sendo a principal contribuição de uma *better America* e a principal característica do *american way of life*[27]. Sob esse ponto de vista, é exemplar o conjunto de mensagens publicitárias que durante e logo após o segundo conflito mundial investe a sociedade norte-americana. A promessa de uma *better America* a ser realizada nos anos sucessivos à guerra se baseia fundamentalmente em um conjunto de elementos que colocam, de modo particular, a família e a mulher (branca e pertencente à classe média) no centro da atenção: um subúrbio, uma casa individual, uma cozinha racionalmente construída com materiais e mecanismos aperfeiçoados pela indústria bélica e transferidos para a produção de objetos cotidianos em série[28]. A casa deve ser branca, limpa, em ordem e moderna; o jardim, espaçoso, na frente da casa, deve precisar de uma manutenção mínima e as menores variações de estação possível; nas páginas das principais revistas, em cada elemento – pessoas incluídas – é excluída qualquer referência a uma sociedade não branca[29]. Nos anos 30 e naqueles do segundo pós-guerra, trata-se naturalmente de um *way of life*, cuja prevalência é reservada às famílias brancas, com um pai de família de sexo masculino[30]. Na Europa também a cozinha americana, a casa de Monsieur Hulot no filme *Mon Oncle* (1958), de Jacques Tati, se torna, para as classes médias, um símbolo do bem-estar alcançado e do novo *status*. Nos anos logo após a guerra, o conforto e seus símbolos assumem, em todos os lugares, um papel

---

27. C. Lee Henthorn, op. cit.
28. Idem.
29. D. Harris, Clean and Bright and Everyone White. Seeing the Postwar Domestic Environment in the United States, em D. Harris; D. Fairchild Ruggles (orgs.), *Sites Unseen*.
30. D. Hayden, Building the American Way: Public Subsidy, Private Space, em S. Low, N. Smith (orgs.), *The Politics of Public Space*.

ideológico importantíssimo, que naturalmente é apoiado por muitos "persuasores ocultos"[31].

Escolas e Campos de Futebol

A escola e o esporte construíram uma parte importante da história social do século vinte. Os edifícios e os espaços a eles destinados construíram uma parte relevante da história da cidade.

Na capa de um livro de Galen Cranz[32], dedicado à história dos parques nos Estados Unidos, há uma foto do South Side Park de Chicago. A foto foi feita por volta de 1880, isto é, durante os anos de uma das grandes fases de crescimento econômico e edilício que, em ondas sucessivas, investia a sociedade e a cidade de Chicago. Vê-se um amplo gramado, cuidadosamente cortado, um típico *american lawn*[33]; no fundo, fileiras de árvores e mais alguns edifícios; no gramado foram desenhados diversos campos de tênis; somente na área de enquadramento da foto se percebe mais de uma dezena; um ao lado do outro, separados por um largo corredor com menos de dois metros de largura, ao longo do qual caminham alguns observadores. Não existem grades divisórias; os jogadores, quatro por campo, e os diversos adultos, bem vestidos, que observam os jogos ou se entretêm entre si, tornam esse parque, grande e movimentado, um lugar de socialização. Observando a foto, torna-se inevitável lembrar que Thorstein Veblen considerava as atividades de lazer, como aquelas ilustradas na foto de South Park, previlégio de uma elite que praticava os esportes como sinal de distinção da classe operária[34].

31. V. Packard, *The Hidden Persuaders*; K. Ross, *Fast Cars, Clean Bodies*.
32. *The Politics of Park Design*.
33. G. Teyssot (org.), *The American Lawn*.
34. *The Theory of the Leisure Class*.

Uma foto do South Park District de Chicago, feita em 1935 e sempre publicada por Cranz, mostra uma situação totalmente diferente: diversos espaços, claramente delimitados e demarcados, destinados às várias atividades atléticas e esportivas, subdivididas entre si por uma espécie de nova divisão de trabalho. O público que pratica os vários esportes ou a eles assiste, em geral, é composto por jovens. Enfim, as fotos que ilustram os diversos projetos de parques e equipamentos esportivos realizados na Europa entre as duas guerras ou realizados em Nova York, por Robert Moses durante o New Deal[35], como uma foto feita e publicada muito tempo depois por Cranz, em 1960, em Sloterplas, Amsterdã, mostram situações mais diferentes ainda: amplos espaços, sem grades divisórias, um público composto quase que exclusivamente por jovens claramente pertencentes a classes sociais diferentes. Essas fotos podem ser utilizadas, como o faz Cranz, para construir uma periodização na história de parques e equipamentos esportivos. Nem que seja elementar; eles de fato mostram que durante o século vinte se verifica uma passagem importante: da concepção do parque como lugar reservado à parte mais abastada da população urbana, que descansa e se diverte mas também se identifica, onde cada atividade assume um caráter informal, à concepção do parque como parte fundamental de uma política social e, em particular, higiênico-educativa e não somente recreativa[36].

Escola e parques se sujeitam, no século vinte, a importantes mudanças na definição de seus escopos, de seu papel na sociedade, seus programas, tanto dos edifícios como dos espaços onde se situam e de sua posição na cidade. Suas raízes são as teorias e as experiências conduzidas no início do século dezenove por Johann Heinrich Pestalozzie, no início do vinte por Maria Montessori ou Rudolf Steiner. Ainda são os médicos higienistas, psicólogos

35. H. Ballon; K.T. Jackson (orgs.), *Robert Moses and the Modern City*.
36. A. Corbin, *L'Avénement du loisir, 1850-1960*.

e, mais em geral, os reformistas sociais que pressionam para a realização de atividades ao ar livre, cada vez tendo como referência as diferentes hipóteses teóricas: as escolas se constituem ao ar livre, *classe de neige, classes dans le bois*; os equipamentos esportivos entram nas escolas, os campos esportivos contribuem para a construção da imagem de muitos campus escolares e se difundem cada vez mais numerosamente na cidade.

Da mesma maneira que a política da casa, nos anos durante os quais a tuberculose era ainda uma doença difusa, a arquitetura da escola e dos espaços esportivos se tornam parte dos programas de reforma social, com profundas consequências sobre a constituição física da cidade. O que esses diversos campos de reflexão e suas sucessivas mudanças têm em comum é a importância cada vez maior assumida pela articulação de seus objetivos, de suas organizações espaciais, de seus programas específicos e das instituições que as coordenam. Consequentemente, temos a importância cada vez maior da definição tipológica dos equipamentos que se emprega, como, por exemplo, nas escolas projetadas por Eugène Beaudouin, Marcel Lods e Jean Prouve em Suresnes, pela prefeitura de Henri Sellier ou então projetadas por André Lurçat em Villejuif ou como nas escolas de J. L. Sert na Catalunha.

O esporte, por exemplo, do modo como ficou conhecido no fim do século, nas variedades e codificações das diversas atividades, é, de fato, uma invenção do século vinte. Para se convencer, é suficiente observar as diferenças entre as modalidades esportivas admitidas nas primeiras Olimpíadas da era moderna, em 1896, e aquelas do fim do século vinte. Naturalmente existiam atividades e equipamentos esportivos em épocas precedentes[37]. O esporte é parte importante do imaginário e da história social europeia[38]: Alcínoo, recebendo Ulisses na ilha dos Feácios,

37. W. J. Baker, *Sports in the Western World.*
38. D. Brailsford, *British Sport.*

o faz assistir a algumas competições esportivas; na cidade da antiguidade clássica, as academias e os ginásios eram importantes lugares de socialização; a pintura holandesa do século dezesseis é cheia de jovens e adultos que patinam no gelo; na Praça Santa Croce em Florença, se jogava futebol; a pintura inglesa do século dezoito frequentemente representa cenários de caça e equitação; a sala do jogo da péla teve um papel importante durante a Revolução Francesa*; no South Side Park de Chicago, no fim do século dezenove, o tênis era praticado com um caráter informal, hoje considerado superado. Mas aquelas atividades, sem regras preestabelecidas e geralmente sem lugares e equipamentos específicos, interessavam apenas a uma parte minoritária das populações urbanas. Um dos aspectos evidentes do século vinte, que acompanha as diversas formas da modernização e é fortemente relacionado com a concentração urbana, é a difusão e generalização das atividades esportivas, suas articulações e dilatação em espaços cada vez maiores[39].

O esporte do século vinte é profundamente diferente daquele dos séculos precedentes e constrói em sua volta, durante todo o século, um verdadeiro culto das performances. Ele é caracterizado pela especialização, qualidade dos resultados, por suas fortes racionalizações e codificações, que permitem uma comparação através do tempo e do espaço; é caracterizado por recorrer a métodos científicos de preparação atlética, pela obsessão com recordes, pela constituição de uma burocracia específica e, enfim, pela prática com equipamento especializado[40].

O esporte, por fim, se torna instrumento de propaganda política[41] ou, então, ocasião para muitas cidades implan-

---

* O autor faz referência ao episódio ocorrido em 20 de junho de 1789, que se tornou conhecido como O Juramento da Sala do Jogo da Péla (N. da T.).
39. S. A. Riess, *Sport in Industrial America, 1850-1920*.
40. A. Ehrenberg, *Le Culte de la performance*.
41. R. D. Mandell, *The Nazi Olimpics*.

tarem projetos, importantes e complexos, de reescritura da estrutura urbana inteira. Os jogos olímpicos, assim como os confrontos internacionais periódicos, transformam-se na principal ocasião para estudar e realizar esses planos: Seul, Mônaco, Barcelona, Atlanta, Sidney, Atenas, Pequim. A arquitetura e o urbanismo têm assumido uma importância totalmente excepcional. A dimensão excepcional e o papel das arquiteturas em muitos casos produzem, como consequência, uma relação com a parte mais criativa da engenharia nova e fértil. Tudo isso se tornou ocasião para realizar numerosos concursos, nos quais são confrontadas hipóteses relativas não somente à arquitetura dos diversos equipamentos esportivos, mas também no papel da arquitetura no projeto da cidade. Nesse sentido, o esporte teve uma função semelhante ao das exposições universais, que, aliás, durante todo o século, continuaram a ser momento de reflexão para a arquitetura da cidade.

Parques, Jardins e "Playgrounds"

A área rural estava muito próxima à cidade antiga; a oposição histórica entre cidade e campo não impedia o contato. Qualquer habitante de Siena, como de todas as outras cidades de antigo regime, podia observar constantemente o campo circundante e notar as variações no decorrer das estações e dos anos. Claramente, as relações não eram fáceis: os afrescos de Buongoverno, as pinturas de Ambrogio Lorenzetti no Edifício Público em Siena, nos anos imediatamente precedentes à grande peste de meados do século dezesseis, são uma demonstração disso. Nas portas da cidade, um anjo aponta aos camponeses, que lá conduziam a própria colheita, a balança com uma mão e a forca com a outra. Mas o campo sempre estava presente no imaginário e na experiência do habitante da cidade de antigo regime.

A partir de meados do século dezenove, a cidade moderna separou o campo da cidade, sob a pressão de fenômenos evidentemente correlatos às condições higiênicas e físicas da população urbana, tendo que substituir a experiência da natureza e do espaço rural por aquela dos parques e dos jardins públicos, das avenidas arborizadas e dos campos de jogo, dilatando ou inventando *ex novo* uma série de atividades sociais antes inexistentes, somente esboçadas ou reservadas a uma exígua minoria. Com elas, foi necessário inventar, reinterpretar e separar entre si os elementos a elas dedicados: tais como o jardim, parques, vilas, passeios e terrenos para o esporte, para descansar e se divertir.

Difundiu-se a ideia de que o urbanismo e a arquitetura do século vinte sejam fundamentalmente hostis à natureza; que o movimento moderno, em particular, tenha determinado um divórcio entre natureza e arquitetura, que o século, concentrado nos problemas da habitação e dos equipamentos públicos, tenha se ocupado pouco de parques e jardins; que no melhor dos casos se ocupou unicamente sob o ponto de vista quantitativo – quantidade de metros quadrados de área verde por habitante e sua distribuição nas diversas partes da cidade – e que, de qualquer forma, se ocupou menos que o século precedente, quando, em algumas cidades, por exemplo, Paris, Berlim, Londres, foram construídos os grandes parques do século dezenove ou recuperados alguns parques de épocas precedentes para uso público[42]. Mas talvez essa opinião seja consequência de um estrabismo historiográfico, que fez escrever a história da cidade no século vinte, dando atenção quase exclusiva ao objeto arquitetônico e ao seu modo de se compor com outros objetos, formando bairros ou partes de cidade.

Na realidade, o século vinte tentou reaproximar a natureza e a cidade apesar de isso ter sido feito de maneira diversa dos séculos precedentes. Tendo como referência Calvert Vaux, Frederick Law Olmsted, no início do século, Jean Claude Nicolas Forestier propõe uma taxonomia

42. S. Wreede; W. H. Adams, *Denatured Visions*.

de elementos urbanos pertinentes às atividades sociais de uma cidade que se democratiza progressivamente: *playgrounds*, campos de jogos para crianças, áreas de recreio, pequenos parques e jardins de bairro, grandes parques urbanos, parques suburbanos, grandes reservas naturais. Compostos entre si e interligados por *avenues* e *promenades* de maneira a formarem sequências razoáveis, esses elementos, antecipando temas que se tornarão atuais somente no fim do século, deveriam determinar um "sistema de parques" mais do que parques isolados, como na experiência do século dezenove, e deveriam construir uma rede ecológica capaz de dar forma e estrutura a uma cidade que se dilatava cada vez mais[43].

Colocados ao longo de um *continuum*, distribuídos no espaço urbano segundo critérios diversos, da tentativa de melhorar as condições higiênicas e sociais de bairros populosos, como em mais de 600 *playgrounds* realizados por Robert Moses em Nova York[44], à utilização de espaços *in between*, como nos famosos setecentos *playgrounds* desenhados por van Eyck em Amsterdã[45], até a conexão dos maiores espaços livres que ainda penetram na cidade, como em Copenhague, Estocolmo e em Genebra, de maneira a constituir tanto o embrião dos lugares centrais nos diversos bairros, quanto a estrutura de um sistema ecológico inteiro, causando ou não sequências reconhecíveis, parques, jardins e *playgrounds*, cada um com uma longa história própria, constituem os elementos fundamentais da cidade do século vinte.

Na longa história da cidade europeia, o jardim tem uma função importante. Lugar de ócio, da meditação e do lazer, em seu desenho o jardim é um claro exemplo de heterotopia aberta a receber influências de muito longe;

43. J. C. N. Forestier, *Grandes Villes et Système de Parcs*.
44. H. Ballon; K.T. Jackson, (orgs.), op. cit.
45. F. Strauven, *Aldo van Eyck: The Shape of Relativity*; L. Lefaivre; A. Tzonis, *Aldo van Eyck Humanist Rebel*; L. Lefaivre et al. (orgs.), *Aldo van Eyck: the Playgrounds and the City*.

no caso específico da história europeia, aberta ao mundo árabe, Japão, Pérsia, ao distante Oriente. Porém, pelo menos do Renascimento em diante, o jardim é também pré--figuração pedagógica de uma cidade e de uma sociedade possível, estudo simulado de relações entre seus elementos constitutivos, espécie de modelo de "uma cidade que poderia ser construída". Por isso o desenho do jardim, na história europeia e ocidental, do Renascimento em diante, assume uma evidente carga ideológica. No século vinte, o jardim, burguês ou popular, muitas vezes segue, no primeiro caso, as tendências artísticas do momento e, por alguns motivos, pode ser ligado à apreciação, por parte da burguesia, de movimentos artísticos que caracterizam o século; no segundo caso, interligado principalmente à construção *pavillonnaire* e a dos *suburbs* norte-mericanos, se torna o minúsculo reino do inumerável, representação da inesgotável diferença que atravessa os lugares, os sujeitos e seus imaginários ou, então, se torna, como nas maravilhosas hortas botânicas de Carl Theodor Sorensen, lugar de antigas atividades que opõem resistência à obsessão da modernização[46]. Já no fim do século dezenove, Thorstein Veblen apontava como o jardim estava se tornando o elemento fundamental do código de respeitabilidade da *leisure class* e da família suburbana[47]. O panorama do jardim substitui gradualmente a lareira como elemento de identificação da casa e da família e, naturalmente, isso faz com que tanto nos Estados Unidos como na Europa o desenho do jardim se torne uma parte importante da reflexão e da atividade de arquitetos e urbanistas[48]. O que muitas realizações e projetos do século vinte afirmam, muitas cidades-jardins, muitos planos e projetos da grande geração e das sucessivas a ela é que parques e jardins constroem um *continuum* como na realidade o deveriam constituir o espaço público e o privado.

46. S.-I. Andersson; S. Høyer, *C.TH. Sørensen, Landscape Modernist*.
47. Op. cit.
48. S. Isenstadt, Four Views, Three of them Through Glass, em D. Harris; D. F. Ruggles (orgs.), *Sites Unseen.*

A estética dos parques e dos passeios parisienses da grande regularização haussmanniana, com seus elementos hierarquizados e tipicizados, nos quais é representada a ideia da articulação e da ordem social do final do século dezenove[49], com a intenção de reconstruir um espetáculo imaginário da natureza, frequentemente rica de referências exóticas, revela um mal disfarçado senso de culpa da sociedade oitocentista em relação à própria natureza[50] e uma postura pedagógica em relação às massas populares. Na taxonomia de Forestier, nas sequências de *playgrounds*, de áreas de recreio e esportivas, de pequenos parques e jardins de bairro, de grandes parques urbanos, de parques suburbanos e de grandes reservas de natureza, ao contrário, é representado um cruzamento de programas salutares, sanitários, educativos e recreativos que lentamente são experimentados, aperfeiçoados e melhorados durante todo o século; uma ideia profundamente diferente e socialmente mais relevante que aquela oitocentista: não mais a representação de uma ordem social, mas a busca paciente das concretas dimensões do *welfare* individual e coletivo.

Ainda em 1937, em Paris, Achille Duchêne, apesar de já ter tido um papel importante nos anos precedentes ao favorecer um desenho moderno do jardim, no primeiro congresso dos arquitetos de jardins afirma que "o parque público deve educar as massas em relação à natureza e à beleza [...] é a única condição para dar às classes operárias a impressão de serenidade e de ordem"[51]. Mesmo nos refinados parques de Olmsted deveriam ser encontradas somente essências autóctones; para evitar um caráter artificial da paisagem, não deveriam ser plantadas flores e deveriam ser evitados percursos retilíneos que não acompanhassem a topografia do lugar. Em 1932, Henry-Russel Hitchcock e

49. F. Choay, Haussmann et le système des espaces verts parisiens, *La Revue de l'Art*, n. 29.
50. S. Freud, *Vorlesungen zur Einführung in die Psychoanalyse*.
51. D. Imbert, *The Modernist Garden in France*.

Philip Johnson, apesar de proporem ao público americano as experiências da grande geração, afirmavam que:

uma estética de derivação arquitetônica não pode ser aplicada ao desenho da paisagem [...] a natureza é ao mesmo tempo fundo e contraste que enfatiza os valores artificiais construídos pela arquitetura [...] a beleza natural do lugar deve ser preservada o mais possível. Os espaços abertos não são somente lugar para descansar, eles também devem oferecer o prazer e a graça da natureza intacta[52].

No extremo oposto, os jardins desenhados nos anos entre as duas guerras, por André e Paul Vera, Jean-Charles Moreux, Gabriel Guevrekian, André Lurçat ou, nos Estados Unidos, por Garrett Eckbo, propunham uma estética próxima àquela das experimentações arquitetônicas e urbanísticas contemporâneas e aos movimentos artísticos do início do século[53]. Em 1949, Philip Johnson realizará a *Glass-House* em New Canaan, em Connecticut: interior e exterior, arquitetura e paisagem se compenetram, dissolvendo-se um no outro, como muitas casas do mesmo período projetadas por Richard Neutra, antigo colaborador de Wright ou por Richard Breuer e outros arquitetos menos conhecidos.

No plano de Saarinen para Helsinque, na "cidade floresta" de Aalto, na Broadacre de Wright, na "cidade parque" de Le Corbusier, nos planos de Ginzburg e dos desurbanistas russos, no bosque de Amsterdã de Van Eesteren, nas penetrações verdes de Braillard em Genebra e nos *green belts* de Semenov para Moscou e de Abercrombie para Londres, no plano das áreas verdes para a grande Copenhague de Rasmussen como em seu "plano dos cinco dedos" e naquele de Markelius para Estocolmo, no plano de Sharoun para Berlim, no plano para Chandigarh de Le Corbusier ou de Islamabad de Doxiadis, em muitas *new towns*

52. *The International Style.*
53. D. Imbert, op. cit.

inglesas, no "arquipélago verde" de Ungers para Berlim, ao longo de todo um século de propostas e experiências, é representada uma sociedade motivada por um novo sentimento em relação à natureza e que estabelece com a natureza um novo pacto, porque está mais atenta às variedades das atividades sociais que a investem e é progressivamente mais consciente de alguns aspectos fundamentais do funcionamento correto dos sistemas ecológicos.

Na realidade, a partir do século dezenove três pensamentos fundamentais, cada um com uma genealogia e história próprias e expressas várias vezes de forma diagramática e conceitual, se inter-relacionam, sobrepondo-se e entrecruzando-se nos projetos aos quais já me referi.

O primeiro, frequente nas grandes cidades do século dezenove, utiliza uma série de referências da natureza, jardins aristocráticos antigos ou áreas há muito tempo não edificadas, para, no tecido urbano, construir um conjunto de ilhas verdes. Algumas vezes organizadas em um sistema de parques e/ou jardins públicos, elas apontam um lento mas evidente desvio de atenção das políticas urbanas para o parâmetro do público e inauguram algumas importantes figuras da cidade do século vinte, em particular aquela do fragmento e da porosidade. Cada cidade europeia tem uma história em propósito, própria e específica. Modificado, esse pensamento será aquele de um *reverse city*[54], uma série de pedaços de cidade dispersos na natureza como ilhas circundadas por um *green belt*: por exemplo, no século dezessete e dezoito, diversas implantações do novo mundo que se tornaram a matriz da ideia do jardim ou, como no século vinte, a figura do arquipélago proposto nos planos de Saarinen para Helsinque ou Markelius para Estocolmo.

O segundo é aquele do *green belt*, uma ideia que construiu uma tradição no planejamento inglês a partir das primeiras propostas de John Claudius Loudon em 1829, reelaboradas em 1890 por Lord Meath, em 1901 por W. J. Bull,

---

54. P. Viganò, *La città elementare*.

em 1904 por Patrick Geddes provavelmente influenciado por Olmsted e pelo plano de Eliot para as áreas verdes de Boston e reelaboradas de novo por H. V. Lanchester, de Semenov, para o plano de 1935 para Moscou, para finalmente chegar ao plano da Greater London de Patrick Abercrombie de 1943-1944[55]. Porém, a ideia do *green belt* tem origens mais diversificadas, à primeira vista independentes entre si. Em 1874, a condessa Adelheid Dohna Poninsky, que em 1857 já havia publicado uma reflexão sobre a *Teoria da Arquitetura da Metrópole,* publica, sob o pseudônimo de Arminius, um livro importante no qual, controlando todos os principais problemas urbanísticos de Berlim, com atenção particular sobre a questão das habitações, propõe, em uma protoconcepção do *welfare* coletivo, a construção de um *grüne Ring der Gross-städte,* isto é, um *green belt*[56]. As ideias de Arminius sobre um *green belt*, combinado com diversos "corredores verdes", foram retomadas, no início do século vinte, por diversos urbanistas alemães, entre eles, Rudolf Eberstadt e Bruno Möhring, no concurso para o plano de Berlim de 1910.

O terceiro pensamento é o dos corredores verdes, com a ideia de articular o tecido urbano e a forma da cidade mediante a penetração de corredores verdes que, atentos às características topográficas, hidrográficas e naturais do território, integram, como em 1910, nas propostas para Berlim, de Eberstadt e Möhring ou, no plano de 1935 de Braillard para Genebra, as partes urbanas mais centrais, densas e distantes do campo ao território externo da cidade.

Provavelmente as origens de todas essas propostas devem ser procuradas em uma série de ideias, avaliações e pressupostos redutivos que afundam suas raízes na polêmica sobre o luxo do século dezessete, na ênfase sobre a oposição entre a cidade e o campo durante todo o século dezenove e nos movimentos higienistas. Bem mais com-

55. L. Nucci, *Reti verdi e disegno della città contemporanea.*
56. A. Dohna-Poninski (Arminius), *Die Grossstädte in ihre Wohnungsnot und die Grundlagen einer durchgreifenden Abhilfe.*

plicada do que possa parecer nas formulações de seus defensores mais recentes e conhecidos, ela levanta questões atinentes à dimensão e forma da cidade além das relações entre mundo e cultura rural e mundo e cultura urbana, em uma sociedade que se moderniza.

Paola Viganò, em uma primeira reconstrução do projeto do espaço do parque na cidade do século vinte, talvez construindo uma quarta história, avança a hipótese que o estrabismo interpretativo ao qual me referi antes tenha feito com que os próprios arquitetos e urbanistas não percebessem os aspectos fundamentais de diversos e importantes projetos do século vinte, reduzindo-os e banalizando-os. Negando a distinção proposta por John Dixon Hunt[57] entre artificial e natural e, em particular, a separação entre as três paisagens, do jardim, da agricultura e da *wilderness*, isto é, da natureza intacta, os autores de muitos desses projetos, com a ajuda de botânicos, geólogos e especialistas das ciências da natureza, tentaram representar e reconstruir, como em Tapiola e, mais em geral, na escola escandinava da paisagem, uma ideia de natureza; de propor

a imensa capacidade evocativa do grande espaço verde moderno como representação de um sentimento da natureza específico. Imagem grandiosa e única, o tapete verde da cidade do movimento moderno, jardim tão extenso quanto todo o espaço habitável, constitui a lógica posta em forma de um sentimento da natureza que tinha atravessado o romantismo e o Higienismo, Utilitarismo e Simbolismo[58].

Devido a isso, uma interpretação meramente funcionalista desses projetos, diferentes entre si, é claramente insuficiente; eles estão associados pela ideia de que alguns elementos naturais tenham que envolver e atravessar mais vezes, como grandes corredores verdes, a cidade, dando a ela forma e construindo uma tipologia: uma forma da cidade

57. *L'Art du jardin et son histoire.*
58. P. Viganò, *I territori dell'urbanistica.*

coerente com a topografia e hidrografia do lugar e uma tipologia construída por meio de sequências reconhecíveis que incorporem toda e qualquer singularidade. Os parques e jardins do século vinte, quando não são repetições banais, acríticas do seu desenho no século dezenove, têm escopos e características novas e diversas das do passado.

Porém, a separação entre cidade e natureza instaurada pela cidade industrial do século dezenove teve consequências mais amplas; em particular, o procedimento difuso de levar algumas atividades sociais para fora da cidade, em lugares considerados próprios ao descanso e lazer. Mais uma vez uma tendência que tem origens anteriores ao século vinte[59]; é suficiente lembrar *Le smanie per la villeggiatura**, de Carlo Goldoni.

Na segunda parte do século dezenove, a burguesia e a parte mais rica das classes médias tinham começado a construir casas de férias em áreas externas à cidade e frequentar algumas estações termais ou balneárias famosas. Não se tratava somente de uma imitação dos costumes aristocráticos do antigo regime. Nos lugares de férias de verão da *Recherche* de Proust ou nas casas de veraneio burguesas ironicamente descritas por Carlo Gadda em *Le bizze del capitano* (As Extravagâncias do Capitão), também tinha uma invenção de novos modos de uso do território e uma invenção tipológica que terá consequências profundas quando, a partir dos anos vinte, serão propostas "cidades verdes" ou "cidades de repouso" específicas e principalmente quando, a partir do segundo pós-guerra, a segunda casa se torna, na Europa, um fenômeno pervasivo. Então, a cidade invade e se apropria da área rural, das costas e montanhas, com estações de veraneio que acabarão

---

59. A. Corbin, *Le Territoire du vide* e *L'Avénement du loisir, 1850-1960*.
*   Primeira comédia de uma trilogia dedicada ao tema de veraneio e que consta ainda de *Le avventure della villeggiatura* e *Il ritorno dalla villeggiatura*. Essa comédia foi representada pela primeira vez em 1756 (N. da T.).

se tornando elas próprias cidades de grandes dimensões onde, temporariamente, serão transferidas enormes partes de população idosa, colônias de verão, amplos espaços dedicados às atividades esportivas. Reino do "hedonismo democrático", tudo isso determina novas relações com a natureza, anula as diferenças da cidade, tornando-a cada vez mais desfocada e evanescente e rarefeita, como será talvez a cidade do século vinte e um[60].

60. MVRDV, *Costa Iberica*.

Figuras 73 e 74: *J. R. Davidson*, Case study *CSH-11*.
Figura 75: *I. Nikolaev, casa comunitária para estudantes do Instituto Têxtil de Moscou, 1929.*

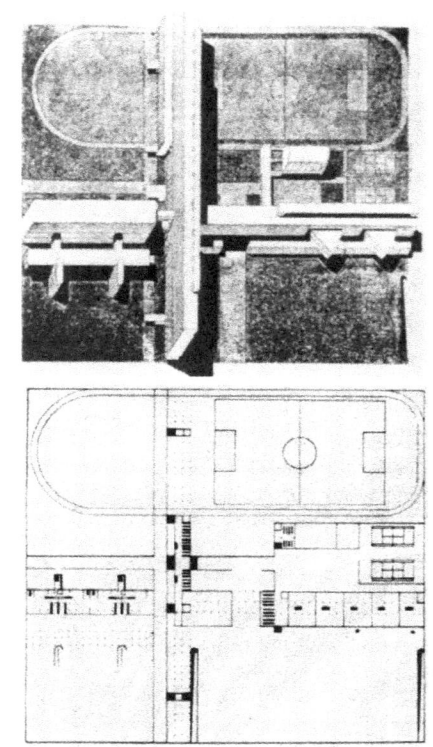

Figura 76: *K. Alabjan, modelo de casa comunitária para Erevan, Armênia.*

Figuras 77 e 78: *V. Vladimirov, projeto de casa comunitária para o departamento do Strojkom, Moscou, 1928. Planta e axonometria.*

Figura 79: *Tênis no gramado, aproximadamente 1880, South Side Park, Chicago.*

Figura 80: *Rapazes jogando próximos a Sloterplas, Amsterdã, aproximadamente 1960.*

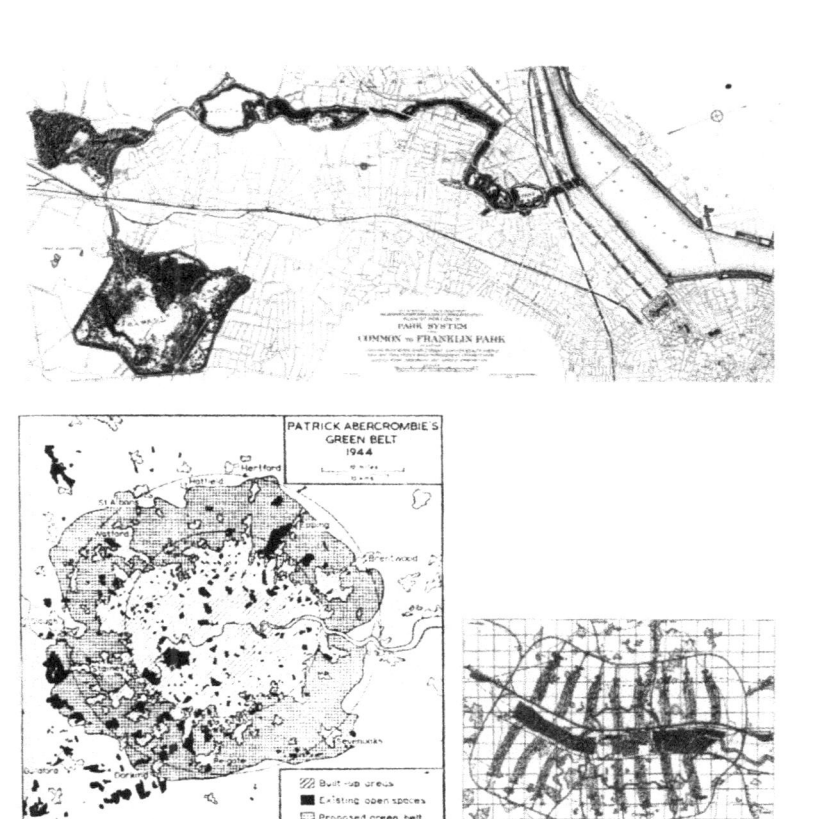

Figura 81: *F. Olmsted, planta do Emerald Necklace de Boston.*
Figura 82: *P. Abercrombie, o* green belt *proposta no plano de 1944.*
Figura 83: *Londres, esquema do plano do grupo* MARS.

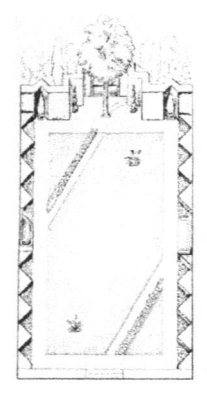 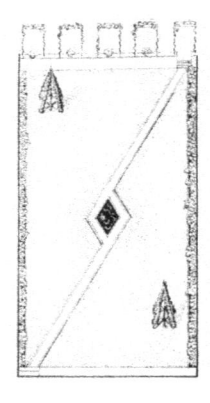 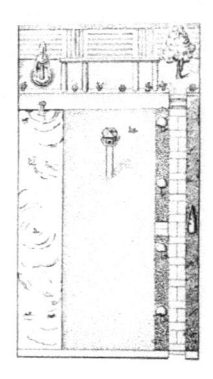

Figura 84: *G. Guevrekian, jardim para a Vila Noailles, Maquete.*
Figura 85: *G. Guevrekian, jardim para a Vila Noailles.*
Figura 86: *P. Vera, três esquemas para um pequeno jardim urbano.*

Figura 87: *A. van Eyck, Laagate Kadijk, 1954.*
Figura 88: *A. van Eyck, Van hogendorpplein, 1955.*
Figura 89: *A. van Eyck, Zeedijk, 1956.*

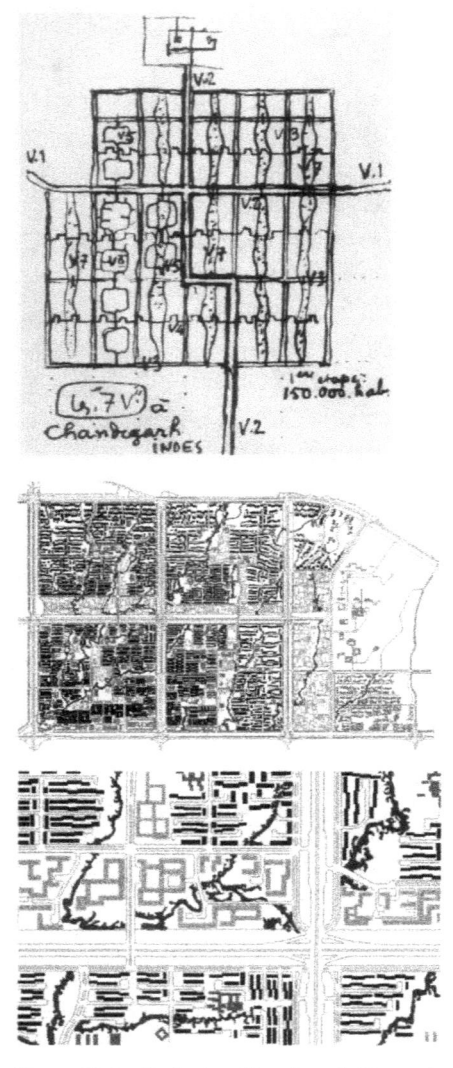

Figura 90: *Le Corbusier, Chandigarth. Planta da implantação geral com a classificação das ruas: as avenidas de grande comunicação (V1, V2), as ruas de bairro (V3), as ruas comerciais (V4), as ruas que levam às entradas das casas (V5, V6), percursos na área verde que interligam os serviços escolares e de recreação (V7).*

Figuras 91 e 92: *Doxiadis, Islamabad. Planta de implantação geral.*

MILTON KEYNES

Hoje, quem visita Milton Keynes só pode ficar desconcertado: pela coerência e ao mesmo tempo pelas contradições de alguns de seus aspectos.

Milton Keynes faz parte do grupo mais recente de *new towns* inglesas, em geral indicadas com o termo de Mark III para distingui-las das *new towns* realizadas entre 1946 e 1950, além do *green belt* previsto pela Greater London Plan de Patrick Abercrombie, a uma distância do centro de Londres entre 32 e 56 km (Mark I), ou daquelas realizadas entre 1961 e 1970 a uma distância do centro de Londres entre 96 e 130 km (Mark II). Provavelmente não será a última. Uma demanda contínua de habitações em expansão e preços crescentes, no fim do século, estão construindo um clima em que novas cidades são propostas nas principais áreas de desenvolvimento ao norte de Londres, entre Letchworth, Welwyn, Stevenage, Hatfield, Harlow, Milton Keynes e as mais antigas cidades de Cambridge e Bedford, determinando um *cluster* de cidade próximo à Social City de Howard.

Oficialmente criada em 1967, desenhada em 1969 por Llewelyn-Davies, Weeks, Forestier-Walker e Bor e construída a partir dos primeiros anos setenta no Buckinghamshire, a 96 km de Londres, a nova cidade – aproximadamente 170.000 habitantes no fim do século vinte, 250.000 previstos até as primeiras décadas do século seguinte – tenta responder aos objetivos mais gerais propostos pela política urbana e territorial inglesa *do new towns* Act de 1946 e, ao mesmo tempo, tenta responder às críticas feitas às duas gerações de experiências precedentes. Devido a isso, Milton Keynes se torna ocasião para se refletir sobre uma parte importante da história da cidade no século vinte e sobre as políticas que tentaram melhorar o *welfare* de seus habitantes[1].

Cidades novas sempre foram construídas. Provavelmente na origem de cada cidade existe um ato de fundação, a maioria das vezes inconsciente do próprio destino: cidades construídas para colonizar amplos territórios e utilizar os recursos, frequentemente ligados à dominação colonial, como nas duas Américas,

---

1. D. Walker, *The Architecture and Planning of Milton Keynes*.

na Ásia e na África, como Fez em Marrocos (1914-20), Elizabethville (hoje Lubumbashi) no ex-Congo belga, hoje Zaire (1930) ou Gonder na Etiópia (1936) ou então como presídio do território nacional, como na Austrália, na Sibéria, na China, na Índia e Israel, cidades filhas dos grandes canteiros de construção, como muitas cidades ferroviárias dos Estados Unidos ou do Brasil, ou, então, diretamente ligadas com a reabilitação e subtração das águas de vastos territórios como Sabaudia (1932), Lelystad e Almere (1977-78); ou construídas junto a grandes instalações industriais como Wolsburg (1938), na Alemanha, ou Nova Huta (1949), na Polônia, Togliattigrad (1970), na ex-União Soviética e muitas outras nos países do leste europeu; cidades de lazer, como na Flórida, ou cidades ligadas a uma instrução científica, como Louvain-la-Neuve, na Bélgica (1970), ou Irvine, na Califórnia (1977), ou então cidades capitais, como Nova Delhi (1911), Canberra (1912), Chandigarth (1952), Brasília (1957), Islamabad (1959). Para muitas dessas cidades, o papel e a função principal mudaram ao longo do tempo, porém muitas delas, mesmo antes do século, foram construídas, pelo menos no início, como

alternativa à grande cidade, por exemplo, cidades que buscaram forjar a utopia laica ou aquelas de uma comunidade religiosa ou civil, ou as mais recentes *gated communities* norte e sul-americanas, cidades e bairros do *apartheid* que nasceram no clima de exclusão e na retórica da insegurança. Finalmente, algumas que foram construídas não somente como alternativa à grande cidade, mas também para controlar e dificultar a expansão, como, por exemplo, as cidades satélites suecas, soviéticas e algumas cidades americanas. Milton Keynes pertence a esse último grupo.

Mais especificamente, Milton Keynes, estando nas proximidades de Northampton, é, pelo menos por enquanto, o exemplo mais recente de uma experiência, talvez não concluída, que tem suas próprias origens no Reino Unido, logo após a guerra, e da qual se ocuparam os melhores arquitetos e urbanistas ingleses do período: Louis de Soissons em Welwyn Garden City, Thomas Sharp em Crowley, Geoffrey A. Jellicoe em Hemel Hampstead, Frederick Gibberd em Harlow, William Holford em Corby, somente para nomear alguns. Nas suas origens, existe um conhecimento, uma longa reflexão e uma convicção: o

Figura 93: *Milton Keynes. Vista aérea.*

conhecimento acumulado na construção, em toda a Europa, de numerosas *garden cities,* nas décadas que precederam o conflito mundial, e de numerosíssimas cidades ou partes de cidades fundadas nos séculos precedentes; a longa reflexão sobre a condição urbana que caracteriza, tanto na Europa como nos Estados Unidos, toda a última parte do século dezenove; e a convicção, resultado dessa mesma reflexão e geralmente de comum acordo, de que a cidade não tenha mais que ser o resultado não desejado, o subproduto de uma multiplicidade de decisões individuais assumidas na arena do mercado e que tenha em vista escopos bem diferentes, mas, pelo contrário, tenha que construir o horizonte no qual qualquer outra decisão

possa ser tomada[2]. Tudo isso, como é sabido, gera uma forma particular de debate que indicamos, habitualmente, com o nome de urbanismo.

Porém, mais especificamente ainda, nas origens das experiências das *new towns* seja no Reino Unido, seja em outras partes do mundo, houve a convicção de que o crescimento urbano teria que encontrar limites inerentes à própria natureza da vida urbana; limites superados a partir dos quais nasceriam malformações, desorganizações e degradação[3]; a convicção de que, portanto, fosse necessário construir alternativas, seja devido ao excessivo

2. L. Rodwin, *The British New Towns Policy.*
3. L. Mumford, Introduction, em F. Osborn, *The New Towns.*

crescimento e congestão da grande cidade, seja devido à dispersão das implantações na zona rural; em outros termos, a convicção de que seria principalmente necessário reconstruir uma medida e um equilíbrio entre residência e lugar de trabalho, fazendo com que equipamentos e serviços de uso mais frequente fossem facilmente acessíveis por parte dos habitantes[4]. Na experiência inglesa das *new towns*, o limite é fisicamente delineado por Londres e depois por outras grandes cidades do Reino Unido do *green belt*. Contudo, para as cidades de nova construção, é definido em termos demográficos: 50 – 60.000 habitantes para as cidades do Mark I, por exemplo, Stevenage, Crowley ou Harlow; 250.000 para aquelas de Mark III, por exemplo, Milton Keynes. Limite, medida, equilíbrio, malformação: a interpretação e o projeto da cidade desde sempre construíram campos metafóricos tão vagos quanto sugestivos.

Que as dimensões demográficas e espaciais da cidade tenham que encontrar um limite, é uma ideia mantida com grande continuidade na cultura ocidental, desde a antiguidade clássica. É

reencontrada em Platão, Aristóteles como também em Thomas More, William Petty, nos fisiocratas e em muitos economistas que os sucederam, nas utopias e nos reformatórios sociais do século dezenove. As razões e necessidades de ter um limite não são totalmente claras.

Na antiguidade se podia supor que estivessem ligadas à relação que, com as técnicas existentes, poderia se estabelecer entre o *surplus* agrícola das áreas limítrofes efetivamente acessíveis e cultiváveis e as exigências alimentares da cidade, aliás, argumento ambíguo e talvez excessivamente fisiocrático para economias substancialmente mercantis. Mas as situações das grandes metrópoles do século vinte, pelo menos logo após o primeiro conflito mundial, são diversas das dos tempos precedentes. Na época do colonialismo e do imperialismo as cidades não eram mais alimentadas por um *surplus* agrícola produzido nas imediatas vizinhanças, e as condições higiênico-sanitárias e, em geral, o conforto da vida urbana melhoraram bastante em relação ao período das relações de Chadwick na Inglaterra, de Villermé na França e de Huber na Alemanha, quando a teoria da degeneração da raça, de uma precoce consunção do

---

4. F. Osborn, *The New Towns.*

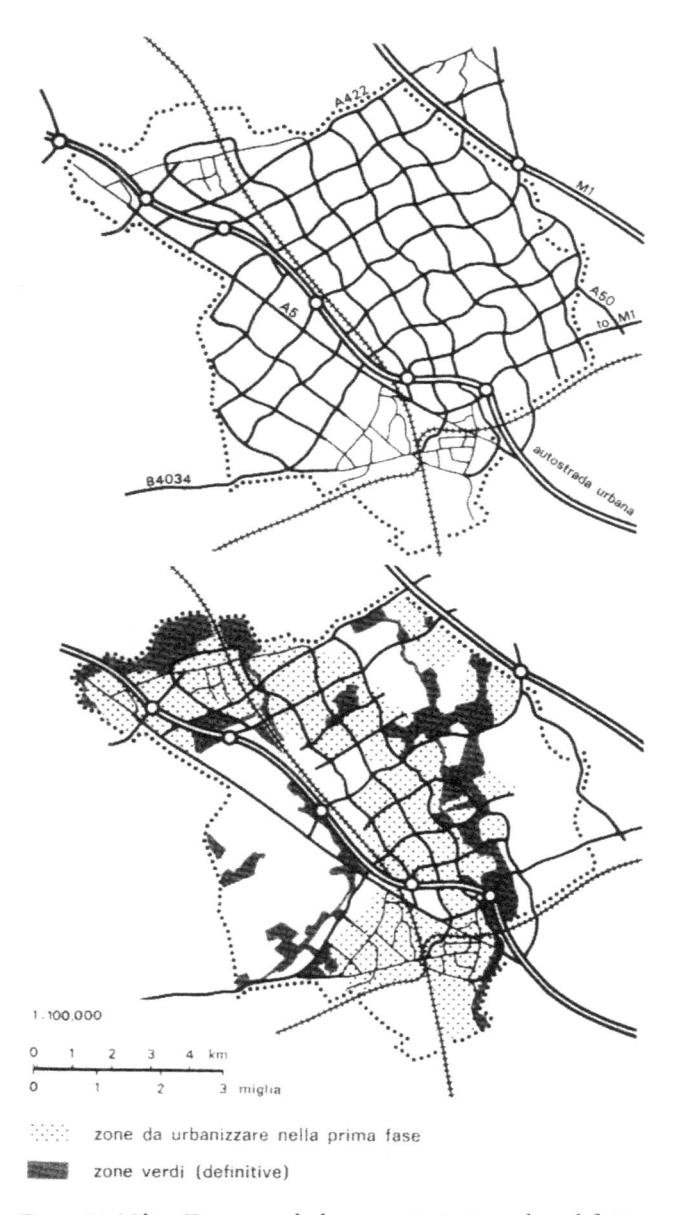

zone da urbanizzare nella prima fase

zone verdi (definitive)

Figura 94: *Milton Keynes, a rede das ruas principais no plano definitivo. A zona de urbanização na primeira década (pontilhada) e o sistema definitivo das áreas verdes (em cinza).*

corpo – que por sua vez ocorria devido às condições de vida na grande cidade industrial –, era compartilhada por muitos estudiosos de grande prestígio[5]. De maneira mais pragmática, mesmo se logicamente ainda evasiva, após o segundo conflito mundial nos referimos a alguns aspectos que aparecem inevitavelmente conexos à grande dimensão da cidade e na competição pelo espaço que a caracteriza: o excesso de população, a degradação consequente das condições das moradias, a distância dos deslocamentos entre casa e trabalho, a restrição dos espaços destinados às escolas, aos *playgrounds*, aos parques e jardins e o abandono do campo que acompanha o crescimento urbano. Mas tudo isso, como mostram algumas experiências de algumas cidades e áreas urbanizadas no fim do século, não é suficiente para estabelecer uma relação rigorosa de causa e efeito entre a dimensão da cidade e aquilo que normalmente é interpretado como "malformação, desorganização e degradação". As *new towns* talvez mostrem algo de mais interessante.

Normalmente – e as palavras de Mumford são um exemplo –

quando se evoca a necessidade de pôr um limite nas dimensões espaciais e demográficas da cidade, a referência, mesmo se ainda não explícita, está na analogia orgânica que, ao longo de toda a modernidade, age como metafísica influente na interpretação do fenômeno urbano e no projeto de sua modificação. De maneira mais específica, a cidade, em geral, é analogicamente posta em referência ao corpo humano. Pelo menos do Renascimento em diante ele é como o paradigma de uma composição proporcional e única de suas partes, diversas entre si por forma, função e papel[6], em que o termo "proporcional" alude mais a um conjunto de relações flexíveis entre as diversas partes que às suas características de dimensão, formais e funcionais, determinada e fixa. As diversas partes, neste caso, principalmente para as cidades pertencentes ao grupo Mark I, serão *neighbourhoods units*, conceito proposto por Clarence Perry em 1929 para indicar partes de cidade de dimensões limitadas, dotadas de equipamentos coletivos a uma distância que possa ser realizada a pé, às quais se confia o papel de desenvolver uma coesão social mais elevada. O termo é

5. G. Stedman Jones, *Outcast London*.

6. B. Secchi, *Primeira Lição de Urbanismo*.

utilizado seja por Clarence Stein e Henry Wright na Radburn em 1927-29, seja na primeira metade dos anos trinta, durante a construção das Greenbelt Cities do New Deal: Greenhills no Ohio, Greenbrook no Maryland e Greendale no Wisconsin[7]. As diversas *neighbourhoods units* serão interligadas entre si por corredores de áreas verdes e por uma rede de artérias de tráfico articulada que as irrigarão capilarmente, permitindo que se relacionem com o "coração" da cidade e com o espaço exterior.

Estruturada pela grande *aggeratio** de uma malha ortogonal e aberta com estradas-parque, corredores verdes e parques lineares,

que lembram a implantação de Doxiadis em Islamabad[8] ou de Alfred Meyer e de Le Corbusier em Chandigarth ou o de Scharoun para Berlim, e que se deforma, adaptando-se a um território ondulado e definindo-se em um projeto de solo bem sofisticado, Milton Keynes utiliza e revê, com alguma sabedoria, elementos urbanos que já possuem longa tradição. Posição e papel do centro comercial e cívico parecem sair das descrições que estariam incluídas em um artigo de Howard, que ficou entre seus textos não publicados[9]. Os *boulevards*, seja o Midsummer Boulevard, seja o Avebury Boulevard, sejam aqueles que organizam o espaço central de muitas partes residenciais recortadas da malha de base, parecem se basear na descrição da *Avenue* contida nas mesmas anotações de Howard e, principalmente, na *parkway* desenhada por Soissons em Welwyn Garden City ou no Midway de Chicago que Howard tinha conhecido pessoalmente; o frequente recurso, nas áreas residenciais, de fazer ruas de distribuição tortuosas e o acesso às residências em curtas ruas

---

7. C. Stein, 1951, *Towards New Towns for America*.

* Os romanos colonizavam principalmente as planícies e estas, com frequência, eram úmidas e pouco permeáveis. Subdividiam o terreno em tantas porções de dimensões de uma centúria (unidade de superfície de 710 metros por 710, aproximadamente). Cada soldado veterano recebia uma centúria para cultivar. As porções, em geral, eram subdivididas segundo uma malha ortogonal delimitada por canais de escorrimento das águas. Para isso o sistema era chamado *aggeratio* (*ager*, em latim, quer dizer campo rural) ou *centuriatio* (de centúria). Existem vários tipos de *aggeratio* e suas geometrias, segundo as características do solo, sua pendência, seu grau de inundação etc. (N. da T.).

8. A. Z. K. Mahsud, *Doxiadis and the Islamabad Experience*.
9. R. Beevers, *The Garden City Utopia*; P. Hall; C. Ward, *Sociable Cities*.

em *cul de sac*, já tinha sido experimentado, de maneiras ainda mais sofisticadas, na parte de Welwyn Garden City construída antes do segundo conflito mundial, nos exemplos norte-americanos e em muitos projetos dos *suburbs*, ainda dos anos entre as duas guerras; a divisão entre os percursos de pedestres e automobilísticos, aos quais Clarence Stein, antes, e Olmsted, depois, tinham recorrido com frequência, é reencontrado em muitas *new towns*, mesmo se em Milton Keynes assume a forma de uma verdadeira e própria rede de percursos de pedestres e ciclovias independente e claramente separada da automobilística; as zonas produtivas de distribuição, como peças de um quebra-cabeça aparentemente desordenado, em uma malha que organiza e estrutura o tecido urbano, na realidade são colocadas, seguindo princípios de assentamento consolidados, nas proximidades da linha ferroviária e da autoestrada M1; finalmente, o frequente, mesmo que não generalizado, recurso a uma arquitetura vernacular, próxima à dos subúrbios da época vitoriana e que idealiza o vilarejo inglês tradicional, lembra Unwin, em suas preferências por percursos tortuosos e pela

imagem das cidades medievais alemãs posicionadas no alto de uma colina[10].

Repercorrer os mesmos pontos permite tomar uma distância crítica de uma experiência como a das *new towns* inglesas, na qual a ideia de cidade coerente e profundamente radicada na cultura anglo-saxônica foi expressa com grande continuidade.

A arquitetura vernacular faz parte, como um baixo--contínuo*, de toda a história do século vinte, muitas vezes se confundindo, sobrepondo ou se unindo com a ideia de pitoresco[11]. Bem enraizada nos imaginários, primeiramente

---

10. L. Mumford, The Garden City Idea and Modern Planning (introdução), em E. Howard, *Garden Cities of Tomorrow*.
* Parte instrumental mais grave e não interrompida de uma composição, destinada a sustentar sua tonalidade. Não implica o uso de um instrumento em concreto, mas é geralmente executada por cordas, órgão ou piano, podendo ser interpretada por um ou vários instrumentos ao mesmo tempo. Na época do seu surgimento, no Barroco, o importante era a melodia. Esta era a base de toda a obra musical e a ela acrescentava-se um acompanhamento determinado em cuja partitura não constavam totalmente as notas que deviam soar (especificava-se sobre uma delas, a mais baixa, apenas) (N. da T.).
11. G. Cullen, *Townscape*.

da burguesia vitoriana e depois nos da classe média, ela construiu, em todo o mundo ocidental, a imagem de referência de muitos *suburbs* e *new towns*. Em Milton Keynes, porém, se trata somente de um exemplo; ela é fortemente caracterizada a ponto de repropor uma arquitetura elisabetana e casas *en colombier*, em algumas das partes relativamente mais ricas, como Furzton ou Woolstone, mas não nas mais pobres, como Conniburrow. As diferenças sociais em Milton Keynes são visíveis. A origem dessa persistência do vernacular e do pitoresco não se encontra somente na preferência por ela expressa, como na França; as classes médias se exprimiram em relação à arquitetura neo-haussmanniana ou nas posturas, de natureza ideológica, ligadas à identidade e cultura de uma região ou de um povo como, por exemplo, na reconstrução de Ypress, Lovanio, Dinant e de muitas outras cidades ou vilarejos belgas após a guerra de 1914-18[12]. Ou como nas novas implantações projetadas por Granpré Mollère e, mais em geral, pela escola

de Delft antes e depois do segundo conflito mundial, nos *Ijsselmeerpolders*[13]. Considerada expressão de uma lenta e constante clareza e elaboração de técnicas construtivas e artísticas que atravessaram os séculos, a arquitetura vernacular interessou, como é sabido, a muitos arquitetos modernos, alimentou um debate intenso sobre as técnicas, muitas vezes foi considerada coerente a uma aproximação sustentável do projeto da cidade, e, por fim, foi tomada como expressão das identidades regionais e locais e se propôs como alternativa à arquitetura do movimento moderno: temas que não podem, de nenhum modo, ser esquivados com base em preferências estéticas, mas que podem obviamente ser enfrentados mesmo de fora e em oposição à estética pitoresca e vernacular.

Na realidade, só raramente essas escolhas formais conseguem construir a paisagem urbana que, com insistência, assumem como objetivo. A vastidão dos espaços abertos, constantemente criticada desde a primeira experiência de Stevenage, certamente facilita, mas não garante, em Milton

12. J. Colis, L'Architecture de la reconstruction entre le fond et la forme, em M. Smets (org.), *Resurgam: La reconstruction en Belgique après 1914*.

13. C. van der Wal, *Villages in the Ijsselmeerpolders*.

Keynes, alcançar os objetivos de sustentabilidade ecológica, mesmo se fosse possível garantir, através de operações sucessivas de adensamento, uma estratificação mais interessante da cidade, isto é, a construção e sobreposição de mais *layers* que deem à cidade mais consistência funcional e semântica.

Porém, por ora, baixa densidade e vastidão dos espaços abertos fazem com que Milton Keynes, como de fato já o foram as *new towns* precedentes, seja uma cidade do automóvel, onde é impossível conviver sem utilizar o carro e o transporte coletivo, encontrando sérias dificuldades para se tornar uma alternativa concreta ao privado. A imagem de uma casa *en colombier*, com mais garagens e alguns automóveis na sua frente desencadeia uma irrefreável risada.

Mas assim que a ideia de uma cidade para pedestres foi abandonada, a *neighbourhoods unit* (unidade distrital) perde muitas das próprias características e boa parte do papel que inicialmente a ela se confiava. Longe de possibilitar a unidade familiar, se ela o desejar, de compor com outras famílias uma comunidade que possua contatos sociais estáveis e uma identidade

física reconhecível (Gibberd, 1953), longe de contribuir para desenvolver uma coesão social maior como ainda o era em Clarence Stein, longe de recuperar o espírito da *Gemeinschaft*, a *finitudo* medieval como, ainda antes, era em Unwin, as trinta e nove áreas residenciais, desidealizadas e recortadas da *aggeratio* de Milton Keynes, se tornam partes de cidade nas quais o resultado do jogo de composição dos diversos elementos urbano se torna muitas vezes símbolo de *status*.

A baixa densidade, altamente devedora em relação a Unwin e seu livro *Nothing Gained by Overcrowding!*, apesar de frequentemente criticada, caracteriza toda a experiência inglesa das Gardens City e, ainda antes, dos *suburbs* vitorianos às *new towns*. Mas todo o urbanismo europeu do século vinte foi se confrontando, de diversas maneiras e por diversos motivos, com o tema da densidade. Certamente, densidade é o termo polissêmico que solicita imagens e juízos em oposição e que não pode ser reduzido, quando se fala de cidade, à única expressão pragmática das moradias, metros quadrados, metros cúbicos por hectare. Um conjunto de termos e conceitos estão a ela associados – intensidade, *mixité*, distância justa são provavelmente as mais frequentes – para indicar que, em sua complexidade, o espaço urbano hodierno, na acumulação, sobreposição e intersecção, no espaço e no tempo, de pessoas, atividades, eventos e deslocamentos em que cada um procura tomar a justa distância em relação ao outro, não pode ser remetido a uma única dimensão[14]. Com exceção de Cumbernauld, a baixa densidade caracteriza todas as *new towns* inglesas, e Milton Keynes, em particular, está relacionada – como o demonstram as muitas pesquisas feitas logo em seguida às construções das *new towns* inglesas e na maioria da mais recente cidade difusa europeia com algo de mais simples e tão iniludível quanto o desejo de muitas famílias de morarem em casas individuais com jardim e contato direto com o terreno, nas proximidades de amplos espaços verdes, com uma justa distância do trabalho e eventualmente dos vizinhos, que também foram escolhidos cuidadosamente por suas características sociais.

O primeiro aspecto, o desejo de uma casa individual com jardim, que certamente faz parte de uma cultura anglo-saxônica, como também de muitos outros países ocidentais, não deve ser dramatizado, mas também não pode ser subvalorizado. Isso se deve à grande predominância, na experiência das *new towns* das *terraced houses* e à constante referência a elementos que pertencem à tradição do vilarejo europeu como o *green closet*, elementos que, como é sabido, são os fundamentos das pesquisas por meio das quais Unwin procurava dar unidade a um espaço no qual as habitações individuais podiam ser variavelmente encostadas uma à outra[15]. Ocorre reconhecer que boa parte da pesquisa dos últimos anos do século vinte, consciente desse aspecto, explora novamente a possibilidade e os limites da construção de um espaço urbano no qual a alta densidade de casas independentes seja o elemento constitutivo mais frequente.

Esse aspecto, de qualquer forma, deve ser considerado junto com o segundo. Desde o final do século dezoito, com a ascensão gradual das classes

---

14. H. Heynen, D. Vanderburgh, (orgs.), *Inside Density*.

15. R. Unwin, *Town Planning in Practice*.

médias, todo o sistema de valores relativo à habitação se modifica. Isso se manifesta no final do século vinte naquilo que é usualmente indicado como comportamento NIMBY*, comportamento que, por sua vez, acompanhou desde o início, isto é, desde Stevenage, a realização das *new towns* inglesas. Essa mudança de valores está na origem da divisão em zonas urbanas destinadas a atividades diferentes ou grupos sociais que será codificado no zoneamento, o mecanismo projetual do século vinte provavelmente mais criticado. O *zonning* e os amplos corredores verdes de Milton Keynes são uma tentativa de enfrentar, longe de qualquer retórica, o tema da proximidade ou do afastamento, da incompatibilidade recíproca e da *mixité*, isto é, da crítica ao *zonning*.

---

* Acrônimo inglês de *Not In My Back Yard*, que significa "não em meu quintal"; descreve a oposição a certos projetos polêmicos ou que possam ser prejudiciais ao entorno (como construção ou expansão de estruturas ou zonas tais como aeroportos, uma estrada movimentada, um grande centro comercial). O termo é também encontrado junto com o seu oposto YIMBY (*Yes In My Back Yard*; "sim no meu quintal"), como um duo (NIMBY / YIMBY), sugerindo a escolha em dada situação (N. da T.).

O *shopping center*, tema que percorre grande parte da reflexão sobre a coração da cidade, do pós-guerra aos nossos dias[16], pelo contrário, é a tentativa de enfrentar o tema da intensidade. Em 1979, quando foi inaugurado, o *shopping centre* de Milton Keynes era a maior área comercial coberta do Reino Unido. Como se 90% das lojas de uma cidade como Brescia ou Rennes fossem reunidas em um único lugar; como se, no meio de uma cidade totalmente nova, fosse construído um centro que almejasse exercer, em uma área mais limitada, as idênticas funções e papéis dos centros antigos de Brescia ou Rennes, porém, sem as populações que ali também residem, sem os escritórios e os lugares de trabalho que também a ocupam. Nesse aspecto, ao estudar o novo *master plan*, é possível remediar, através de um adensamento do centro urbano e, em particular, por meio da construção de edifícios com residência e lojas. Bem desenhado, o centro de Milton Keynes tem o mesmo vigor do centro de Stevenage ou de Coventry após a reconstrução, consideradas entre os melhores resultados de arquitetura da

---

16. M. Crawford, The World in a Shopping Mall, em M. Sorkin (org.), *Variation on a theme Park*.

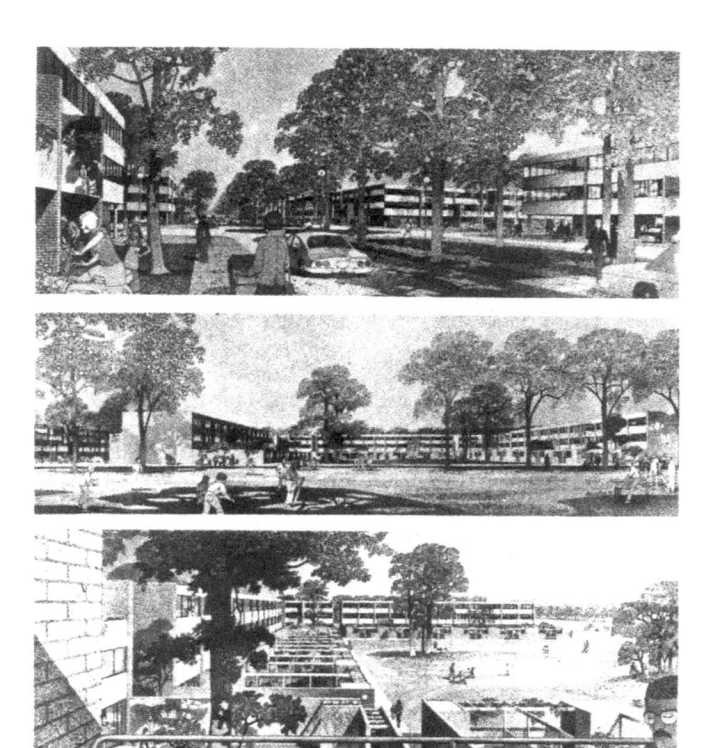

Figura 95: *Milton Keynes, três perspectivas do ambiente urbano nos bairros residenciais adjacentes ao centro.*

cidade inglesa do pós-guerra ou daquele de Vällingby nas proximidades de Estocolmo, e, sem dúvida, é bem melhor que aquele de Harlow. São melhores os espaços para pedestres, cobertos e bem climatizados, é melhor a relação com as áreas de estacionamento e, principalmente, é bem legível sua estrutura espacial, organizada por uma malha de submúltiplos da *aggeratio* que organiza a cidade inteira. Mas o que impressiona é a inversão de valores que o centro de Milton Keynes propõe com clareza, em relação ao centro antigo da cidade europeia.

No centro são colocados os espaços do comércio, às suas margens, as instituições culturais e civis principais: o teatro, a igreja, o tribunal, a biblioteca, o hotel. Sendo realista, talvez, a sociedade contemporânea se identifica mais em um *shopping mall* do que na magnificência civil.

O acesso ao centro comercial e à cidade só é possível de carro. Em uma cidade tão dilatada, o transporte público teria, de qualquer forma, sérias dificuldades. Preocupados como o congestionamento londrino, que as *new towns* tentavam resolver, os projetistas de Milton Keynes desenharam uma malha viária amplamente dimensionada, substancialmente privada de semáforos e rica de aproximadamente 200 *roundabouts* (rotatórias). Inserida em amplos canais verdes e utilizando, muitas vezes, a topografia do lugar, ela é normalmente posicionada em níveis diferentes das áreas residenciais próximas, evitando em parte a poluição acústica. Essa malha que estrutura a cidade toda, de maneira aberta e flexível, mas também indiferenciada, permite ao trânsito, gerado em boa parte pela própria dilatação da cidade, velocidades bem elevadas e inusitadas para a circulação urbana. Em Milton Keynes não se circula como em uma cidade europeia, deslocando-se de uma parte a outra da cidade, não se pode

vê-la, porque ela permanece sempre escondida para além da cortina de bosques ou desníveis do terreno. Cada área residencial tem um número limitado de pontos de acesso e é organizada por uma malha viária menor que, em alguns casos, retoma a orientação e as medidas de referência da malha de base; porém, na maioria das vezes se desenvolve com percursos tortuosos que, por enquanto, parecem ser uma versão reduzida e banalizada das primeiras *garden cities*. Uma cidade não se constrói em um dia e as fotos de Welwyn Garden City, nos anos que precedem o segundo conflito mundial, nos mostram uma paisagem mais pobre que aquela hodierna. Porém, mesmo em Welwyn, as partes que foram reconstruídas, modificando o plano original, parecem ser banais. Baixa densidade, dilatação do espaço urbano, necessidade de recorrer ao automóvel para chegar ao centro comercial e aos principais lugares de trabalho ou de *entertainment,* certamente, são contraditórios a um objetivo de sustentabilidade, mais especificamente a uma limitação dos consumos energéticos ligados à motorização. Este é um tema que nos anos setenta já era presente quando Milton Keynes foi desenhada e implantada e ao qual não será fácil inserir, mesmo sob novas bases e nem mesmo se a grande extensão de parques e áreas verdes atuar em favor de uma política de sustentabilidade séria.

As áreas verdes em Milton Keynes negam a ideia do *green belt* e optam por uma ideia mais moderna e interessante, coerente com a escolha formal da *aggeratio*, de uma rede de espaços verdes interconectados entre si. O *green belt* construiu, como é sabido, uma tradição no planejamento inglês. As primeiras propostas de John Claudius Loudon, em 1829, foram reelaboradas em 1890 por Lord Meath, em 1901 por W. J. Bull, em 1904 por Patrick Geddes, provavelmente influenciado por Olmsted e pelo plano de Eliot para as áreas verdes de Boston e ainda por Henry Vaughan Lanchester para chegar finalmente ao plano da Greater London de Patrick Abercrombie em 1943-44[17]. O *greenspace web* de Milton Keynes se propõe objetivos mais importantes, interpretando os temas que os estudiosos de ciências ambientais propunham para o desenho da cidade nas últimas décadas do século: salvaguardar

as áreas que possam ser consideradas importantes reservas da natureza, interligá-las entre si mediante amplos corredores verdes que se adaptam à topografia do lugar e acompanham, como em Harlow, os cursos de água existentes, para poder sustentar e desenvolver a biodiversidade, construir uma rede de percursos para pedestres que permita praticar atividades esportivas e aceder aos parques, aos equipamentos coletivos e ao centro comercial[18]. Dessa maneira, a rede de espaços verdes de Milton Keynes se reconecta a uma longa tradição norte-americana e escandinava, de Olmsted, Kessler e Eliot, de Saarinen e Markelius; mas as diversas unidades implantadas parecem ser amarradas mais rigidamente na malha de Milton Keynes, do que o são em Helsinque ou em Estocolmo.

"Estrutura ordenadora por excelência, a malha organiza a relação entre os elementos que compõem a cidade... Em sua vontade de representar o moderno, a malha se situa em um terreno mítico que contém elementos paradoxais e contraditórios, permitindo, por exemplo, que elementos

---

17. L. Nucci, *Reti verdi e disegno della città contemporanea.*

18. T. Turner, *Towards a Green Strategy for London.*

próximos um do outro sejam heterogêneos e não pertinentes, esvaziando-a de seu caráter ordenador"[19]. A intenção de Milton Keynes é a de construir uma estrutura ordenadora que permita a reunião de elementos bem pouco diferentes sob o ponto de vista funcional, mas aos quais é concedida a mais ampla possibilidade de variações, no plano de composição interna e expressiva, da linguagem arquitetônica: princípios de implantação, tipos edilícios e de espaços abertos.

Ex post o jogo não parece nem um quebra-cabeça nem um dominó. Nenhuma regra formal determina, como no *puzzle*, as possibilidades de aproximação, o encaixe de cada peça entre as outras; nenhuma figura de conjunto poderá resultar no final, como no *puzzle*, da aproximação das diversas peças. Nenhuma regra, nenhuma ação do tipo "segue" ou "precede" determina a outra parte, como no dominó, a sequencialidade das diversas partes; em uma paisagem tão dilatada, feita por um conjunto de parques lineares, a cidade não tem narrativa nem consegue construí-la. Na opinião de muitos, de alguns de seus projetistas originais e de muitos habitantes, em Milton Keynes "falta o sentido de lugar": sendo muito parecida a um *patchwork*, ela é bem pouco legível.

A realização das *new towns* determinou, como era esperado desde o início, numerosos conflitos. Diversos grupos de interesses em Stevenage assim como em Crowley, Hemel Hampsteas ou Basildon consideraram que a política de limitação do crescimento das maiores cidades e de descentralização de parte da população e das atividades produtivas para as novas cidades prejudicasse os interesses próprios imediatos ou de duração mais longa[20]. Em parte, isso explica as oscilações dos diversos governos em apoiar e financiar suas construções ou reduzi-las. No início dos anos sessenta, o governo conservador pensa em pôr fim à experiência. São os anos em que o objetivo principal está na *urban renewal*, nas *new towns for old*[21] ou então, por exemplo, inicia-se a construção do Barbican Centre em uma área bombardeada do centro de Londres, com a intenção de atrair extratos de

---

19. P. Viganò, *La città elementare.*

20. H. Orlans, *Stevenage. A Sociological Study of a New Town*; F. Osborn, *The New Towns.*
21. W. Burns, *New Towns for Old.*

população pertencente à *upper middle class*. Mas não são esses os conflitos que, em meados dos anos sessenta, geram uma nova interrupção: o problema urbano naquele momento é bem complicado, as atividades produtivas abandonam as grandes cidades industriais e a limitação do crescimento da cidade, na realidade, não está mais na ordem do dia.

5. EVENTOS, PROCESSOS, PERÍODOS

As três histórias das páginas precedentes enfatizam temas diversos e dividem o eixo do tempo de maneiras diferentes; outras histórias talvez o subdividissem em maneiras igualmente diversas. Porém, mesmo nessas histórias, as linhas de demarcação dos vários períodos que diferenciam a história da cidade europeia provavelmente apenas muito raramente coincidiriam com os grandes eventos que marcaram, no decorrer de todo o século vinte, a história econômica, social, política e institucional. Esses eventos obviamente têm consequências profundas para a cidade e para o território dos diversos países; porém, a cidade muda seguindo um percurso próprio e em boa parte autônomo, muitas vezes como consequência seja de eventos locais, seja de processos mais amplos e lentos. É seguindo esses acontecimentos, muitas vezes limitados no tempo, mas que em alguns casos se estendem em períodos muito amplos, que a história da cidade do século vinte se fragmenta até quase se pulverizar em um conjunto de micro-histórias particulares.

Eventos

É suficiente pensar nas grandes calamidades naturais que, mesmo se abatendo sobre áreas frequentemente limitadas, induzem a reflexões e políticas mais amplas e duradouras. Ou então pensar em conflitos bélicos maiores, como aqueles mais delimitados e locais, as destruições, os movimentos de população que deles derivaram e as reconstruções sucessivas. Talvez, sem o primeiro conflito mundial, a grande geração nunca tivesse existido ou teria sido menos aceita, ou então teria pensado em programas diferentes. As destruições do primeiro e do segundo conflito mundial[1] ou as das últimas décadas do século, no Oriente Médio, na Ásia, na África e na América Latina, transformaram radicalmente diversas cidades. Os exilados gregos, após o conflito greco-turco, modificaram as dimensões e a aparência de Atenas; a reunificação das duas Alemanhas permitiu e produziu o deslocamento de enormes partes de população de um território para outro; os conflitos étnicos esvaziaram regiões e cidades inteiras, substituindo suas populações por novos habitantes.

Como também o suceder de vários governos, suas orientações e suas intervenções nas diversas partes do planeta, nos diversos países e nas diferentes cidades, durante todo o século, teve consequências profundas na transformação das cidades europeias e ocidentais, como também na construção de novas cidades. O crescimento desmesurado dos subúrbios dos Estados Unidos e do Canadá provavelmente não teria acontecido se, para contrastar a grande depressão do final dos anos vinte, os respectivos gover-

---

1. M. Smets, *Resurgam: La reconstruction en Belgique après 1914*; C. Olmo, *Tra guerra e pace. Società, cultura e architettura nel secondo dopoguerra*; N. Bullock, *Building the Post-War World*.

nos, através da instituição do Federal Housing Agency, nos Estados Unidos, e da National Housing Agency, no Canadá, não tivessem aprovado procedimentos que concediam fortes subsídios às famílias que compravam casas suburbanas, com consequências de grande relevo na indústria de construção ou na automobilística[2]. Os regimes totalitários dos anos trinta deram muito peso às suas políticas urbanas e modificaram a imagem de amplas partes das cidades italianas, alemãs, da União Soviética, como também da Espanha e Portugal. A cidade se tornou o princípio de um sistema político-social que se contrapõe a outro. Contrapor Wright e Broadacre City e Le Corbusier na Ville Radieuse e na *Carta de Atenas* dos anos trinta foi somente uma maneira de dizer que representações da cidade e de seu futuro têm, de qualquer forma, uma forte dimensão ideológica.

Ou ainda os grandes eventos da geopolítica. Por exemplo, a partir do primeiro conflito mundial, no que se refere à história da cidade, o centro do mundo se direciona lentamente primeiro para os Estados Unidos e, no fim do século, para o Extremo Oriente. O conhecimento direto de alguns países, produzido por esse deslocamento, dos Estados Unidos, da África do Norte, da América Latina, do distante Oriente, fez com que a arquitetura das cidades daquelas partes do mundo fosse vista com olhos diferentes dos do período do *grand tour*, do período colonial, e também dos das numerosas "viagens ao oriente" da primeira metade do século. Muitos arquitetos e urbanistas se tornaram cada vez mais interessados em uma nova figura intelectual e profissional, menos enraizada na cultura local e mais aberta em relação às sugestões provenientes de outras culturas.

Os trabalhos e as missões internacionais que, principalmente a partir do segundo pós-guerra, fizeram com que muitos especialistas ocidentais fossem para outros continentes, para cidades com frágeis relações com a his-

2. H. Carver, *Cities in the Suburbs*.

tória da cidade europeia, radicadas em outras culturas e que muitas vezes se apresentam a eles como uma estranha hibridização das tradições mais disparatadas ou os levam a estudar conturbações desmedidas, que ninguém consegue conhecer em sua totalidade, com seus imensos problemas e desequilíbrios, relativizam a história da cidade europeia e o conhecimento que foi construído sobre aquela mesma cidade. Nela ressoa um eco, mais ou menos próximo, dos elementos físicos, teóricos e retóricos europeus, algo que não pode ser simplesmente designado como influência e que, lentamente, modifica o comportamento em relação a ela. As imagens dessas cidades inspiram cada vez mais a cultura europeia, construindo os germes de uma nova estética e de novos modos de pensar o espaço habitável. A circulação das ideias, estimulada também por longos períodos de estudo que jovens de outros continentes realizam nos Estados Unidos ou na Europa, se amplia e se torna menos unidirecionada; as suas bases materiais mais claras, ligadas a interesses pessoais e a elementos que veiculam os conhecimentos –, ligadas a circunstâncias concretas, nas quais um ator específico, um grupo social ou político, um engenheiro, um urbanista ou um arquiteto busca em um contingente de conhecimentos e de imagens, em um reservatório semântico que se encontra do outro lado do mundo.

No fim do século, uma onda de insaciável curiosidade faz administradores, funcionários, arquitetos, urbanistas e estudiosos de diversas disciplinas visitarem cidades e regiões de outros países e continentes, frequentando as principais universidades e instituições de pesquisa, levando-os de uma experiência a outra, de um lugar a outro e fazendo com que os resultados específicos de pesquisa e de experiências locais se tornem patrimônio comum. Mesmo que a suspeita de uma nova forma de colonialismo permaneça bem viva, as razões e as esperanças de muitos são similares às dos estudiosos de literatura comparada do início do século vinte, quando, com Gaston Paris, Ferdinand

Brunetière ou Gustave Lanson, a comparação se tornava princípio de um europeísmo e internacionalismo pacífico, que se opunha às *idéologies du terroir* de Maurice Barres ou de Jules Lemaître[3].

Processos

Tudo isso provocou, ao longo de todo o século, lentos processos de transformação do modo de pensar a cidade, das políticas, dos planos e dos projetos que a investiram: seus resultados podem muitas vezes ser colhidos com grandes distâncias espaciais e temporais. Mesmo limitando-se à história da cidade europeia, por exemplo, algumas cidades se tornaram, em breve período, referências importantes para quem procurava políticas urbanas adequadas aos novos tempos; de certa maneira, deram lições que outros tinham tentado seguir independentemente das condições contextuais específicas: Amsterdã de Berlage e "Viena Vermelha" no início do século vinte; *Das Neue Frankfurt* de Ernst May, Berlim de Martin Wagner, Helsinque de Saarinen, ainda Amsterdã de Van Eesteren, Estocolmo, dos primeiros governos socialdemocratas dos anos trinta e a de Sven Markelius do segundo pós-guerra, Moscou cidade socialista e ainda Moscou de Semenov; Londres de Abercrombie, Copenhague de Rasmussen, logo após o segundo pós-guerra; Roterdã e Barcelona nas últimas décadas do século; Pequim e Xangai e as grandes megalópoles asiáticas no raiar do século vinte e um. A história dessas cidades nesses períodos é a história de orientações e procedimentos político-administrativos, respostas parciais e tentativas a demandas emergentes feitas com força pela sociedade, de procedimentos tanto quanto de projetos e de homens em condições de produzi-los e realizá-los.

3. C. Fehrman, *Litteraturhistorien i Europaperspepktiv.*

Os diferentes ensaios sobre o desenvolvimento das diversas partes do continente europeu e do planeta, modificando a estrutura produtiva e social, também promoveram diferentes e importantes mudanças da estrutura da demanda às quais as diversas políticas urbanas e o progresso técnico tentaram responder, encontrando-se muitas vezes não preparados para tal. Os comportamentos dos indivíduos, dos grupos e das instituições em parte mudaram, uniformizando-se, mas, em parte, também seguiram percursos construídos por relações fortes, mesmo que muitas vezes involuntárias, com culturas locais, profissionais e religiosas específicas. Thorstein Veblen teria dito que o *cultural lag* é específico de cada inovação, em cada contexto e em cada época.

As inovações nas técnicas de transporte e das comunicações, por exemplo, sua difusão efetiva, os atores e os interesses promovidos pela difusão, construíram uma parte importante da história da cidade do século vinte. No fim do século dezenove o telefone tinha permitido separar os escritórios e os funcionários do local de trabalho de produção e da classe operária, o centro empresarial da área industrial[4]; os tempos que intercorreram entre a invenção e sua difusão foram longos. No século vinte, o carro permitiu morar nos *suburbs* ou na cidade difusa; a televisão substituiu a frequentação mais intensa dos lugares mais centrais do lazer, a internet leva à globalização, o transporte aéreo favorece o turismo de longa distância, inclusive o denominado turismo de negócios. Os tempos que intercorrem entre inovação e sua difusão são cada vez mais breves.

A cidade das primeiras décadas do século era representação física dos idiorritmos da maior parte de seus habitantes; espaço e tempo tinham alcançado grande coerência e a máquina urbana organizava, para boa parte de sua população, o uso do tempo e do espaço. Como em um

---

4. F. W. Coburn, The Five-Hundred-Mile City, *The World Today*, 11.

grande relógio de pêndulo, o movimento das pessoas e das coisas se desenvolvia de maneira sistemática entre lugares clara e estavelmente definidos e reconhecíveis: a casa, a fábrica, o escritório, a escola, a loja; da periferia ao centro, de fora para dentro da cidade ou, em menor medida, no sentido oposto. Cada cidadão explorava e experimentava partes delimitadas e claramente caracterizadas do espaço urbano: o bairro operário ou burguês, a zona industrial ou o centro empresarial; os teatros, os restaurantes e as lojas das ruas elegantes do centro cidadão ou o *bistrot*, os banhos, os refeitórios e os equipamentos públicos periféricos. Na cidade mais dispersa do fim de século, pelo contrário, cada um explora um território alargado, de limites e identidade incertos. A cidade e o território tornam-se, na opinião de muitos observadores, uma rede cada vez mais densa, mais extensa e mais difícil de decifrar; nela, muitas vezes, os movimentos se desenvolvem de maneira imprevisível, cada um seguindo as próprias lógicas e trajetórias. Para uma parte crescente da população ocidental, a imagem mental do próprio território se torna aquela de uma série de lugares, eventualmente muito distantes e interligados entre si por uma rede material e imaterial:

> Vivemos na época do simultâneo, das justaposições, do próximo e do longínquo, lado a lado, do disperso. Vivemos em um momento em que o mundo se experimenta, creio eu, mais como um retículo que cruza pontos e entrelaça seu novelo, que como um grande percurso que se desenvolve no tempo[5].

Mas a imagem da cidade mudou também como consequência de algumas inovações tecnológicas. Em 1933, em Chicago, por ocasião da exposição *A Century of Progress*, George Fred Keck constrói duas casas de vidro, a House of Tomorrow e a Crystal House. O vidro tinha começado, não sem algumas polêmicas, a ser utilizado em larga escala na arquitetura doméstica já desde o fim do século dezenove

---

5. M. Foucault, *Le Souci de soi*.

e teve ampla expansão bem nos anos da Depressão[6]. No folheto de apresentação das duas casas de vidro realizadas em Chicago, Keck propõe uma versão extrema do *environmental control*: a casa e, mais em geral, o espaço habitado, não podem ter janelas que se abrem para a inconstância e turbulência meteórica do ambiente externo. A troca entre exterior e interior deve ser reduzida ao mínimo. Uma versão que será retomada depois do conflito mundial, pelo histórico James Martson Fitch: o corpo humano, liberado do ambiente natural e colocado em um ambiente climatizado poderá dedicar mais energias às relações sociais[7]. Também as técnicas de climatização construíram uma parte importante da história da cidade do século vinte[8]. Elas estão na origem, por exemplo, das grandes superfícies envidraçadas que envolvem principalmente os edifícios para escritórios, nos quais parece realizar-se "a cidade de vidro" de Paul Scheerbart[9]. A transparência é uma figura importante do século vinte; uma figura ambígua na qual podem ser representadas as condições de atuação de uma vida democrática, mas que, na sociedade de controle, pode também assumir características autoritárias inquietantes[10]. As mesmas técnicas de climatização estão na origem das diferenças tipológicas cada vez mais evidentes entre os edifícios destinados a escritórios e aqueles residenciais, por causa da irreversibilidade de seus tipos de usos. Mas elas também estão na origem de uma mudança dos lugares de socialização para espaços climatizados. Por fim, são causa ainda dos elevados consumos de energia e de importantes consequências no clima de amplas partes

6. S. Isenstadt, Four Views, Three of them Through Glass, em D. Harris; D. F. Ruggles (orgs.), *Sites Unseen*.
7. M. Dessauce, L'Environmental Control aux Etats-Unis et la poursuite du bonheur, em J. L. Cohen (org.), *Les Années 30: l'architecture et les arts de l'espace entre industrie et nostalgie*.
8. R. Banham, *The Architecture of the Well-Tempered Environment*.
9. *Glasarchitektur*.
10. T. Gannon; J. Kipnis, *The Light Construction Reader*.

da cidade; temas que construirão, no fim do século, um dos mais relevantes problemas do mundo ocidental.

O verbo grego μεταφορέω *(metapháró)* significava transportar: coisas, pessoas e, no sentido figurado, transportar palavras de um lugar para outro, de um sentido para outro. A expansão e a aceleração da mobilidade das pessoas, coisas, informações e ideias e o progresso técnico construíram, na última parte do século vinte, uma numerosa série de figuras, por meio das quais se tentou descrever a nova situação e suas possíveis evoluções. Na cidade da comunicação elas se tornaram uma fonte inesgotável e veículo de metáforas que, no final do século, se tornam um obstáculo importante para uma rigorosa conceituação da cidade. A proliferação dos termos utilizados para falar sobre os aspectos fundamentais, seu caráter eminentemente evocativo, testemunha essa dificuldade.

Três Questões

As três histórias às quais me referi não tentam remeter o conjunto heterogêneo desses eventos e desses processos a um único percurso; muito menos tentam sugerir uma explicação: é necessário lembrar sempre que a história da cidade é o resultado de processos sobredeterminados, de uma multiplicidade de causas concorrentes. Porém, essas três histórias têm provavelmente relação com a busca de uma resposta adequada às três questões que já apontei e que, percorrendo todo o século vinte, constituem o fundo comum às três histórias: o emergir do sujeito, do cotidiano e a progressiva democratização do espaço urbano. Somente esclarecendo essa experiência e as questões às quais se procurava responder é que provavelmente poderão ser compreendidos e julgados alguns aspectos pouco apreciados, mas fundamentais, alguns aspectos da cidade e algumas das políticas urbanas do século vinte: por um lado a progressiva fragmentação e banalização, por outro a progressiva burocratização.

Uma das principais características do século vinte é, sem dúvida, constituída pelo irresistível emergir da autonomia do sujeito; de sua recusa, cada vez mais evidente, de ser tutelado pelas instituições do poder e de sua resistência em acabar no anonimato da classe ou do gênero; é cada vez mais evidente seu fechamento em um individualismo "voltado para conceder um espaço cada vez maior aos aspectos 'privados' da existência, aos valores do comportamento pessoal e ao interesse que nutre por si próprio"[11]. Pré-anunciado pela cultura romântica e, ainda antes, pelo humanismo italiano e flamengo[12], ele se manifesta com sintomas cada vez mais evidentes no início do século por meio das artes musicais e figurativas, na literatura e na dança, na explosão improvisada da cidade no *sprawl* e no *scattering*, na dispersão e difusão que marcam as novas tendências do crescimento urbano no mundo ocidental.

A dispersão de sujeitos, dos comportamentos e dos modos de vida, das práticas sociais e da cidade no subúrbio e na área rural, que por toda a primeira metade do século é acompanhada por imponentes e espetaculares fenômenos de concentração urbana, ocasiona reações violentas, desde o início, principalmente no que concerne à concentração metropolitana. O que se teme é a alienação da vida social, a perda de um horizonte de sentido, do sentimento de pertencer a uma classe ou comunidade frequentemente confundida com o lugar, o desaparecimento da antiga sociedade estatutária, em que cada grupo profissional e social tinha uma colocação estável própria. O que se teme é a dissolução da cidade: que a perda da ordem

---

11. M. Foucault, *Le Souci de soi*.
12. N. Elias, *Die Gesellschaft der Individuen*; T. Todorov, *Eloge du quotidien* e *Eloge de l'individu*.

física construída pela modernidade possivelmente represente também a perda da ordem social.

A dispersão, de repente, parece mais perigosa que a degeneração urbana, coisa sobre a qual se havia discutido por todo o século dezenove. O vilarejo, a cidade e a *finitudo* medieval parecem, para alguns, como estados ideais aos quais é conveniente retornar. O infinito, o "escândalo da obra de Galileu", para usar as palavras de Michel Foucault, a grande descoberta do Renascimento que deixa sua marca no projeto da cidade moderna[13], de repente dá medo. Multiplicidade e unidade, multidão e busca de uma unidade de sentido, constituem, por todo o século, um dos maiores problemas.

Porém, multiplicidade e unidade não são termos sinônimos de concentração e dispersão. Estes dois últimos se situam em um nível mais próximo da experiência comum e cotidiana e, talvez por esse motivo, constituem, durante todo o século, uma forte oposição. A *Grosstadt* moderna é objeto de crítica, tanto por parte dos grupos progressistas quanto daqueles conservadores; a dispersão da cidade na Garden City, no início do século, na Stadtlandschaft no período entre as duas guerras, na City-region, no final dos anos cinquenta e na "cidade difusa", nas últimas décadas do século, é proposta e hostilizada por uns e outros por motivações diferentes, mas com projetos que, independentemente das intenções de seus autores, são muito similares[14]. As polêmicas que derivam, durante todo o século, implicam que ao julgar interpretações e projetos concretos não se consiga distinguir entre as motivações do autor, as do leitor-cidadão-residente e as motivações da obra[15].

Nesse meio tempo, durante o século inteiro, todos observam com grande embaraço uma cidade que se está formando sob seus olhos, entendendo que provavelmente ela

13. L. Benevolo, *La cattura dell'infinito*.
14. H. Frank, La Stadtlandschaft Diedenhofen, *Casabella,* n. 567; P. Mantziaras, *La Ville-paysage, Rudof Schwarz e la dissolution des villes*.
15. U. Eco, *Interpretation and Overinterpretation*; R. J. Evans, *In Defense of History*.

rompe com a tradição da modernidade e introduz uma descontinuidade na história da cidade ocidental. Mas o embaraço implica que não se tome uma distância crítica suficiente daquilo que está acontecendo na cidade, no território, na sociedade.

O que está acontecendo é o emergir do cotidiano, da dimensão corporal e temporal da cidade; tema que tinha sido proposto por Freud com importância nas *parapraxes,* nas décadas precedentes ao último conflito mundial, por Wittgenstein, com a crítica à linguagem comum, por Husserl, com a fenomenologia da vida cotidiana e, após o conflito, por Lefèbvre e De Certeau, com a crítica da vida cotidiana[16], por estudiosos como Braudel, Barthes, Baudrillard, Bourdieu e por uma historiografia muito rica sobre a cultura material da sociedade europeia.

A atenção ao cotidiano caracteriza todo o século vinte: evidentemente associado à crescente autonomia do sujeito, ele chega, após um longo período de exclusão e repressão ideológica, à abstração da cidade moderna, da corporalidade e da diferença na abstração da cidade moderna. Cada indivíduo e grupos sociais inteiros dão ao cotidiano uma importância tanto maior quanto menos se sentem representados pelas principais instituições políticas. O cotidiano está no centro da reflexão da grande geração, daquela dos arquitetos, urbanistas e representantes políticos da primeira década da revolução socialista na União Soviética[17], como também está no centro da reflexão de Wright; está no centro da paciente pesquisa das concretas dimensões do *welfare* individual e da obsessiva cura de si próprio e do próprio corpo que caracteriza as últimas décadas do século[18].

Em 1936, em Londres, um grupo de pessoas guiado pelo poeta e jornalista Charles Madge, pelo antropólogo Tom Harrison e pelo diretor cinematográfico Humphrey

16. H. Lefèbvre, *Critique de la vie quotidienne*; M. De Certeau, *L'Invention du quotidien*, v.1.
17. M. De Magistris, *La costruzione della città totalitaria.*
18. B. Highmore, *The Everyday Life Reader.*

Jennings, discute a possibilidade de pedir para voluntários observarem o próprio cotidiano e o de pessoas próximas a eles, como amigos, parentes ou vizinhos, e anotá-lo. A partir do ano seguinte, o projeto acumula elementos de surpreendente extensão e toma o nome de Mass Observation. As divagações dos Situacionistas, a partir de meados dos anos cinquenta até os anos setenta, propõem uma estratégia de observação dos lugares da vida cotidiana que possuem claros antecedentes dos surrealistas. Essas observações, as do Mass Observation, como também as dos Situacionistas, possuem um caráter e raízes ideológicas profundamente diferentes do naturalismo das pesquisas conduzidas durante os anos vinte e trinta por arquitetos e estudiosos que apoiavam a grande geração. O Mass Observation e, sucessivamente, os Situacionistas, não estão à procura de qualquer forma de representação racional dos comportamentos cotidianos; o que lhes interessa é, no máximo, a ocorrência, no desempenho cotidiano, do *lapsus*, da diversidade e sua expressão o mais livre possível de condicionamentos. As divagações dos Situacionistas, assim como as observações dos eventos populares por parte do Mass Observation, suas micro-histórias e microanálises, tornam-se lugares privilegiados para o estudo do particular como oposição ao geral, da experiência como oposição ao discurso, da resistência como oposição ao poder do cotidiano.

A dispersão e a fragmentação da cidade, primeiro nas suas periferias, depois em volta delas e depois, ainda, na cidade difusa, é aquilo que aumenta vertiginosamente a diversidade das situações e das experiências: a cidade se torna ao mesmo tempo concentração, reinvenção de suas partes mais antigas, modificação das partes modernas, densificação e rarefação, produção de novos lugares centrais, de densidade, proximidade e afastamento, de distância e separação. Como os porcos-espinhos de Schopenhauer, a sociedade contemporânea, incentivada por novas atividades cotidianas e por novas temporalidades, procura uma "distância justa" ou, mais precisamente, novas relações espaciais; uma busca que percorre toda a história da cidade europeia não somente durante o século vinte.

A dispersão, apesar de importante, porém é somente uma parte da história da cidade do fim de século. O século vinte, principalmente na sua segunda parte, é também caracterizado pela democratização progressiva, apesar de não linear, do mundo, pela destruição do sistema tradicional de valores simbólicos, monetários e de posição[19], pela criação contínua de novos valores e de novos referenciais, pela modificação contínua de imaginários individuais e coletivos.

No que se refere ao espaço urbano, o século vinte não é tanto o século da destruição da especificidade dos lugares e dos contextos, como de sua banalização e contínua possibilidade de ser reproduzida, oferecida à observação distraída de seus habitantes e visitantes. Um aspecto, que mais uma vez embaraça, que torna difícil aceitar, é que o espaço do público, despojado da áurea que o circundava na cidade do passado, tenha se tornado lugar da repetição burocrática e que o do privado tenha se tornado, como nas cidades novas ou nos *grands ensembles*, lugar da repetição simples ao invés da produção em série, ou então depósito, como no *pavillonnaire* ou na cidade difusa, de uma interminável série de *lapsus*, representação de imaginários pobres e ingênuos.

Apesar de as artes visuais, musicais e literárias do século vinte terem abalado a estética da modernidade, nos espaços mutáveis e informais da cidade do fim de século, na esteira de práticas surpreendentes e ainda não codificadas, no dilúvio de imagens que a investem, é difícil colher os germes de uma possível nova estética urbana. Mas é difícil também aceitar a emancipação da estética, a esteticização pervasiva dos comportamentos, e, frequentemente, se é induzido a admitir que os dois fenômenos,

19. F. Hirsh, *I limiti sociali dello sviluppo*.

destruição e criação contínua de imagens e valores, parecem esvaziados do senso de responsabilidade. Atrelado na região mais ingênua dos imaginários coletivos, muitas vezes servindo a interesses midiáticos e especulativos, eles não parecem interpretar as demandas profundas da sociedade. A democratização do espaço urbano parece, assim, se dissolver em seu oposto, em um espaço que nem a sociedade, nem o indivíduo ou o grupo enquanto tal conseguem controlar.

Ambiguidade

Deve-se, porém, reconhecer que cada uma dessas questões tem um caráter fundamentalmente ambíguo. A autonomia do sujeito, por exemplo, não pode ser enfatizada de maneira excessiva em uma época na qual o que preocupa, no máximo, é o poder construtivo de um estilo de vida por parte da sociedade do espetáculo[20] e da comunicação, da mídia, dos *brands* e das grandes *corporations*. À luz de análise aprofundada das atividades e ritos cotidianos, a sociedade contemporânea se apresenta muitas vezes permeada, pelo menos parcialmente, por comportamentos que não parecem ser expressão de uma irredutível autonomia do sujeito, mas sim sujeição a estereótipos, preconceitos e retóricas neles incluídos a tradição propostos e promovidos por grandes grupos de interesse e aceitos passiva e acriticamente. Os comportamentos dos diversos sujeitos parecem ser fortemente construídos por sua inevitável inserção em um complexo conjunto de "associações involuntárias"[21]. Mesmo nas sociedades mais democráticas o indivíduo parece ser menos livre e autônomo do que poderia supor a mitografia do fim de século. "A imagem ideal dos indivíduos autônomos que escolhem as próprias

20. G. Debord, *La Société du spectacle*.
21. M. Walzer, *The Exclusions of Liberal Theory*.

relações (e recusam outras), sem vínculos de nenhum tipo, é um exemplo de mau utopismo"[22].

De maneira análoga, as dimensões do cotidiano e da corporalidade não devem ser banalizadas, sendo reduzidas àquilo que nas atividades informais é mais evidente, sem estabelecer a distância crítica necessária desses aspectos. Pelas descrições do cotidiano emerge algo de mais interessante e abstrato que está relacionado, por exemplo, às relações diferentes entre a vivência, memória individual e memória coletiva[23], entre tempo individual, tempo coletivo e espaço; emerge uma ansiedade difusa em relação à cultura das performances, em relação à própria adequação dos desempenhos de limites e confins incertos[24]; o desejo de uma volta a um espaço urbano concebido pelos cidadãos não apenas como mero suporte de atividades pré--codificadas, mas também como ocasião para invenção de novas atividades ou de novos modos de seu desenvolvimento, de novas derivas. Mais do que áreas funcionais ou sociais na cidade, torna-se possível reconhecer lugares atravessados e investidos por ações diferentemente tematizadas e de temporalidades diferentes que, como seus diversos protagonistas, se sobrepõem, se interceptam, se despedaçam e se dispersam.

E, mais uma vez, a democratização do espaço não deve ser interpretada em termos de concessão à grande quantidade de lugares comuns ou de progressiva desqualificação, degradação e abandono de partes inteiras da cidade e do território, nem em termos de formação, em outros lugares, de áreas exclusivas, como acontece com algumas localidades turísticas. Esta se torna ponto de partida para uma nova reflexão sobre as relações entre valores de uso e valores de troca e, mais em particular, se torna ocasião para uma revanche dos valores de uso na organização do espaço urbano, um tema que, em uma época na qual o mercado,

22. Idem.
23. M. Halbwachs, *La Mémoire collective*.
24. Z. Bauman, *La società dell'incertezza*.

representado tanto em formas míticas quanto em irreais, tornou-se "figura" dominante e metafísica influente, parece reservado somente aos grupos de rendas mais elevadas.

Finalmente, dispersão e concentração não podem ser contrapostas entre si, tomando como referência as formas e os papéis da cidade e da vida urbana do passado. O que a cidade do passado nos propõe não é a imitação de suas formas, mas uma reflexão sobre proximidade e sobre a "distância certa", um tema crucial para a interpretação e os projetos da cidade da última parte do século.

Duas Linguagens

O que caracteriza as diversas tentativas que, entre o fim do século dezenove e início do vinte e um, tentam dar uma resposta concreta a essas três questões é a oscilação contínua entre duas linguagens diferentes que fincam as próprias raízes em um passado distante: uma linguagem explícita e ostensiva, mediante a qual a nova concepção do espaço urbano se exprime diretamente e de modo específico se mostra *hic et nunc* em alguns exemplos demonstrativos destinados a convencer e serem imitados; e uma linguagem implícita, mediante a qual a mesma concepção do espaço se exprime por meio de enunciados de caráter geral e performativos, destinados a fazer convergir as ações dos indivíduos, grupos e da sociedade inteira em direção a resultados que gostaríamos que fossem da mesma natureza daqueles representados pelos melhores exemplos demonstrativos. O longo século vinte pode ser interpretado como um período durante o qual essas duas linguagens próprias – uma principalmente da arquitetura e a outra do urbanismo –, mas não somente dessas duas disciplinas, tentam, continuamente, entrar em ressonância, sem nunca se entenderem completamente, tornando-se, em alguns períodos, hostis entre si a ponto de se separarem, uma na linha da deriva da autorreferenciação e a outra na linha do esvaziamento de todos os conteúdos específicos induzidos pela heterorreferenciação absoluta. Essa separação em parte é responsável pela progressiva fragmentação do espaço urbano, de sua frequente banalização e da progressiva burocratização dos processos de construção, modificação e transformação da cidade.

Imenso depósito de elementos do passado longínquo e recente, imagem de uma política processual e incrementalista de construção e modificação do espaço urbano, a cidade do fim de século parece ser, aos olhos de muitos, uma cidade inexoravelmente dominada pela figura do fragmento. Uma figura que se opõe à da continuidade que havia dominado a cidade moderna entre o Renascimento e o início do século vinte[25]. Saudado inicialmente como liberação e conquista – respectivamente, da ordem moderna e burguesa, e de novas liberdades individuais –, o fragmento construiu novos inconvenientes e temores, entre os quais, devido à heterogeneidade das situações que caracterizam um mundo fragmentado, só com dificuldade é possível reconhecer um denominador comum. As mesmas razões, fortes e compartilhadas que construíram a cidade do século vinte a abertura da quadra, a busca da melhor orientação do edifício e da moradia, as novas relações dimensionais entre o espaço edificado e o espaço aberto e a procura de princípios de implantação adequados para as diversas funções e papéis desempenhados em diferentes partes da cidade, o abandono de visões totalizantes e a ênfase sobre o caráter processual, descentralizado, da construção e modificação da cidade, foram consideradas as causas principais; causas que dificilmente podem ser impedidas em uma sociedade constituída por minorias nas quais se reflete o emergir da autonomia do sujeito, do indivíduo, da empresa ou da instituição como também do grupo com o qual se identifica.

Por outro lado, toda hipótese de projeto, quando não seguida atentamente durante sua realização, com constante

25. B. Secchi, *Primeira Lição de Urbanismo*.

espírito de pesquisa, parece estar destinada à banalização mais do que ao próprio enriquecimento. A história da arquitetura da cidade é um imenso arquivo de projetos reinterpretados no tempo, redutivamente e de modo banal. Reduzir a produção em série, como foi reproduzida, por exemplo, na *unité d'habitation* de Marselha, à repetição simples como nos *grands ensembles* ou nas *siedlungen* dos países do Leste europeu é uma forma de banalização. Eliminar o espaço de mediação entre o solo e a moradia constituídos por um *rez de chaussée* (térreo) sobre pilotis, como, por exemplo, ainda na *unité d'habitation* de Marselha e em tantos outros edifícios da grande geração; eliminar de forma mais geral os dispositivos arquitetônicos nos quais é representada a passagem entre os espaços diferentemente utilizados e desenhados, isto é, eliminar os espaços de mediação que haviam construído a riqueza do espaço urbano da cidade antiga e que os arquitetos da grande geração propunham em uma versão diversa, é um outro exemplo de banalização.

Reduzir a rua, não mais corredor entre duas fachadas, liberada do papel subalterno de fundo da edificação, para poucos elementos simples, pista, espaço para estacionamento de automóveis e calçada, confiná-la a um puro papel técnico de conferir acessibilidade, esquecendo as diversidades e a riqueza das atividades sociais que podem investi-la, é ainda um exemplo de banalização, fruto da observação desatenta à longa série de experimentos que caracterizaram a primeira parte do século vinte.

A desatenção tem relação com a codificação, a institucionalização e a burocratização[26], porém nem todos são desatentos da mesma forma. O século vinte produziu uma enorme quantidade de leis, regulamentos e normas técnicas que procuraram definir e codificar os resultados, à medida que iam sendo conquistados e considerados consensualmente satisfatórios: dimensões, características e

26. Y. Friedman, *Utopies réalisables.*

desempenhos que se deviam esperar de qualquer elemento urbano. Em suas linguagens implícitas e frequentemente pouco fascinantes, o século procurou representar o próprio projeto de espaço habitável e de cidade. Um aspecto que não está relacionado somente com a cidade, mas com cada setor de produção e que deve ser corretamente interpretado porque – como já havia apontado Max Weber – interligado indissoluvelmente a todo processo de racionalização e democratização. Só quando muitos poderes difusos e contrapostos instauram entre si um diálogo é que nasce a exigência de dizer, com alguma precisão, de que coisa se está falando, e de fixar regras do discurso; em certa medida, no século vinte, codificação, institucionalização e burocratização são parte de um programa de pesquisa comum a muitíssimos aspectos da vida associada e constituem um dos seus caracteres salientes. Mas também estão na origem da desatenção e da desresponsabilização, de uma menor tendência para a pesquisa e inovação, de energias gastas para interpretar de acordo com as normas em vez de interpretar o sentido profundo.

O emergir da autonomia do sujeito, do cotidiano e da progressiva democratização da sociedade ocidental, assim como a fragmentação, banalização, codificação e burocratização, construíram aspectos importantes da história do século vinte, aspectos que formaram o objeto de estudo de diferentes disciplinas, algumas das quais nasceram em sua esteira. A cidade foi profundamente influenciada, tanto que parece difícil falar da história da cidade sem fazer referência a ela, mas isso não quer dizer que entre esses diferentes estratos existam relações causais claras e unívocas, que eles possam ser postos em ordem hierárquica. Eles constroem, antes de mais nada, um conjunto de postergações obrigatórias que fazem com que qualquer reflexão sobre a história da cidade se pareça com uma escavação arqueológica. O arqueólogo bem sabe que aquilo que se encontra mais próximo à superfície não é necessariamente o estrato mais recente e que aquilo que se encontra mais distante da superfície não necessariamente é o mais antigo. De maneira análoga, as diferentes histórias que podem ser construídas a partir da cidade do século vinte solicitam olhares e competências diferentes, esclarecem aspectos dos quais dizer qual teve maior importância não é imediato.

NWMA (NORTH-WESTERN METROPOLITAN AREA)

No início do século vinte, é adotada conscientemente, na Bélgica, uma política que tende a evitar que grandes massas de população e, em particular, do proletariado, se concentrem nas grandes cidades. A construção da *périphérie verte* (green belt) belga[1] é estimulada por uma infraestruturação do território de baixa densidade[2]. De fato, torna-se possível habitar qualquer lugar, porque em qualquer lugar é possível trabalhar e encontrar os serviços essenciais. Preocupações análogas, que dizem respeito, portanto, a um excesso de concentração nas grandes cidades daqueles que foram descritos, ao longo do tempo, como *misérables* (Hugo), povo (Michelet), *classes dangereuse* (Chevalier), multidão (Poe) ou massa (Riesman), são gerais e, com maior ou menor ênfase, afetam cada país e região da Europa. As lembranças dos movimentos das últimas décadas do século dezenove estão ainda bem vivas. Em outras palavras, a dispersão é também o resultado, em muitas regiões europeias, de políticas específicas. Na região compreendida entre Bruxelas, Gent, Antuérpia e Lovanio, normalmente indicada com os termos de Vlaamse Ruit, a densidade de infraestruturas da mobilidade alcança níveis elevadíssimos, mais elevados que qualquer região do planeta. A rede ferroviária, de bondes e de ônibus alcança uma extensão máxima nos anos sessenta. O território dessa região pode ser usado e, de fato, é aproveitado de maneira bem ampla, como o de uma grande cidade metropolitana. Os tempos de deslocamento entre as cidades e os vilarejos deste território, com meios de transporte coletivos como o trem, são análogos, senão inferiores, ao deslocamento feito em metrô, em uma grande cidade. Na propaganda das ferrovias belgas dos anos dois mil, deslocar-se de trem torna a estrada e a autoestrada inúteis; é com o trem que a "pizza" – produto símbolo do *just in time* – pode ser distribuída em lugares diferentes; o trem se torna um ambiente doméstico e atraente. Hoje, uma densa rede ferroviária e rodoviária interliga essa região com a de Roterdã e da Randstad holandesa ao norte e com a região de Aachen-Köln a leste. Dessa maneira se está formando uma ampla região, a North-Western Metropolitan

1. M. Smets, La Belgique ou la banlieue radieuse, em *Paysage d'architectures*.
2. B. De Meulder; M. Dehaene, *Atlas*.

Area, caracterizada por uma forte dispersão dos assentamentos, entre os quais se encontram algumas importantes cidades capitais sobrenacionais (Bruxelas), nacionais (Haia) e regionais (Amsterdã, Antuérpia e Colônia), muitas sedes administrativas e direcionais importantes de setores públicos e privados, muitas áreas produtivas e os dois portos europeus mais importantes. Nela se encontram também várias cidades famosas pela sua história: algumas "cidades do mundo", para usar as palavras de Fernand Braudel, importantíssimos empórios a partir do século quinze em diante, como Bruges, Antuérpia e Amsterdã ou algumas cidades como Gent, Lovanio, Mechelen, Maastricht, Aquisgrana, Delft, Leiden, Haarlem, Utrecht ou Breda, que propõem lições análogas às de Siena. Além disso, nelas se encontram muitas realizações importantes do urbanismo e da arquitetura moderna, muitos *grands ensembles* construídos no segundo pós-guerra, que propõem problemas análogos a Les Hauts de Rouen, algumas cidades novas como Almere ou, mais recentemente, Leidsche Reijn próximo a Utrecht. Naturalmente existem também tantas periferias anônimas e, principalmente, uma enormidade de casas individuais

no lote. Em linhas gerais, essa região está se tornando a grande plataforma logística da Europa ocidental inteira. Lugar onde bens materiais e imateriais se encontram, eventualmente, são recompostos e se disseminam por todo o continente. A North-Western Metropolitan Area não é um conjunto de cidades, mas sim uma nova forma de grande cidade, uma *megacity* diferente de outras equivalentes europeias como Londres ou Paris. Caracterizada pela ausência de um centro dominante com uma periferia própria, parece mais com um amplo parque habitado no qual é possível reconhecer, imersos na dispersão das implantações, alguns núcleos mais densos: cidades compactas de dimensão média, testemunhas das tramas urbanas europeias mais antigas e alguns vilarejos que, da mesma maneira, possuem uma longa história a suas costas. Importantes atividades direcionais e produtivas, equipamentos culturais, esportivos, escolares e sanitários, muitos lugares de lazer são disseminados, nesse imenso campus, tanto nos polos maiores quanto no conjunto das áreas dispersas e de baixa densidade da cidade difusa. Na North-Western Metropolitan Area, as áreas da dispersão não são áreas unicamente residenciais nas quais, nas últimas décadas, foram ocupadas por uma população normalmente bem-sucedida que abandonou vastas porções dos centros urbanos aos novos imigrados, como em Antuérpia ou em Bruxelas. Núcleos urbanos, áreas da dispersão e rede de infraestruturas que as interliga e atravessa, ligando e separando suas diversas partes, desenvolvem juntas e de maneira complementar as funções e os diversos papéis da cidade. A North-Western Metropolitan Area ao mesmo tempo é uma *megacity*, uma *world city* e uma *global city*.

Megacity é o termo utilizado no início do século vinte por Patrick Geddes[3] e, mais recentemente, por Peter Hall[4]; *world cities* é um termo utilizado em meados do século por Fernand Braudel[5] e por Peter Hall[6]; *global cities*, no fim do século, por John Friedmann[7] e Manuel Castells[8], além de Peter Hall; enfim, "cidade difusa", na última década do século, é o termo proposto por Francesco Indovina[9]. Por trás

e ao lado desses termos, uma nuvem de outros sinônimos não aludem somente a situações e papéis diferentes da cidade, principalmente da grande cidade, mas aludem também a lugares, tempos e contextos diferentes. Sucessivamente, estes sinônimos contam sobre a transformação da geografia urbana na Europa e no mundo devido à profunda reforma, na última parte do século vinte, de suas economias.

Cidade compacta e cidade difusa são duas situações extremas, distintas entre si como dois tipos ideais. Nos territórios europeus eles se intersectam, permeiam, sobrepõem, cada parte englobando a outra e construindo geografias surpreendentes e inesperadas, sempre variáveis, com demarcações incertas, e que não se remetem a um único sistema de coordenadas ou a uma única história. Juntas formam, em alguns casos, importantes *megacities*, como a North-Western Metropolitan Area, entre as quais estão outras situações: regiões praticamente desabitadas e desertas, como também regiões mais densamente habitadas, nas quais a atividade agrícola é ainda dominante, esteja esta ligada a modernas técnicas de gestão agrária ou a um mundo rural mais tradicional ou territórios lentos, áreas com elevados

3. *Cities in Evolution.*
4. *The World Cities.*
5. *La Mediterranée et le Monde méditerranéen à l'époque de Philippe II.*
6. *The World Cities.*
7. *The World Cities Hypothesis, Development and Change*, n. 4.
8. *The Information Age.*
9. *La città diffusa.*

níveis de bem-estar, sociedades e economias estáveis e ritmos de crescimento limitados, ou ainda, cidades isoladas, partes da mais antiga malha europeia de cidades médias, que, com as próprias periferias, dão continuidade, de maneira pouco inovadora, a uma história conhecida em outras regiões.

A Europa não é caracterizada por grandíssimas cidades como o continente americano ou o leste asiático. Uma série de cidades de médias ou pequenas dimensões, com uma longa história e instituições importantes, sempre opuseram uma orgulhosa resistência à hegemonia da cidade capital. As polêmicas do século dezessete em relação à cidade grande, lugar de consumos inúteis, nunca se atenuaram e a cidade pequena, orgulhosa de sua universidade ou de sua fábrica de cerveja, de seu convento, de seu *béguinage* ou de seu museu, sempre foi colocada em um nível mais alto que sua dimensão demográfica ou que sua renda produzida. Por esses motivos, apesar dos esforços de Walter Christaller[10], sempre foi difícil para os geógrafos construir hierarquias ordenadas ou níveis de cidade, e isso se torna ainda mais difícil, no fim do século,

quando o próprio conceito de cidade parece se dissolver.

Mas as situações diversas se distinguem hoje, talvez e provavelmente, porque são lugares de elaboração de culturas diferentes e parcialmente complementares. Boa parte das grandes cidades europeias traz a suas costas um importante passado industrial ou político-administrativo: com grande concentração da produção industrial, com proletariado urbano, burocracias e classes médias.

Na última parte da modernidade, elas se tornaram o lugar onde foi elaborada uma imagem específica de sociedade, que encontrou a definição própria mais completa logo após o último conflito mundial. A imagem de uma sociedade tranqüila com o trabalho, o salário, a habitação e a aposentadoria, com a instrução, a assistência médica e as férias; um conjunto de certezas que deveriam atravessar todos os estratos sociais e pelas quais se identificou o bem-estar assegurado, direta ou indiretamente, pelas políticas redistributivas do *welfare state*. A *megacity* do fim de século é lugar de elaboração de uma imagem de sociedade oposta: a sociedade da flexibilidade, da competitividade, de uma ideologia de mercado como competição, da desigualdade

---

10. *Die zentralen Orte in Süddeutschland.*

como estímulo à emulação entre indivíduos, grupos sociais, cidades e territórios, de quem corre riscos e é premiado em caso de sucesso. Por trás estão, obviamente, as desilusões provocadas pelo *welfare state*, sua incapacidade de garantir, na prática, um desenvolvimento igualitário e difuso, a crítica aos aparatos da burocracia des-responsabilizada; na esteira dos mesmos mecanismos e procedimentos do Estado do *welfare* e ao longo da idade da "decodificação"[11], está a lenta formação, de uma sociedade fractal que é representada em uma cidade igualmente fractal, onde a figura do fragmento atravessa todos os níveis e escalas.

Interligadas entre si por linhas de comunicação materiais e imateriais cada vez mais velozes e capazes, cada vez mais infraestruturadas e equipadas, as *megacities* constroem um reticulado robusto entre as malhas do qual, indiferente à sua geometria, se distende o arquipélago da nova forma de cidade. A parte mais extensa da cidade difusa europeia não nasce em volta das grandes cidades como sua periferia mais distante e extrema. Por trás ela não tem um processo de suburbanização que a faça parecer-se aos *suburbs* americanos nem aos *master planned communities*, geridos por associações de proprietários que impõem, aos próprios associados, regras de comportamento específico, muito menos às *gated communities* nas quais, eventualmente, o cidadão americano, argentino ou brasileiro procura maiores níveis de segurança. Ela é, ao contrário, o resultado de um processo de êxodo autônomo da cidade e de densificação da zona rural, que encontra suas próprias origens e raízes na mudança dos estilos de vida de boa parte da população rural e urbana. A cidade difusa, território do ordinário, é lugar de elaboração de uma imagem de sociedade segura porque está fundada sobre um *welfare* sem o encargo, como na última modernidade, de transferências monetárias ou de direitos de concessão e veto, regulados por aparatos burocráticos imponentes, mas encarregado de dar disponibilidade concreta e imediata dos bens, serviços e situações: de bens como a própria casa, o próprio jardim, a própria garagem, a própria oficina; de serviços como escolas, hospitais e transportes administrados e controlados localmente; encarregado de situações como a rede de conhecimentos pessoais em uma âmbito local longamente

---

11. N. Irti, *L'età della decodificazione.*

frequentado. Expressão de um racionalismo minimalista, a cidade difusa, tornada possível mais do que causada pelo desenvolvimento das tecnologias da mobilidade material e imaterial e pela densidade das redes viárias preexistentes, em muitas regiões europeias é o resultado de um "desenvolvimento sem fraturas"[12], de um processo fundamentalmente *capital saving* (capital econômico), que utilizou as enormes doses de capital fixo e simbólico depositado em um território poroso e, a longo tempo, fortemente antropizado, como o é o europeu. Nessa nova forma de cidade, bem exemplificada pela NWMA, não se encontra mais a metrópole impressionista, o *way of life* baudelairiano, a esse ponto reduzida pela busca antiquada de poucos turistas urbanos que acreditam poder se apoiar no *genius loci* com uma palavra de ordem do tipo militar[13], nem aquela de Simmel ou mesmo a de Louis Wirth, mas se encontram práticas cotidianas, atividades, temporalidades, relações sociais, comportamentos, consumos e imaginários, compreendidos como catálogos de imagens que não podem ser classificados de outra maneira a não ser como urbanos, mesmo se dando em ambientes profundamente diferentes. Urbanismo e urbanidade são, no fim do século, termos distintos.

Grande parte da cidade difusa está imersa na globalização; está presente e é competitiva nos mercados internacionais; é disponível em relação às sugestões que proveem de outras culturas e continentes e é percorrida por sistemas de diferenças intricados. É nesse novo sistema de diferenças que a história da cidade europeia e ocidental parece, como na North-Western Metropolitan Area, mudar de ritmo e sentido.

No fim do século vinte, as mudanças da cidade não coincidem com seu desenvolvimento. O que está se dissolvendo na North-Western Metropolitan Area não é a cidade, mas alguns conceitos e suas formulações tradicionais. Na *mixité* de atividades e sujeitos que caracterizam a cidade do fim de século, o conceito de função se dissolve; os conceitos de compatibilidade e incompatibilidade emergem lentamente.

Na multiplicidade e diversidade das situações, o conceito de zona e de hierarquia se dissolve; está emergindo lentamente aquele

12. G. Fuà; C. Zacchia, *Industrializzazione senza fratture.*
13. W. Benjamin, *Das Passagen-Werk.*

de porosidade. Na dispersão se dissolvem os conceitos de densidade e proximidade; lentamente está emergindo o da "justa distância".

São conceitos vagos e abertos às interpretações mais diversas, que não permitem previsões, mas que constroem cenários. É possível que o futuro da cidade contemporânea ocidental seja influenciado pelo que ocorre nas últimas décadas do século vinte em contextos que lhes são aparentemente distantes; que se possa sustentar que "Lagos represente um caso extremo e paradigmático de uma cidade de vanguarda da modernidade mundializante"[14]. A história da cidade está cheia de contaminações e hibridismos desse tipo; o centro do imaginário urbano se deslocou várias vezes e é por isso que, talvez por ainda muito tempo, será necessário continuar um trabalho de descrição das mais diversas situações, paciente e agora menos ingênua, submetendo-as, para verificar as reações e delas aprender, às mais diversas tensões, por meio de novos projetos.

---

14. R. Koolhaas et al., *Harvard Project on the City, Mutation.*

6. CONTAR O PRESENTE

Quando aceitei escrever este livro sobre a cidade do século vinte, subvalorizado gravemente o trabalho que me comprometia a realizar, não tinha compreendido totalmente as razões pelas quais – talvez o faça em outra ocasião – um grupo de historiadores de profissão o confiava a alguém que não é historiador.

À medida que progredia na construção dessas páginas, o tema se dissolvia em minhas mãos e cada termo, começando por aqueles que compunham o título, cidade e século vinte, me pareciam cada vez mais indefinidos e indefiníveis. Escrever a história de um tempo presente, mas que se afasta rapidamente de nós, como o é para nós o século vinte, continuamente apresenta problemas difíceis de serem resolvidos. Esses são, em parte, comuns à história do passado, mas, em parte, diversos. Os historiadores, principalmente os historiadores do presente, talvez encontrem algumas ingenuidades, mas infelizmente, mesmo na ampla e preciosa literatura, não colhi muitas sugestões que me pudessem ajudar a superá-las. Portanto, decidi assumir a responsabilidade por algumas escolhas.

A primeira foi que um número limitado de páginas não podia contar os fatos que permitem ilustrar toda a história da cidade no século vinte. Adoraria escrever um livro com fatos nus, poder dizer aconteceu isso e aquilo; porém, os fatos que se referem à cidade e ao território são tão numerosos e para nós ainda tão presentes que não permitem uma compilação completa e convincente. Muitos destes fatos, mesmo entre os mais conhecidos, nem sequer foram invocados neste livro.

Construir e ordenar uma compilação sempre requer critérios de escolha. Inevitavelmente eles acabam por enfatizar os objetos que dela fazem parte. Observando-os, constituem, pelo menos em parte, o sentido e o papel: como, por exemplo, o sentido e o papel que se imagina que alguns fatos tiveram, adotados como exemplos significativos, na transformação da cidade e do território. É o que acontece, muitas vezes de maneira implícita, na maior parte das histórias da cidade, da arquitetura e do urbanismo. Raramente aparece, nas compilações, o grande conjunto dos fatos, dos objetos e autores que permanecem na sombra: um tema sobre o qual Gustave Lanson e Sigfried Giedion tinham chamado a atenção, respectivamente, para a história da literatura e da arquitetura. Apesar disso, a cidade e o território são materialmente constituídos principalmente por fatos, dos objetos e autores que permanecem na sombra e pelo eco dos grandes *exempla* que neles, às vezes, mas não sempre, se reflete.

A consequência dessa primeira reflexão é que este livro, como terão percebido, não é e não quer ser a história daquilo que aconteceu no século vinte e que interessou à cidade; não é uma breve história da cidade do século vinte nem tem o caráter de um livro de divulgação, mas é, acima de tudo, a exposição de algumas hipóteses amadurecidas, observando um arquivo de fatos e histórias tão amplo quanto o permite uma experiência pessoal.

Um Arquivo Limitado e Não Muito Ordenado

Meu arquivo tem seu centro próprio na Europa. Conheço essa parte do planeta bem melhor que outras, e raciocinar sobre a história do século vinte nessa limitada parte do mundo, na qual pelo menos a noção de cidade, até tempos recentes, foi bem estável e que na história de suas cidades reconheceu frequentemente uma parte importante da própria identidade, já me parece um trabalho desmesurado. Naturalmente não me passa despercebido que a história passada e recente da cidade europeia teve consequências profundas em outros continentes, assim como foi parcialmente condicionada pelas cidades de outros continentes por uma série de trocas que vão bem além da exportação ou importação de modelos formais. Dos encontros não fáceis da cidade europeia com outras culturas do século vinte, me parece que esteja nascendo, no próprio coração da Europa, como já ocorreu no passado, algo de novo que talvez venha dar seus frutos nos anos futuros e dos quais a história não pode ainda ser escrita.

A consequência dessa reflexão é que este livro deveria ser intitulado *A Cidade Europeia do Século Vinte*, enfatizando essa sua limitação, mesmo que alguns temas abordados no livro, principalmente pelas interrogações que propõem, talvez tenham um alcance mais amplo.

Eu, porém, nunca gostei dos livros que subdividem o próprio material por áreas geográficas, habitualmente coincidentes com os continentes ou com as outras nações. Tal divisão, por sua vez, bem frequente nas histórias da cidade, e que eu mesmo estou propondo, ao limitar essas páginas ao continente europeu, constrói a ideia de uma cultura da cidade diferente nessas mesmas áreas geográficas, tese que nas versões um pouco mais articuladas e sofisticadas poderia ser cada vez menos sustentável, tendo em vista um tempo futuro que pretende ter, dentre suas próprias características, aquela de uma progressiva globalização de muitos aspectos de nossa vida individual e social. É, porém, evidente que a história urbana, como, por exemplo, dos Estados Unidos durante o século vinte, tem ritmos diferentes da europeia e que ainda mais diversa é a história urbana de países como o Brasil, a Argentina, o Japão, isto é, de países que durante esse século registraram um crescimento importante de suas cidades segundo modelos originais e de grandíssimo interesse. Ainda mais diversa é a história urbana de países como a Índia, o Paquistão ou a Coreia e, totalmente nova, é a história do fim do século da China. Essas diversas histórias e seus diferentes ritmos nos convidam a refletir sobre um sistema de relações bem complexo entre as diversas áreas do planeta – relações que habitualmente se alude com o termo vago de influência recíproca – e sobre como o mesmo sistema de relações se representa na cidade.

Eu também nunca gostei do construtivismo implícito em um idiografismo que renuncia a qualquer esforço de generalização e se fecha na particularidade de situações individuais e de histórias isoladas estudadas em profundidade. Frequentemente somos constrangidos pela limitação de nossas forças e de nossas vidas. Por conta dessa mesma limitação, somos cada vez mais induzidos a realizar experiências, a estudar somente uma pequena parte do mundo que nos circunda e a escrever livros por meio de livros.

Mesmo permanecendo desconfiado em relação a generalizações de amplo raio, penso, porém, que de vez em quando temos de correr algum risco intelectual e nos afastar da afirmação obsessiva da irredutível diferença. Nossos erros permitirão a outros recolherem arquivos mais pertinentes, avançarem hipóteses e interpretações mais convincentes.

A consequência dessa reflexão é que as invocações, remissões, referências a fatos ou textos devem, neste livro, ser assumidas mais como itinerários de pesquisa que como provas; o livro gostaria de provocar certezas mais do que construí-las: provocar reflexões e pesquisas que eventualmente neguem as principais hipóteses que o sustentam e substituí-las com outras. Este livro não quer estabelecer qualquer forma de verdade. Ainda que não historiador, eu li muitos livros de história para ficar distante dessa palavra.

Quando os arqueólogos das épocas mais antigas – dos quais, há um tempo, se dizia ironicamente praticarem uma "ciência dos analfabetos" porque privada de fontes escritas – trazem ao nosso conhecimento, junto com suas dúvidas e poucas certezas, os resultados de suas pesquisas sobre uma sociedade antiga, todos procuramos inferir algo sobre a sociedade e as práticas de toda uma época ou lugar; assumimos os poucos e mudos materiais possíveis de observarmos como espiões de algo que está relacionado aos seus autores e, *latu sensu*, à sociedade na qual eles vivem, construindo interpretações e teorias.

Aquilo que conhecemos da cidade do passado – ajudados pelo pouco que eventualmente foi dito e escrito pelos contemporâneos e seus sucessores a propósito desta mesma cidade ou de cidades similares e da mesma época – é o resultado de um longo processo de seleção cumulativa, de um processo que não só na Europa, mas em outras partes do mundo também, se estende pelos mesmos trinta séculos durante os quais, de tempos em tempos, algo foi destruído ou foi se destruindo e algo se salvou ou foi salvo por meio de eventuais modificações. A partir de mapas de valores específicos, as diversas gerações que no passado habitaram a cidade consideraram que algo deveria ser mantido vivo e algo deveria ser abandonado, destruído, modificado.

Nós não sabemos, talvez nunca saibamos, se o que chegou até nossos dias tenha sido o que, pelas populações contemporâneas a ele, era considerado mais importante e, mesmo assim, nós formamos uma ideia das cidades e das sociedades do passado a partir do que ficou, seja material construído ou literário; o quanto, ao se conservar, foi decantado e nos acaba sendo apresentado isento das tensões, das paixões, do consenso ou do repúdio que a seu tempo possa ter suscitado.

Trata-se naturalmente de uma ideia que muda no tempo por muitos motivos, sendo um deles a descoberta de novos documentos que iluminam melhor ou mais completamente o passado, mas, inevitavelmente, hoje nós temos um olhar sobre a cidade que se construiu através de um longo processo, durante o qual materiais dotados de inércias diferentes se encontraram e divergiram entre si: a grande inércia daquilo que constitui a cidade física, aquela menor, das instituições que a organizaram, e a maior, mobilidade das práticas que a investiram ou a volatilidade das ideias que construíram juízos em relação a ela. A inércia é uma categoria fundamental de qualquer história; é a inércia que conserva a autonomia das coisas e das ideias[1].

O presente, ao contrário, reverte sobre nós, de uma só vez, todo o material da cidade contemporânea, sem esperar nosso juízo, e nós não estamos, hoje, em condições de dizer qual parte desse material conseguirá atravessar o futuro. A experiência que conseguimos produzir em períodos breves, como o de poucas gerações, nos leva a dizer que boa parte desse material não sobreviverá. Mas qual parte está destinada a perecer e qual a durar, é difícil dizer, mesmo se nos despojarmos de nossas idiossincrasias e ambições.

A consequência dessas reflexões é que este livro foi escrito de maneira diversa daqueles da mesma série que o precederam. Ele explora um campo que tem caráter profundamente ambíguo; entre a crônica e o comentário ele é inevitavelmente invadido pela presença do autor, de seus pressupostos redutivos, de suas raízes ideológicas e culturais. Disso o leitor deve estar ciente.

1. J.-P. Sartre, *L'Immagination*.

A Cidade Europeia no Século Vinte

Mas, afinal, o que é a cidade do século vinte? Grande parte das cidades nas quais habitamos, não somente no mundo ocidental, foi construída, como Siena, em épocas precedentes, por pessoas e sociedades que tinham estilos de vida, exigências e desejos bem distantes dos nossos. Nós habitamos estas cidades com desenvoltura, reutilizamos os elementos que as constituem, damos a elas novos papéis e um novo sentido. Nessas partes de cidade, durante todo o século, trabalhamos, acrescentando e eliminando algo, dando a eles uma nova disposição, um novo modo de funcionar, muitas vezes também uma nova imagem, construindo um encaixe que não pode ser reconduzido imediatamente a um único princípio ordenador. A tudo isso acrescentamos extensas e, frequentemente, imensas periferias que nos aparecem como o produto mais típico do século vinte, *grands ensembles* como Les Hauts de Rouen ou cidades novas como Milton Keynes. Mas não é assim: muitíssimas cidades, bem mais numerosas do que normalmente se pensa, não existiam no início do século. Muitos territórios, no próprio coração da Europa, eram, no início do século, territórios rurais separados, senão opostos à cidade. Frederic Osborn enumerava, no início dos anos sessenta, cerca de duzentas cidades novas espalhadas por todo o mundo e construídas durante o século vinte[2]. Quarenta anos depois, Dunia Mittner constrói um arquivo bem mais numeroso, na ordem de milhares de exemplos[3]. Cidades capitais ou cidades colonizadas, cidades construídas na tentativa de descentralizar a população de áreas urbanas congestionadas ou de desenvolver territórios pouco desenvolvidos; em cada uma delas o século tentou muitas vezes se representar, tentou tomar uma distância crítica da cidade do passado e exprimir a própria ideia de

2. *The New Towns.*
3. *Le città di fondazione nel Novecento.*

cidade. Da mesma maneira como frequentemente aconteceu na reconstrução de muitas outras cidades, mais do que normalmente se considera, que, durante o século, foram destruídas, transformadas em ruínas ou totalmente destruídas pelas guerras ou pelo impulso de uma modernização nem sempre corretamente compreendida. A cidade do século vinte é o conjunto estratificado e heterogêneo de todas essas coisas sobrepostas entre si, justapostas e misturadas. Como para os arqueólogos, a análise estratificada se torna instrumento indispensável para a compreensão da cidade do século vinte.

A consequência é que o título deste livro, talvez de todos os livros de história da cidade, deveria ser *A Cidade Europeia "no" Século Vinte*: de fato, na melhor das hipóteses, isso deveria esclarecer como a cidade e os territórios europeus atravessaram o século, eventualmente se transformando. Isso deveria esclarecer quais as transformações ou modificações ocorreram não somente no século vinte, na onda de tendências já em ato nos períodos precedentes, mas também aquelas que devem ser atribuídas a algo de novo e específico do século, a algo que não estivesse já inscrito nas características da cidade dos séculos precedentes.

Finalmente, meus estudos fazem com que a atenção seja dirigida principalmente à história daquilo que arquitetos e urbanistas indicam com o termo "cidade física", isto é, à história de materiais concretos constitutivos da cidade, de sua consistência técnica e material, de seus papéis e sentidos.

Muitos se perguntaram se as características mais profundas da cidade do século dezenove não nos são restituídas mais pela pouca, mas não exígua, literatura especializada a ela contemporânea, que pelos grandes romances daquele século. No século vinte, a cidade se tornou objeto precípuo de estudo de diversas disciplinas, algumas delas inexistentes no século precedente. Isso multiplicou enormemente a literatura relativa a ela. Mas, em geral, a cidade foi também o centro das artes visuais, interessou à música e naturalmente invadiu todo gênero literário.

A cidade que nós habitamos é subjugada, senão oprimida, pela massa de discursos que a examinam, e isso constrói uma evidente assimetria em relação ao passado. Essa massa heterogênea de discursos frequentemente contraditórios entre si, nos convidando a utilizar aquilo que consideramos saber sobre a sociedade contemporânea para interpretar e explicar os elementos concretos constitutivos da cidade, muitas vezes nos impede de observá-los com olho crítico, como provavelmente o fará o futuro histórico. Dificilmente conseguimos fugir dessa situação que, paradoxalmente e apesar das aparências, torna mais complicado o estudo daquilo que nos é mais próximo e que mais conhecemos, pelo menos aos meus olhos, do que aquilo que é mais distante da nossa experiência.

O historiador futuro certamente escreverá histórias bem diferentes das nossas, em parte também porque será menos subjugado pela imensa quantidade de discursos que ocupam o presente. Se as dificuldades do historiador da antiguidade são muitas vezes devidas à falta de material sobre o qual basear as próprias interpretações, aquelas do historiador do presente são paradoxalmente opostas.

O tempo distancia, separa entre si os fatos e os discursos, as palavras e as coisas, e nós, hoje, não conseguimos mais compreender a articulação das impressões e dos juízos expressos pelos cidadãos da antiga Atenas em relação a sua cidade quando era nova em folha. Pensamos que unanimemente eles devam ter partilhado de nosso juízo, ainda que saibamos que não foi assim para as arquiteturas, partes de cidade e cidades inteiras mais recentes, mesmo quando consideradas entre os maiores monumentos da nossa cultura. O contexto dos acontecimentos econômicos e políticos cotidianos e de seus protagonistas, hoje, cobre nosso campo de observação e somos muitas vezes e inevitavelmente levados a dar-lhes uma importância que no futuro poderá parecer exagerada.

Também as gerações do passado enunciaram teorias arquitetônicas e urbanísticas, estruturas, segundo a bela imagem de Alain Robbe Grillet, necessárias à construção da obra. De muitas daquelas estruturas não sobram vestígios, o que resta é a obra que contribuíram para construir. Hoje, ao fim de um longo período que foi descrito como "o século dos intelectuais"[4], estamos submersos por muitos andaimes mas poucas obras; espero que o historiador futuro perceba exageros, ao menos por vias indiretas, porque sua grande quantidade construiu um dos maiores problemas da época que estou tratando. Face à multiplicidade podemos capitular, abandonando-nos ao relativismo, ou se pode resistir, tentando reconhecer um fio condutor que permita reconstruir o sentido.

A consequência dessa reflexão é uma tensão entre as palavras e as coisas que, de maneira implícita e como que escondida, percorre todo o livro. Uma tensão, não uma distinção; porque os fatos, pelo menos aqueles que atraem nossa atenção, não existem sem as palavras que utilizamos para dizê-los, e as palavras procuram sempre um percurso, mais ou menos tortuoso, que as interligue aos fatos.

Porém, mesmo seguindo esse segundo percurso, houve – e é de novo Secchi que o sustenta – uma oscilação contínua entre os dois estilos de análise recorrentes, respectivamente dominados pela "retórica da realidade" e pela "retórica da irrefutável precisão", dois estilos que "deram valor à experiência direta" ou procuraram "expor de maneira rigorosa, geral e abstrata, os resultados principais" em um "incessante vai-e-vem entre prática e teoria" que constitui exatamente o objeto desse estudo.

O urbanismo foi interpretado como disciplina científica, porque procura leis entendidas como fatos gerais. Ela estaria em condições de utilizar métodos de experimentação e controle estatístico. Foi também proposta como disciplina histórica, na medida em que foi se afirmando institucionalmente e socialmente por meio de uma narrativa

---

4. M. Winock, *Le Siècle des intellectuels*.

atenta sobre os modos de formação e transformação da cena física, como expressão visível dos fenômenos sociais. Mais tarde foi vista como disciplina jurídica, cuja característica que a distinguia era a possibilidade de se dissolver em um conjunto de normativas, um sistema de obrigações que permanecem válidos mesmo se o sujeito o viola ou não o utiliza. A regulamentação do mercado dos solos seria um dos instrumentos fundamentais da projetação urbanística.

Dessa maneira o urbanismo, essa história do urbanismo, se apresenta como uma releitura contemporânea de planos e personagens no arco histórico considerado. Portanto, essa não é somente uma história de projetos de planos para as cidades; nem mesmo é apenas uma história de projetos de planos para a cidade.

BIBLIOGRAFIA

Uma bibliografia, como um registro, uma coleção ou um arquivo, normalmente é um ordenado elenco de livros: tudo o que foi escrito sobre um determinado argumento ou tudo aquilo que, seguindo um determinado critério, pode ser posto junto, testemunhando, a partir de um campo de possibilidades, tudo quanto em cada período ou lugar pode ser dito concretamente ou, tudo quanto um específico grupo profissional, intelectual ou político teve a possibilidade de dizer.

Lugar mágico, dispositivo de uma infinita *mise em abime*, onde cada texto remete a outros textos que, por sua vez, remetem a outros, uma bibliografia é um lugar onde é fácil se perder. A bibliografia nunca é um lugar neutro, com seu aparente caráter objetivo, pelo contrário, ela é lugar onde intimida a presença do autor, de sua pessoal enciclopédia, de suas preferências, seu nomadismo, de seus critérios de escolha. O melhor modo para tornar mais suportável essa insuprimível presença é de tentar, talvez, procurar tornar claro tanto uns quanto outros. A que se segue é a bibliografia desse livro, não a lista do quanto se escreveu sobre a cidade do século vinte.

Por mais amplas que possam ser as leituras de uma pessoa, elas nunca conseguem exaurir o inteiro campo daquilo que em um argumento tão amplo quanto o da cidade do século vinte foi escrito, desenhado ou dito. Por esses motivos a bibliografia que se segue não quer ter um caráter exaustivo: é somente uma pequena trama, um conjunto de pistas de pesquisa que confiam muito em uma pesquisa sucessiva e uma curiosidade contínua.

ACKERMAN, James S. *The Villa. Form and Ideology of Country Houses*. London/Princeton: Thames and Hudson/Princeton University Press, 1990 (trad. italiana: *La Villa. Forme e Ideologia*. Torino: Einaudi, 1992).

ADES, Dawm; BENTON, T.; ELLIOTT, D.; WHITE, I. B. (orgs.). *Art and Power. Europe under the dictators, 1930-45*. Manchester: Cornerhouse Publications, 1995.

ALEXANDER, Stephen. Frank Lloyd Wright Utopia. *New Masses*, June 1935.

ALGEMEEN UITBREIDSINGSPLAN VAN AMSTERDAM, v.1. *Nota van Toelichting*, v. 2. *Bijlagen*, Grondsdlagen voor de Stedebouwkundige Ontwikkeling van Amsterdam, 1934.

ALPERS, Svetlana. *The Art of Describing. Dutch Art in the Seventeenth century*. Chicago: The University of Chicago Press, 1983 (trad. italiana: *Arte del descrivere: scienza e pittura nel seicento olandese*. Torino: Bollati Boringhieri, 1984.).

AMENDOLA, Giandomenico. *Uomini e case. I presupposti sociologici della progettazione architettonica*. Bari: Dedalo, 1984.

_____. *La città postmoderna. Magie e paure della metropoli contemporanea*. Roma-Bari: Laterza.

AMERICAN ECONOMIC ASSOCIATION-ROYAL ECONOMIC SOCIETY. *Surveys of Economic Theory*. London: Macmillan/ New York: St. Martin's Press, 1966.

ANDERSSON, Sven-Ingvar; HØYER, Steen. *C.TH. Sørensen: Landscape Modernist*. Copenhagen: The Danish Architectural Press, 2001.

APOLLINAIRE, Guillaume. *Les peintres cubistes*. Paris: Figuière, 1913 (Edição mais recente: Paris: Hermann, 1980).

ARCHER, John. *Architecture and Suburbia. From English Villa bvereto American Dream House, 1690-2000*. Minneapolis: University of Minnesota Press, 2005.

_____. Country and City in the American Romantic Suburb. *Journal of the Sciety of Architectural Historians*, 42, may 1983.

ASTENGO, Giovanni. *Bergamo: gli studi per il nuovo P.R.G., 1965-1969*. Roma: Istituto Nazionale di Urbanistica, 1970.

_____. La lezione urbanistica di Amsterdam. Formazione storica e nuovi ampliamenti. *Urbanistica*, n. 2, 1949.

AUGÉ, Marc. *Un Ethnologue dans le métro*. Paris: Hachette, 1986.

_____. *Domaines et Châteaux*. Paris: Seuil, 1989.

_____. *Non lieux*. Paris: Seuil, 1992.

AYMONINO, Carlo (org.). *L'abitazione razionale. Atti dei congressi C.I.A.M. 1929-1930*. Padova: Marsilio Editori, 1971.

AZAROVA, K. *L'Appartement communautaire. L'histoire cachée du logement soviétique*. Paris: Editions du Sextant, 2007.

BAKER, William J. *Sports in the Western World*. Chicago: University of Illinois Press, 1982.

BALLARD, J. G. *High Rise*. London: Jonathan Cape, 1975 (trad. italiana, *Il condominio*. Milano: Feltrinelli, 2003).

BALLON, H.; JACKSON, K. T. (orgs.). *Robert Moses and the Modern City. The Transformation of New York*. New York: W.W. Norton & Company, 2007.

BALTRUSAITIS, Jurgis. *Anamorphoses ou Thaumaturgus opticus*. Paris: Flammarion, 1984.

BANHAM, Reyner. *The Architecture of the Well-Tempered Environment*. London: Architectural Press, 1969 (trad. italiana: *Ambiente e tecnica nell'architettura moderna*. Roma: Laterza, 1978).

BARTHES, Roland. *Essais critiques*. Paris: Seuil, 1963 (trad. italiana: *Saggi critici*. Torino: Einaudi, 1966).

BAUMAN, Zygmunt. *La società dell'incertezza*. Bologna: Il Mulino, 1999.

BAYLY, C. A. *The Birth of the Modern World, 1780-1914*. Oxford: Blackwell Publishing Ltd., 2004.

BEEVERS, Robert. *The Garden City Utopia: a Critical Biography of Ebenezer Howard*. London: Macmillan, 1988.

BENEVOLO. Leonardo. *Le origini dell'urbanistica moderna*. Bari: Laterza, 1963.

_____. *Storia della città*. Roma: Laterza, 1975 (trad. brasileira, *História da Cidade*. São Paulo: Perspectiva, 4. ed., 2009).

_____. *La cattura dell'infinito*. Roma-Bari: Laterza, Roma-Bari, 1991.

_____. *La città nella storia d'Europa*. Roma-Bari: Laterza, 1993.

BENJAMIN, Walter. Napoli. In: *Opere complete*. Torino: Einaudi, 2001, V. II.

_____. *Das Passagen-Werk*. Frankfurt: Suhrkamp Verlag, 1982 (trad. francesa: *Paris capitale du XIXème siècle: le livre des* passages. Paris: Les Editions du Cerf, 1989; trad. italiana: *Parigi capitale del XIX secolo. I Passages di Parigi*. Torin: Einaudi, 1986).

_____. *Erfahrung und Armut, Die Welt im Wortz*, I, 7 dicembre 1933 (trad. italiana: *Esperienza e povertà¸ Opere Complete*, V Scritti 1932-33. Torino: Einaudi, 2003).

_____. *Das Kunstwerk im Zeitalter seiner technischen Reproduczierbarkeit*. Frankfurt am Main: Suhrkamp Verlag, 1955 (trad. italiana: *L'opera d'arte nell'epoca della sua riproducibilità tecnica*. Torino: Einaudi, 1966).

BERLIN, Isaiah. *The Crooked Timber of Humanity: Chapters in the History of Ideas*. John Murray, Pimlico, 1990.

BEYER, Glenn H. (ed.). *The Urban explosion in Latin America. A Continent in Process of Modernization*. Ithaca: Cornell University Press, 1967.

BLAKE, Peter. *Three Masters Builders. Le Corbusier, Mies van der Rohe , Frank Lloyd Wright*. New York/London: W. W Norton & Company (trad. italiana: *Le Corbusier, Wright, Van der Rohe. Tre maestri dell'architettura moderna*. Milano: Rizzoli, 1963).

BLAKELY, Edward J.; SNYDER, Mary G. *Fortress America: Gated Communities in the United States*. Washington D.C.: Brookings Institution Press, 1997.

BLOCH, Ernst. Verfremdungen II (Geographica). In: *Literarische Aufsätze, Gesamtausgabe Band 9*, Frankfurt: Suhrkamp, 1965 (trad. italiana: *Geographica*. Genova: Marietti, 1992).

BLOCH, Marc.. *La Société feudale*. Paris: Albin Michel (trad. italiana: *La società feudale*. Torino: Einaudi, 1959).

BLOOR, David. *Knowledge and Social Imagery*. London: Routledge & Kegan Paul, 1976 (trad. italiana: *La Dimensione sociale della conoscenza*. Milano: Cortina, 1994).

BOERI, Stefano; LANZANI, Arturo; MARINI, Edoardo. *Il Territorio che cambia. Ambienti, paesaggi e immagini della regione milanese*. Milano: Editrice Abitare Segesta, 1993.

BOOTH, Charles. *Life and Labour of the People in London*. London: Macmillan, 1902-1903.

BOURDIEU, Pierre. *La Distinction. Critique sociale du jugement*. Paris: Les Editions de Minuit, 1979.

BOURDIEU, Pierre (org.). *La Misère du monde*. Paris: Seuil, 1993.

BOUVERESSE, Jacques. Robert Musil et le problème du déterminisme historique. *Iichiko*, n. 7, 1995.

BOYER, Christine. *Dreaming the Rational City: The Myth of American City Planning*, Cambridge: The MIT Press, Cambridge, 1983.

BRAILSFORD, Dennis. *British Sport. A social History*. Cambridge: The Lutterworth Press, 1992.

BRAUDEL, Fernand. *La Mediterranée et le Monde méditerranéen à l'époque de Philippe II*. Paris: Armand Colin, 1966.

BRUEGMANN, Robert. *Sprawl. A compact History*. Chicago: University of Chicago Press, 2005.

BUCHANAN, Colin. *Traffic in Towns. A study of the long term problems of traffic in urban areas*. London: Reports of the Steering Group and Working Group appointed by the Minister of Transport, Her Majesty's Stationery Office, 1963.

BULLOCK, Nicholas; READ, James. *The Movement for Housing Reform in Germany and France: 1840-1914*. Cambridge: Cambridge University Press, 1985.

BULLOCK, Nicholas. *Building the Post-War World*. London: Routledge, 2002.

BURGESS, Ernest W.; BOGUE, Donald Joseph. *Contribution to Urban Sociology*. Chicago: The University of Chicago Press, 1964.

BURNS, Wilfred. *New Towns for Old. The technique of urban renewal.* London: Leonard Hill, 1963.

BUTOR, Michel. *La Modification.* Paris: Les Editions de Minuit, 1957.

CAJANOV, Aleksandr. *Puteshesvie moego brata Alekseya u stranu krest'yanskoi utopii.* Moscow, 1920 (trad. italiana: *Viaggio di mio fratello Aleksej nel paese dell'utopia contadina.* Torino: Einaudi, 1979).

CALABI, Donatella. *Il "male" città. Diagnosi e terapia.* Roma: Officina Edizioni, 1979.

_____. *La città del primo rinascimento.* Roma-Bari: Laterza, 2001 (trad. brasileira: *A Cidade do Primeiro Renascimento.* São Paulo: Perspectiva, 2008).

CAREY, John. *Utopias.* Faber and Faber: London, 1999.

CARSON, Rachel. *Silent Spring.* New York: Houghton Mifflin Company, 1962.

CARVER, Humphrey. *Cities in the Suburbs.* University of Toronto Press, 1962.

CASTELLS, Manuel. *The Information Age: Economy, Society and Culture.* Oxford: Blackwell, 1996.

CAVALLETTI, Andrea. *La città biopolitica. Mitologie della sicurezza.* Milano: Bruno Mondatori, 2005.

CECERES, G.; SABATINI, F. (eds.) *Barrios cerrados en Santiago de Chile: Entre la exclusion y la integration residential.* Santiago: Lincoln Institute of Land Policy, Pontificia Universitad Catolica de Chile, 2004.

CÉLINE, Louis-Ferdinand. *Voyage au bout de la nuit.* Paris : Denoël et Steele, 1932.

CHANDLER, Tertius. *Four Thousand Years of Urban Growth. An Historical Census.* Lewiston, N. Y.: St. David's University Press, 1987.

CHARDIN, Pierre Telhard de. *L'Avenir de l'homme.* In: *Oeuvres Complètes* Paris: Editions du Seuil, 1959.

CHRISTALLER, Walter. *Die zentralen Orte in Süddeutschland: Eine ökonomisch-geographische Untersuchungen über die Gesetzmäßigkeit der Verbreitung und Entwicklung der Siedlungen mit städtischen Funktionen.* Jena, 1933 (trad. italiana: *Le località centrali della Germania meridionale: un'indagine economico-geografica sulla regolarità della distribuzione e dello sviluppo degli insediamenti con funzioni urbane.* Milano: Franco Angeli, 1980).

CHOAY, Françoise. Haussmann et le sistème des espaces verts parisiens. *La Revue de l'Art,* n. 29 (trad. italiana: revista em CHOAY, Françoise. *L'orizzonte del posturbano,* organizado por E. d'Alfonso. Roma: Officina Edizioni, 1992).

_____. Production de la ville, esthétique urbaine et architecture. In: RONCAYOLO, Marcel (org.), *La ville aujourd'hui. Mutations urbaines, décentralisation et crise du citadin,* v. 5 da *Histoire de la France urbaine.* Paris: Seuil, 1985.

_____. *L'Allégorie du patrimoine.* Paris: Seuil, 1992.

_____. *La Conférence d'Athènes sur la conservation artistique et historique des monuments (1931).* Paris: Les Editions de l'imprimeur, 2002.

_____. *Espacements. L'évolution de l'espace urbain en France.* Genève/Milano: Skira, 2003 (trad. italiana: *Espacements. Figure di spazi urbani nel tempo.* Milano: Skira, 2003).

CHOMBART DE LAUWE, Paul Henry. *Paris et l'agglomération parisienne.* Paris: Presses Universitaires de France, 1952.

_____.. *Famille et habitation: un essai d'observation expérimentale.* Paris: Centre Nationale de la Recherche Scientifique, 1960.

CIUCCI, Giorgio. The Invention of the Modern Movement. *Oppositions,* n. 24.

COBURN, Frederick W. The Five-Hundred-Mile City. *The World Today,* 11, 1906.

COCTEAU, Jean. *Rappel à l'ordre.* Paris: Editions Stock, 1926.

COGATO LANZA, Elena. *Maurice Braillard et ses urbanistes. Puissance visionnaire et stratégies de gestion urbaine (Genève 1929-1936).* Genève: Editions Slatkine, 2003.

COHEN, Jean-Louis. *Le Corbusier et la Mystique de l'URSS. Theories et projets pour Moscous, 1928-1936.* Bruxelles: Pierre Mardaga Editeur, 1987.

_____. Architecture soviétique. In: *Utopies et réalitées en URSS- 1917-1934.* Paris: Centre Georges Pompidou, 1980.

_____. Les Fronts mouvants de la modernité. In: _____. (org.). *Les Années 30: l'architecture et les arts de l'espace entre industrie et nostalgie.* Paris: Editions du Patrimoine, 1997.

COHEN, Jean-Louis; DAMISH, Hubert. *Américanisme et Modernité. L'idéal américain dans l'architecture.* Paris: EHESS, Flammarion, 1993.

COLIS, J. L'architecture de la reconstruction entre le fond et la forme. In: SMETS Marcel (org.). *Resurgam: La reconstruction en Belgique après 1914.* Bruxelles: Crédit Communal, 1985.

COMMONER, Barry., *The Closing Circle: Confronting the Environmental Crisis.* London: Cape, 1971.

COMPAGNON, Antoine. *Les Antimodernes. De Joseph de Maistre à Roland Barthes.*Paris: Gallimard, 2005.

CONTI, Ettore. *Dal taccuino di un borghese.* Bologna: Il Mulino, 1986.

CORBIN, Alain. *Le Territoire du vide: L'Occident et le désir du rivage, 1750-1840.* Paris: Aubier, 1988.

_____. *L'Avénement du loisir, 1850-1960.* Paris: Aubier, 1995.

CORBOZ, André. Le territoire comme palimpseste. *Diogène,* n. 121, gen-marzo (trad. italiana: Il territorio come palinsesto. *Casabella,* 516, sett. 1985. Agora em: CORBOZ, André. *Ordine sparso. Saggi sull'arte, il metodo, la città e il territorio,* com organização de P. Viganò, Milano: Franco Angeli, 1998)

COULON, Alain. *L'Ecole de Chicago.* Paris: Presses Universitaires de France, 1992.

CRANZ, Galen. *The Politics of Park Design:* a history of the urban parks in america. Cambridge: MIT Press, 1982.

CRAWFORD, Margaret. The World in a Shopping Mall. In: SORKIN, Michael (org.) *Variation on a theme Park: The New American City and the End of Public Space.* New York: Hill and Wang, 1992.

_____. *Building the Workingman's Paradise. The Design of American Company Towns.* London/New York: Verso, 1995.

CROWLEY, John E. *The Invention of Comfort.* Baltimore/London: The Johns Hopkins University Press.

CULLEN, Gorodn. *Townscape*. London: The Architectural Press, 1961 (trad. italiana: *Il paesaggio urbano*. Bologna: Calderini, 1976).

DAL CO, Francesco. *Abitare nel moderno*. Roma: Laterza, 1982.

D'AMBROS, M. *Stadt und Plattenbau. Decostruzione e riconversione dei quartieri di edilizia sociale nella Repubblica Democratica Tedesca.* Tesi di dottorato, Dottorato in Urbanistica, Iuav, Venezia, 2005.

DAMISCH, Hubert. Ledoux avec Kant (prefácio). In: KAUFMANN, Emil em *De Ledoux à le Corbusier. Origine et évolution de l'architecture autonome*. Paris: Editions l'Equerre, 1981.

DAVIS, Mike. *Ecology of Fear*: Los Angeles and the imagination of Disaster. New York: Vintage, 1998 (trad. italiana: *Geografie della paura. Los Angeles*: l'immaginario collettivo del disastro. Milano: Feltrinelli, 1999).

_____. *Placet of Slums*. London: Verso, 2006 (trad. italiana: *Il pianeta degli slums*, Feltrinelli, Milano, 2006).

DEBORD, Guy. *La Société du Spectacle*. Paris: Buchet-Chastel, 1967 (trad. italiana: *La società dello spettacolo*. Bari: De Donato, 1968).

DE CERTEAU, Michel. *L'Invention du quotidien, 1. arts de faire*. Union Générale d'Editions, Collection 10-18. Paris: Gallimard, 1990.

DE GEYTER, Xaveer. *After Sprawl*. Rotterdam: NAI, 2002.

DELEUZE, Gilles. *Pourparler*. Paris: Les Editions de Minuit, 190 (trad. italiana: Di S. Verdicchio. *Pourparler*. Macerata: Quodlibet, 2000).

DELUMEAU, Jean. *La Peur en Occident*. Paris: Hachette, 1978.

DE MAGISTRIS, Alessandro. *La costruzione della città totalitaria*. Milano: Città Studi Edizioni, 1995.

_____. Waterschei-lez-Genk. In: LOECKX, André; SMETS, Marcel. *Geschiedenis op zoek naar waardig vervelj. Studie van de mijmederzettungen in Waterschei en Eisden*, Koning Boudewijnstichting, Brussel, 1991.

DE MEULDER, Bruno; DEHAENE, Michiel. *Atlas*, Kortrijk, Anno '02 OSA KUL, 2001.

DE MICHELIS, Marco; PASINI, Ernesto. *La città sovietica, 1925.1937*. Venezia: Marsilio Editori, 1976.

DESSAUCE, Marc. L'Environmental Control aux Etats-Unis et la poursuite du bonheur. In: COHEN, Jean-Louis (org.). *Les Années 30. L'architecture et les arts de l'espace entre industrie et nostalgie*. Paris: Editions du Patrimoine, 1997.

DI BIAGI, Paola (org.). *La grande ricostruzione. Il piano Ina-Casa e l'Italia degli anni '50*. Roma: Donzelli, 2001.

_____. (org.). *La Carta d'Atene. Manifesto e frammento dell'urbanistica moderna*. Roma: Officina, 1998.

DOHNA-PONINSKI, Adelheid von (Arminius). *Die Grossstädte in ihre Wohnungsnot und die Grundlagen einer durchgreifenden Abhilfe*. Leipzig, 1874.

DOUGLAS, Mary. *Thought Styles,*. London: Thousand Oaks, 1996 (trad. italiana: *Questioni di gusto*. Bologna: Il Mulino, 1999).

DPU/UCL, UN-Habitat. *Understanding Slums:Case Studies for the Global Report on Human Settlements*. London, 2003.

DREYSSE, Dietrich-Wilhelm. *Les Cités de Ernst May. Guide d'architecture des cités nouvelles de Francfort (1926-1930)*. Frankfurt am Main: Dieter Fricke GmbH. Strasbourg: Ecole d'Architecture de Strasbourg, 1988.

DUANY, Andres; PLATER-ZYBERK, Elizabeth; SPECK, Jeff. *Suburban Nation: The Rise and the Decline of the American Drea*. New York: North Point Press, 2000.

EBERSTADT, R. *Das Handbuch des Wohungswesens und der Wohnungsfrage*. Jena, 1909.

ECO, Umberto. *Interpretation and Overinterpretation*. Cambridge University Press, 1992 (trad. italiana: *Interpretazione e sovrainterpretazione*. Milano: Bompiani, 1995).

EHRENBERG, Alain. *Le Culte de la performance*. Paris: Hachette, 1991.

ELIAS, Norbert. *Die Gesellschaft der Individuen*. Frankfurt: Suhrkamp, 1987. (trad. italiana: *La società degli individui*. Bologna: Il Mulino, 1990).

ELLIN, Nan. *Postmodern Urbanism*. Blackwell, Cambridge, 1996.

ENGELS, Friedrich. *La Questione delle abitazioni* (1872). Roma: Edizioni Rinascita, 1950.

ESSAIAN, Elisabeth. Kvartal, forme urbane et vie sociale. In: VIGANÒ, Paola (org.). *Comment vivre ensemble, Quaderno del Dottorato di Urbanistica- Venezia*. Roma: Officina, 2006.

_____. *Le Plan général de reconstruction de Moscou de 1935. La Ville, l'architecte et le politique. Héritages culturels et pragmatisme économique*. Tese de Doutorado, Paris VIII, Paris, 2006.

EVANS, Richard J. *In Defense of History*. London: Granta, 1997 (trad. italiana: *In difesa della storia*. Palermo: Sellerio, 2001).

FEHRMAN, Carl. *Litteraturhistorien i Europaperspepktiv. Frän komparatism till kanon*. Lund: Absalon, 1999 (trad. francesa: *Du repli sur soi au cosmopolitisme*. Paris: Michel de Maule, 2003).

FISHMAN, Robert. From the Radiant City to Vichy: Le Corbusier's Plans and Politics, 1928-1942. In: WALDEN, R. (org.), *The Open Hand. Essays on Le Corbusier*. London: The MIT Press, Cambridge, 1977.

_____. *Bourgeois Utopias: The Rise and Fall of Suburbia*. New York: Basic Books, 1987.

FLANDERS, Judith. *The Victorian House*. London: Harper Perennial, 2003.

FORD, James; MORROW, Katherine; THOMPSON, George Norwell. *Slums and Housing. History, Conditions, Policy*. Cambridge: Harvard University Press, 1936.

FORESTIER, Jean Claude Nicolas. *Grandes Villes et Système de Parcs*. Paris: Hachette & C., 1908 (nova edição: Paris: Editions Norma, 1997).

FORTIN, J. P. *Grands ensembles. L'espace et ses raisons*. Paris: Ministère de l'Equipement, des Transports et du Logement, [s.d.].

FOSCARI, Alvise; TAFURI, Manfredo. *L'armonia e i conflitti*. Torino: Einaudi, 1983.

FOUCAULT, Michel. *Les Mots et les choses*. Paris: Gallimard, 1966.

_____. *L'Archéologie du savoir*. Paris: Gallimard, 1969 (trad. italiana: *L'archeologia del sapere*. Milano: Rizzoli, 1971).

_____. *Surveiller et punir. Naissance de la prison*. Paris: Gallimard, 1975 (trad. italiana: *Sorvegliare e punire. Nascita della prigione*. Torino: Einaudi, 1993).

_____. Space. Knowledge and Power. *Skyline*, marzo, 1982.

_____. L'occhio del potere. Conversazione con Michel Foucault di Jean-Pierre Barou e Michelle Perrot (introdução). In: BENTHAM, Jeremy. *Panopticon*. Venezia: Marsilio, 1983.

_____. *Le Souci de soi*. Paris: Gallimard, 1984 (trad. italiana: *La cura di sé*. Milano: Feltrinelli, 1995).

_____. *Sécurité, territoire, population. Cours au Callège de France, 1977-78*, Paris: Seuil, 1984.

_____. Des espaces autres. *Architecture, Mouvement, Continuité*, n. 5, oct. 1984 (agora em: *Dits et écrit*. Paris: Gallimard, 1994; trad.italiana: M. Foucault, *Spazi altri. I luoghi delle eterotopie*. Milano: Eterotopie, Mimesis, 2001).

FOURASTIE, Jean. *Les Trente Glorieuses ou la Révolution invisible de 1946 à 1975*. Paris: Pluriel, 1979.

FRAMPTON, Kenneth. *Modern Architecture. A Critical History*. Oxford University Press, 1980 (trad. italiana: *Storia dellÁrchitettura Moderna*. Bologna: Zanichelli, 1982).

FRANK, H. La Stadtlandschaft Diedenhofen. *Casabella*, Milano, n. 567, aprile, 1990.

FREDERICK, Christine. *Household Engineering: Scientific Management in the Home*. Chicago: American School Of Home Economics, 1915.

FREUD, Sigmund. *Vorlesungen zur Einführung in die Psychoanalyse* ,G.W. 11, 1915-1917 (trad. italiana: *Introduzione alla psicoanalisi* Torino: Bollati Boringhieri, 1969).

FRIEDMAN, Yona. *Utopies réalisables*. Paris: Union générale d'éditions, 1976 (trad. italiana: *Utopie realizzabili*. Macerata: Quodlibet, 2003).

FRIEDMANN, John. The World Cities Hypothesis. *Development and Change*, n. 4, 1986.

FUÀ, Giorgio; ZACCHIA, Carlo. *Industrializzazione senza fratture*. Bologna: Il Mulino, 1983.

GAILLARD, Karin; DOKTER, Betsy. *Berlage en Amsterdam Zuid*. Amsterdam: Gemeentearchief Amsterdam, 1992.

GALBRAITH, John Kenneth. *The Great Crash*. Boston: Houghton Mifflin Company, 1961 (trad. italiana: *Il grande crollo*. Milano: Comunità, 1962).

GANNON, Tood; KIPNIS, Jeff. *The Light Construction Reader*. New York: The Monacelli Press, 2002.

GANS, Herbert J. *The Levittowners. Ways of Life and Politics in a New Suburban Community*. New York: Pantheon, 1967.

GARNIER, Tony. *Une Cité industrielle, étude sur la construction des villes*. Paris: Auguste Vincent Libraire, 1918 (agora em: *Une Cité industrielle*: étude pour la construction des villes. Paris: Philippe Sers, 1988).

GARREAU, Joel. *Edge City. Life on the New Frontier*. New York: Doubleday, 1991.

GEDDES, Patrick. *Cities in Evolution*. London: Williams & Norgate Ltd., 1949.

GIBBERD, Frederick. *Town Design*. London: The Architectural Press, 1953.

GIEDION, Sigfried. *Space, Time and Architecture*. Cambridge: Harvard University Press, 1941.

_____. *Architektur und Gemeinschaft*. Hamburg: Rowohlt Verlag, 1956. (trad. francesa: *Architecture et vie collective*. Paris: Editions Denoël-Gonthier, 1980).

GINZBURG, M. J. A. *Saggi sull'architettura costruttivista* (organizado por E. Battisti). Milano: Feltrinelli, 1977.

GIOVANNONI, Gustavo. *Vecchie città ed edilizia nuova*. Torino: Utet, 1931.

GLASS, Ruth. *London: Aspects of Change*. London: Centre for Urban Studies e MacGibbon and Kee, 1964.

GODARD, Henri. *Une Grande génération*. Paris: Gallimard, 2003.

GOTTMANN, Jean. *Megalopolis. The Urbanized Northeastern Seabord of the United States*. New York, The Twentieth Century Fund, 1961.

GRAMSCI, Antonio. *Quaderni del carcere* (Edição crítica organizada por V. Gerratana). Torino: Einaudi, 1975 (Q 13, xxx, 1932-1934).

_____. *Quaderni del carcere* (Edição crítica organizada por V. Gerratana). Torino: Einaudi, 1975 (Q 22,v, 1934).

GRAVIER, Jean-François. *Paris et le désert français*. Paris: Flammarion, 1972.

GREGOTTI, Vittorio. *Il territorio dell'architettura*. Milano: Feltrinelli, 1966 (trad. brasileira: *Território da Arquitetura*. São Paulo: Perspectiva, 3. ed., 2001).

_____. *Dentro l'Architettura*. Torino: Bollati Boringhieri, 1991.

_____. *Identità e crisi dell'architettura europea*. Torino: Einaudi, 1999.

GRESLERI, Giuliano (org.). *Le Corbusier, Viaggio in Oriente*. Venezia/Paris: Marsilio Editori/Fondation Le Corbusier, 1984.

GROPIUS, Walter. *My Conception of the Bauhaus Idea*. New York: F. W. Dodge Corporation, 1937 (trad. italiana em: *Architettura integrata*. Milano: Il Saggiatore, 1963).

GUBLER, Jacques (org.). *ABC 1924-1928. Avanguardia e architettura radicale*. Milano: Electa, 1983.

_____. *Motion, émotion. Thèmes d'histoire et d'Architecture*. Gollion: Infolio éditions, 2003.

GUTKIND, Erwin A. *The Twilight of Cities*. New York: The Free Press of Glencoe, 1962.

HABER, Samuel. *Efficiency and Uplift. Scientific Management in the Progressive Era, 1890-1920*. Chicago/London: The University of Chicago Press, 1964.

HABERMAS, Jürgen. *Zur Logik der Sozialwissenschaften*. Beiheft 5, "Philosophische Rundschau" XIV, 1967. Edição ampliada Frankfurt: Suhrkamp, 1970. Quinta edição aumentada, Frankfurt: Suhrkamp, 1982 (trad. italiana em: *Agire comunicativo. Logica delle scienze sociali*. Bologna: Il Mulino, 1970)

HALBWACHS, Maurice. *La Mémoire collective* (edição crítica). Paris: Albin Michel, 1997 (trad. italiana: *La memoria collettiva*. Milano: Unicopli, 1987).

HALL, Peter. *The World Cities*. Weidenfeld and Nicolson: London, 1966 (trad. italiana: *Le città mondiali*. Milano: Il Saggiatore, 1966).

HALL, C. The Sweet Delights of Home. In: PERROT, Michelle (org.). *A History of Private Life*. Cambridge: The Belknap Press of Harvard University Press, 1990, v. 4.

HALL, Peter. *Megacities, World Cities and Global Cities*. Amsterdam: Megacities Lecture 1, Stichting Megacities 2000/Megacities 2000 Foundation, 1997.

HALL, Peter; WARD, Colin. *Sociable Cities. The legacy of Ebenezer Howard*. Chichester: John Wiley & Sons, 1998.

HANNERZ, Ulf. *Exploring the City: Inquiries Towards an Urban Anthropology*. New York: Columbia University Press, 1980 (trad. italiana: *Esplorare la città. Antropologia della vita urbana*. Bologna: Il Mulino, 1992).

HARRIS, Dianne. Clean and Bright and Everyone White. Seeing the Postwar Domestic Environment in the United States. In: HARRIS, Dianne; RUGGLES, D. Fairchild (orgs.). *Sites Unseen: Landscape and Vision*. Pittsburgh: University of Pittsburgh Press, 2007.

HATT, Paul K.; REISS JR., Albert J. *Cities and Society*. Glencoe: The Free Press, (ILL), 1959..

HAUSER, Philip Morris; SCHNORE, Leo Francis. *The Study of Urbanization*. New York: John Wiley & Sons, Inc., 1965.

HAYDEN, Dolores. *Building Suburbia. Green Fields and Urban Growth, 1820-2000*. New York: Pantheon Books, 2003.

_____. Building the American Way: Public Subsidy, Private Space. In: LOW, Setha; SMITH, Neil (orgs). *The Politics of Public Space*, New York/London: Routledge, 2006.

HEGEMANN, Werner. *Das steinerne Berlin*. Lugano: Jakob Hegner, 1930 (trad. italiana: *La Berlino di pietra*. Milano: Mazzotta, 1975).

HEGEMANN, Werner; PEETS, Elbert. *American Vitruvius: An Architect's Handbook of Civic Art*. New York: The Architectural Book, 1922 (New York: Princeton Architectural Press, 1988).

HELLINGA, H. The General Expansion Plan of Amsterdam. In: AA.VV. *Het Nieuwe Bouen. Amsterdam, 1920-1960*. Delft: Delft University Press, 1983.

HENTHORN, Cynthia Lee. *From Submarines to Suburbs. Selling a Better America, 1939-1959*. Ohio: Ohio University Press, 2006.

HEYNEN, Hilde; VANDERBURGH, David (orgs.). *Inside Density*. Bruxelles: NETHCA, 2003.

HIGHMORE, Ben. *The Everyday Life Reader*. London/New York: Roudledge, 2002.

HILBERSEIMER, Ludwig. *Groszstadt Architektur*. Stuttgart: Verlag Julius Hoffmann, 1927 (trad. italiana: *L'architettura della grande città*. Napoli: Clean, 1981).

HIRSCHMAN, Albert O. *The Rhetoric of Reaction. Perversity, Futility, Jeopardy*. Harvard University Press, Cambridge, 1991 (trad. italiana: *Retoriche dell'intransigenza. Perversità, Futilità e messa a repentaglio*. Bologna: Il Mulino, 1991).

HIRSH, Fred. *I limiti sociali dello sviluppo*. Milano: Bompiani, 1981.

HITCHCOCK, Henry-Russel; JOHNSON, Philip. *The International Style*. New York: W.W. Norton & Company, Inc., 1932 (reimpressão: New York: W. W. Norton, 1966).

HOBSBAWM, Eric J. *Age of Extremes:The short Twentieth Century, 1914-1991*. London: Random House Inc., 1994. (trad. italina: *Il secolo breve. 1914-1991: l'era dei grandi cataclismi*. Milano: Rizzoli, 1997). (trad. brasileira: *Era dos Extremos: O Breve Século xx: 1914-1991*. São Paulo: Companhia das Letras, 1995).

HOWARD, Ebenezer. *To-morrow! A Peaceful Path to Real Reform*. London: Swan Sonnensehein, 1898.

_____. *Garden Cities of Tomorrow*. London: Swan Sonnensehein, 1902.

HUET, Bernard. *Sur un état de la théorie de l'architecture au xxᵉ siècle*. Paris: Editions Quintette, 2003.

HUNT, John Dixon. *L'Art du jardin et son histoire*. Paris: Editons Odile Jacob, 1996.

HUSE, N. (org.) *Vier Berliner Siedlungen der Weimarer Republik. Britz, Onkel Toms Hütte, siemensatdt, Weisse Stadt*. Berlin: Bauhaus Archiv. Museum für Gestaltung, 1987.

HUXTABLE, Ada Louise. *Frank Lloyd Wright* New York. Viking Penguin, 2004.

IMBERT, Dorothée. *The Modernist Garden in France*. New Haven/London: Yale University Press, 1993.

INDOVINA, Francesco. *La città diffusa*. Venezia: Dipartimento di Analisi Economica e Sociale del Territorio, Istituto Universitario di Architettura, 1990.

INGERSOLL, Richard. *Sprawltown*. Roma: Meltemi Editore, 2004.

IRTI, Natalino. *L'età della decodificazione*. Milano: Giuffré, 1986.

ISENSTADT, Sandy. Four Views, Three of them Through Glass. In: HARRIS, Dianne; RUGGLES, D. Fairchild (orgs.), *Sites Unseen: Landscape and Vision*. Pittsburg: University of Pittsburg Press, 2007.

KAUFMANN, Emil. *Von Ledoux bis le Corbusier. Ursprung und Entwicklung der Autonomen Architektur*. Wien-Leipzig: Editions Rolf Passer (trad. francesa: *De Ledoux à le Corbusier. Origine et évolution de l'architecture autonome*. Paris: Editions l'Equerre, 1981).

KLEIHUES, Josef Paul. Mostre e concorsi d'architettura nella costruzione della città. In: MONTINI ZIMOLO, Patrizia (org.). *Berlino Ovest tra continuità e rifondazione*. Roma: Officina, 1987.

KLEIN, Alexander. *Das einfamilienhaus. Sudtyp: Studien und Entwurfe mit grundsatzlichen Betrachungen*. Stuttgart: Julius Hoffman, 1934 (edição italiana: A. Klein. *Lo studio delle piante e la progettazione degli spazi negli alloggi minimi: scritti e progetti dal 1906 al 1957*. Milano: Mazzotta, 1975).

KLUSMAN, Erik; TEUNISSEN, Ben. The 1935 AUP and the 1958 and 1965 Revisions. In: JOLLES, Allard; KLUSMAN, Erik; TEUNISSEN, Ben (eds.). *Planning Amsterdam. Scenarios for urban development, 1928-2003*. Rotterdam: Nai Publischer, 2003.

KOMOSSA, Susanne; MEYER, Henk; RISSELADA, M.; Thomaes, S.; Jutten, N. *Atlas of the Dutch Urban Block*. Bossum: THOTH Publisher, 2005.

KOOLHAAS, Rem. *Delirious New York*: *A Retroactive Manifesto for Manhattan*. New York: The Monacelli Press, Inc., 1978 (trad. italiana: *Delirious New York*. Milano: Electa, 2000).

KOOLHAAS, Rem et al. *Harvard Project on the City, Mutation, Mutation*. Barcelona/Bordeaux: Actar/arc en rêve, 2001.

KOPP, Anatole. *Ville et Révolution*. Paris: Editions Anthropos, 1967.

KUBOVA, A., Cecoslovacchia, 1945-1948: reinventare il territorio, ricostruire il 'paesaggio abitabile'. In: DI BIAGI, Paola; MARCHIGIANI, Elena; MARIN, Alessandra (org.). *La citta' della ricostruzione. Urbanistica, edilizia sociale e industria a Trieste, 1945-1957*. Trieste: Edizioni Comune di Trieste, 2004.

ISENSTADT, Sandy. Four Views, Three of them Through Glass. In: HARRIS, Dianne; RUGGLES, D. Fairchild (orgs.). *Sites Unseen: Landscape and Vision*. Pittsburgh: University of Pittsburgh Press, 2007.

JACKSON, John Brinckerhoff. *Landscape*. Santa Fé: *Landscape Magazine Publisher* 1951-1968 (agora em: ZUBE, Ervin H. *Landscapes. Selected writings of J.B. Jackson*. The University of Massachusetts Press, 1970).

JACKSON, Kenneth T. *Crabgrass Frontier. The Suburbanization of the United States*. New York: Oxford University Press, 1985.

JACOBS, Jane. *The Death and Life of Great American Cities*. New York: Random House, 1961.

JOHNSON, Donald Leslie. *Frank Lloyd Wright versus America. The 1930s*. The MIT Press, Cambridge, 1990.

JOUVENEL, Bertrand. *L'Art de la conjecture*. Monaco: Futuribles, 1964.

JUDT, Tony. *Postwar. A History of Europe since 1945*. New York: The Penguin Press, 2006.

KANDINSKY, Wassily . *Punkt und Linie zu Fläche*. Munchen: Bauhausbücher 9, 1926.

KLEE, Paul; De l'art moderne. In: *Paul Klee in Jena 1924*. Jena: Stadtmuseum Gohre, 1999.

LANGE, Dorothea; TAYLOR, Paul. *An American Exodus. A Record of Human Erosion*. New York: Reynal & Hitchcock, 1939 (trad. francesa: Paris: Jean-Michel Place, 1959).

LANGEREAU, Éric. *L'Etat et l'Architecture, 1958-1981. Une politique publique ?* Paris: Picard, 2001.

_____. De coup d'arrêt de la circulaire guichard au "cadre de vie" giscardien, *Urbanisme*, n. 322, Janvier-février, 2002.

LE CORBUSIER. *Vers une Architecture*. Paris: Crès et Cie, 1923 (trad. brasileira. *Por uma Arquitetura*. São Paulo: Perspectiva, 6. ed., 2009).

_____. *La Ville Radieuse*. Paris: Editions Vincent, Fréal & C. (primeira edição: 1935, *Editions de l'Architecture d'Aujourd'hui, Boulogne-sur-Seine*).

LEFAIVRE, Liane; TZONIS, Alexander. *Aldo van Eyck Humanist Rebel. Inbetweening in a Postwar World*. Rotterdam: 010 Publishers, 1999.

LEFAIVRE, Liane; DE ROODE, Ingeborg (org.). *Aldo van Eyck: the playgrounds and the city*. Rotterdam: NAI Publisher, 2002.

LEFEBVRE, Henri. *Critique de la vie quotidienne*. Paris: Grasset, 1947.

LINDBLOM, Charles. The Sociology of Planning. Thought on Social Interaction. In: BORNSTEIN, Morris (org.). *Economic Planning, East and West*. Cambridge: Ballinger, 1975. (trad. italiana, só em parte igual: LINDBLOM, Charles. *Politica e mercato. I sistemi economici mondiali*. Roma: Laterza, 1979).

LINKLATER, Andro. *Measuring America* New York: Walker, 2002 (trad. italiana: *Misurare l'America*. Milano: Garzanti, 2004).

LIS, Catharina; SOLY, Hugo. *Poverty and Capitalism in Pre-industrial Europe*. New York: Humanities Press, 1979.

LOECKX, André. Waterschei, de ruimtelijke samenhang als monument. In: LOECKX, André; SMETS, Marcel. *Geschiedenis op zoek naar waardig vervelj*. Studie van de mijmederzettungen in Waterschei en Eisden, Koning Boudewijustichting, Brussel, 1991.

LOO, Anne van; ZAMPA, Federica. Vers un monde plus harmonieux. In: *Les années 30 en Belgique. La séduction des masses*. La CGER, Ludion, Gent, 1994.

LOW, Setha. *Behind the Gates. Life, Security and the Pursuit of Happiness in Fortress America*. New York: Routledge, 2003.

LOW, Setha; SMITH, Neil (org.). *The Politics of Public Space*. New York/London: Routledge, 2006.

MAGNAGO LAMPUGNANI, Vittorio. Un vuoto pieno di progetti. I disegni per il centro tuttora irrealizzato della Grande Berlino (1839-1985). In: MONTINI ZIMOLO, Patrizia (org.). *Berlino Ovest tra continuità e rifondazione*. Roma: Officina, 1987.

MAHSUD, A. Z. K. *Doxiadis and the Islamabad Experience. Paper* apresentado no II International Ph.D Seminar on Urbanism. Barcelona, 2005.

MALDONADO, Tomas (org.). *Tecnica e cultura. Il dibattito tedesco fra Bismarck e Weimar*. Milano: Feltrinelli, 1979.

MANCUSO, Franco. *Le vicende dello zoning*. Milano: Il Saggiatore, 1978.

MANDELL, Richard D. *The Nazi Olimpics*. Urabana/Chicago: University of Illinois Press, 1987.

MANNHEIM, Karl. *Ideology and Utopia*. London: Routledge and Kegan, 1953 (trad. italiana: *Ideologia e Utopia*. Bologna: Il Mulino, 1965).

MANTZIARAS, Panos. *La ville-paysage, Rudof Schwarz et la dissolution des villes*. Tese de doutorado. Paris: Université Paris VIII, 2000.

_____. Rudolf Schwartz and the Concept of "City-Landscape". The dispersed city from phenomenon to project. In: VIGANÒ, Paola (org.). *New Territories*. Roma: Officina, 2004.

MERCIER, Sebastien. *Tableaux de Paris*. Amsterdam, 1782-1788 (reimpressão: Paris: Edition Robert Laffont, 1990).

MESSANA, Paola. *Kommunalka: Une histoire de l'Union soviétique à travers les appartements*. Paris: Jean-Claude Lattès, 1995.

MILJUTIN, Nikolaj A. *Socgorod. Problema stroitel'stva socialistečeskich gorodov*, s .l, 1930 (trad. italiana: *Socgorod. Il problema dell'edificazione delle città socialiste*. Milano: Il Saggiatore,1971).

MILLER LANE, Barbara. *Architecture and Politics in Germany, 1918-1945*. Harvard University Press, Cambridge, 1968.

MITTNER, Dunia. *Le città di fondazione nel Novecento*. Roma: Universale di Architettura, 2003.

MOHOLY NAGY, László. *Vision in Motion*. Chicago: Hillison and Etten, 1947.

MUMFORD, Eric. *The CIAM Discourse on Urbanism, 1928-1960*. The MIT Press, Cambridge, 2002.

MUMFORD, Lewis. *The Story of Utopias*. New York: Viking Press (trad. italiana: *Storia dell'utopia*. Bologna: Calderini, 1969).

_____. The Garden City Idea and Modern Planning (introdução). In: HOWARD, Ebenezer. *Garden Cities of Tomorrow*. London: Faber & Faber, 1946.

_____. *The City in History: Its Origins, Its Transformations, and Its Prospects*. New York: Harcourt, Brace & World, 1961.

_____. Introduction. In: OSBORN, Frederick. *The New Towns: The Answer to Megalopolis*. London: Leonard Hill, 1963.

_____. *The Culture of Cities*. New York: Harcourt, Brace & Co, 1938.

MUNARIN, Stefano; TOSI, M. Chiasi. *Tracce di città. Esplorazioni di un territorio abitato: l'area veneta*. Milano: Franco Angeli, 2001.

MVRDV. *Costa Iberica*. Barcellona: Actar, 2000.

NICOLAIDES, Becky M.; WIESE, Andrew. *The Suburban Reader*. New York: Routledge, 2006.

NUCCI, Londra. *Reti verdi e disegno della città contemporanea. La costruzione del nuovo piano di Londra*. Roma: Gangemi, 2004.

OLIVETTI, Adriano. *Città dell'uomo*. Milano: Edizioni di Comunità, 1960.

OLMO, C. Temi e realtà della ricostruzione. *Rassegna* n. 54: *La ricostruzione in Europa nel secondo dopoguerra* (organização de C. Olmo).

_____. *Tra guerra e pace. Società, cultura e architettura nel secondo dopoguerra*. Organizado por BONIFAZIO, Patrizia; PACE, S. ROSSO, M.; SCRIVANO, Paolo. Milano: Franco Angeli, 1998.

ORLANS, Harold. *Stevenage. A Sociological Study of a New Town*. London: Routledge and Kegan Paul, 1952.

ORSENNA, Erick. *Les Chevaliers du Subjonctif*. Paris: Stock, 2004.

ORTEGA Y GASSET, Jose. *La rebelión de las masas, Revista de Ocidente*. Madrid, 1930 (trad. Italiana: *La ribellione delle masse*. Bologna: Il Mulino, 1962).

OSBORN, Frederick. *The New Towns: The Answer to Megalopolis*. London: Leonard Hill, 1963.

PACKARD, Vance. *The Hidden Persuaders*. New York: Van Rees, 1957.

PANERAI, Phillippe ; CASTEX, Jean ; DEPAULE, Jean-Charles. *Formes urbaines: de l'ilot à la barre*. Marsiglia: Parenthèse, 1980

PARK, Robert Ezra; BURGESS, Ernest Watson; MCKENZIE, Roderick Duncan. *The City*. Chicago: The University of Chicago Press (trad. italiana: *La Città*. Milano: Edizioni di Comunità, 1967).

PATTISON, Mary. *Principles of Domestic Engineering*. New York: Trow Press, 1915.

PAWLOWSKI, K. K. *Tony Garnier et le débuts de l'urbanisme fonctionnel en France*. Paris: Centre de Recherche d'urbanisme, 1967.

PERNIOLA, Mario. *Contro la comunicazione*. Torino: Einaudi, 2004.

283

PEVSNER, Nikolaus. *The Englishness of English Art*. London: Architectural Press, 1956.

_____. *A History of Building Types*. London: Thames and Hudson, 1976.

PIGOU, Arthur Cecil. *The Economics of Welfare*. London: Macmillan and Company, 1920.

PINÇON, Michel ; PINÇON-CHARLOT, Monique. *Le Ghettos de Gotha. Comment la bourgeoisie défend ses espaces*. Paris: Editions du Seuil, 2007.

PIRENNE, Henri. *Les Villes du Moyen Age*. Bruxelles: Maurice Lamertin Editeur, 1927 (trad. italiana: *La città del Medioevo*. Bari: Laterza, 1971).

POLAK, Fred. *The Image of the Future*. New York: Elsevier Scientific Publishing Company, 1955.

PORETTI, Sergio. Le tecniche edilizie: modelli per la ricostruzione In: DI BIAGI, Paola (org.). *La grande ricostruzione*. Roma: Donzelli, 2001.

PRUNTY, Jacinta. *Dublin Slums, 1800-1925*. A Study in Urban Geography. Dublin: Irish Academic Press, 1998.

PUTNAM, Hilary. *Meaning and the Moral Sciences*. London: Routledge & Kegan Paul ltd., 1978 (trad. italiana: *Verità e Etica*. Milano: Il Saggiatore, 1982).

QUILICI, Vieri. La "comune d'abitazione" da modello della mitologia comunitaria a modello produttivo. *Lotus*, n. 8, settembre.

RASMUSSEN, Steen Eiler. Kobenhavnsegnens Planlægning, Status 1950. *Politiken*, 19 settembre 1978. (agora em *Steen Eiler Rasmussen. Architect, Town-planner, Author*. The Foundation for the Publication of Architectural Works, The School of Architecture of Aarhus, 1988).

REAL ESTATE CORPORATION. *The Costs of Sprawl. Environmental and Economic Costs of Alternative Residential Development Patterns at the Urban Fringe*. Washington D.C.: Government Printing Office, 1974.

REILLY, William K. *The Use of Land. A Citizen's Policy Guide to Urban Growth*. New York: Thoma Y. Crowell Co., 1973.

RICHARD, Lionel (org.). *Berlin, 1919-1933. Gigantisme, crise sociale et avant-garde: l'incarnation extrème de la modernité*. Paris: Edition Autrement, 1991.

RIESMAN, David. *The Lonely Crowd*. New Haven/London: Yale University Press, 1948, 1953, 1961, 1969 (trad. italiana: *La folla solitaria*. Bologna: Il Mulino, 1956, 1990).

RIESS, Steven A. *Sport in Industrial America, 1850-1920*. Illinois: Harlan Davidson, Inc.,Wheeling, 1995.

RIETDORF , Werer; LIEBMANN, Heike; SCHMIGOTZKI, Britta (orgs.). *Weiterentwicklung großer Neubaugebiete in Ostmitteleuropa als Bestandteileiner ausgeglichenen, nachhaltigen Siedlungsstruktur- und Stadtentwicklung*. Berlin: Erkner, 2001.

RIIS, Jabob A., *How the Other Half Lives*. New York, Charles Scribner's Sons, 1890 (Toronto: Dover Publications, Inc., 1971).

RILEY, Terence. *The International Style Exhibition 15 and the Museum of Modern Art*. New York: Rizzoli International Pubblications, 1992.

RODWIN, Lloyd. *The British New towns Policy. Problems and Implications.* Cambridge: Harvard University Press, 1956 (trad. italiana: *Le città nuove inglesi. Problemi e implicazioni di una politica.* Padova, 1964).

RONCAYOLO, Marcel (org.). *Villes et civilisation urbaine, xviiie-xxe siècle.* Paris: Larousse, 1992.

_____. *Lectures de villes. Formes et temps.* Paris: Editions Parenthèse, 2002.

ROSEN, Charles. *Schoenberg.* London: Marion Boyars, 1976.

ROSS, Kristin. *Fast Cars, Clean Bodies: Decolonisation and Reordering of French Culture.* MIT, 1995 (trad. francesa: *Rouler plus vite, laver plus blanc: modernisation de la France et décolonisation au tournant des années 60,* Paris: Flammarion, 1997).

ROSSI, Aldo. *L'architettura della città.* Padova: Marsilio Editori, 1966.

ROSSI, Pietro (org.). *Modelli di città. Strutture e funzioni politiche.* Torino: Einaudi, 1987

_____(org.). *La storia comparata. Approcci e prospettive.* Milano: Il Saggiatore, 1990.

ROZZI, Renato ; ROSSARI, Augusto ; BORIANI, Maurizio. *La Milano del Piano Beruto (1884-1889): società, urbanistica e architettura nella seconda metà dell'Ottocento.* Milano: Guerini, 1992.

ROWE, Colin; KOETTER, Fred. *Collage City.* Cambridge: MIT Press, 1978 (trad. italiana: *Collage City.* Milano: Il Saggiatore, 1981).

RUDBERG, Eva. *Sven Markelius, architect.* Stockholm: Arkitektur Förlag, 1989.

SAMONÀ, Giuseppe. *La casa popolare.* Napoli: Epsa Editrice Politecnica (nova edição: G. Samonà. *La casa popolare degli anni '30.* Padova/Venezia: Marsilio, 1973).

SANCHEZ, Thomas W.; LANG, Robert E. Security versus Status. The Two Worlds of Gated Communities. In: *Draft Census Note 02:02,* Alexandria, VA: Metropolitan Institute at Virginia Tech, 2002.

SARTRE, Jean-Paul. *L'Immagination.* Paris: Presses Universitaires de France, 1936.

SCARPA, Ludovica. *Martin Wagner e Berlino. Casa e città nella Repubblica di Weimar, 1918-1933.* Roma: Officina, 1983.

SCHEERBART, Paul. *Glasarchitektur* Berlin: Der Sturm, 1914.

SCHLEIER, Merrill. *The Skyscraper in American Art.* Ann Arbor: UMI Research Press, 1986.

SCHUMPETER, Joseph A. *Ten Great Economists, From Marx to Keynes.* New York: Oxford University Press; London: Routledge, 1952.

SCOTT, Mel. *American City Planning since 1890.* Chicago: American Planning Association, 1995.

SECCHI, Bernardo Il settore edilizio e fondiario in un processo di sviluppo economico. In: Idem. *Squilibri regionali e sviluppo economico.* Padova-Venezia: Marsilio, 1974.

_____. *Il racconto urbanistico.* Torino: Einaudi, 1984.

_____. *Un progetto per l'urbanistica.* Torino: Einaudi, 1989.

_____. *Dell'utilità di descrivere ciò che si vede, si tocca, si ascolta.* Relatório introdutivo ao 2º Convegno Internazionale di Urbanistica, Prato, 30 marzo-1 aprile 1995.

_____. *Prima lezione di Urbanistica*. Roma: Laterza, 2000. (trad. brasileira: *Primeira Lição de Urbanismo*. São Paulo: Perspectiva, 2006).

SENGER, Alexander von. *Krisis der Architektur*. Zurich, 1928.

_____. *Die Brandfackel Moskaus*. Zurich, 1931.

SHARP, Thomas. *Town and Countryside. Some Aspects of Urban and Rural Development*. London: Oxford University Press, 1932.

SHELDON, Ray; ARENS, Egmont. *Consumer Engineering*: a new technique for prosperity. New York: Harper & Brothers, 1932.

SICA, Paolo. *Storia dell'Urbanistica. Il Novecento, v. I*. Roma-Bari: Laterza, 1978.

SIEDLER, Wolf Jobst; NIGGEMEYER, Elisabeth. *Die gemordete Stadt*. Munchen/Berlin: F.H. Herbig Verlagbuchhandlung, 1964.

SIEVERTS, Thomas. *Cities Without Cities: An Interpretation of the Zwinschenstadt*. London-New York: Spon Press, 2003.

SIMMEL, Georg. Die Grossstädte und das Geistesleben. In: *Die Grossstadt. Vorträge und Aufsätze zur Städteausstellung* (Jahrbuch der Gehe-stiftung Dresden, hrsg von Th. Petermann, band 9, 1903, s.185-206), Dresden (trad. italiana:1 AA.VV., *Città e analisi sociologica*. Padova, 1968).

SMETS, Marcel. *L'Avénement de la cité-jardin en Belgique. Histoire de l'habitat social en Belgique de 1830 à 1930*. Bruxelles: Pierre Mardaga, Bruxelles, 1977.

_____. *Resurgam: La reconstruction en Belgique après 1914*. Bruxelles: Crédit Communal, 1985.

_____. La Belgique ou la banlieue radieuse. In: *Paysage d'architectures*. Brussels: Exhibition catalogue, Fondation de l'Architecture, 1986.

_____. Die belgische Garden-Siedlung: Das Stadt-Land-Kontinuum als nationale Politik. In: BOLLEREY, Franziska; FEHL, Gerhard; HARTMANN, Kristiana (orgs.). *Im Grünen wohnen - im Blauen planen*. Hamburg: H. Christians Verlag, 1990

_____. The Periphery: an exploratory study (em colaboração com Hilde Heynen e Andre Loeckx). In: *Green Paper on the Urban Environment*. Luxembourg: Office des publications officielles des Communautés européennes, 1990.

_____. *Charles Buls (1837-1914), les principes de l'art urbain*. Bruxelles: Mardaga, 1995 (trad. italiana: *Charles Buls: i principi dell'arte urbana*. Roma: Officina, 1999).

SMITH, Neil. *The New Urban Frontier. Gentrification and the Revanchist City*. New York/London: Routledge, 1996.

SOLÀ-MORALES, Ignaside. *Diferencias. Topografia de la arquitectura contemporanea*. Barcelona: Gustavo Gili, 1995.

SOMBART, Werner. *Liebe, Luxus und Kapitalismus; Über die Entstehung der modernen Welt aus dem Geist der Verschwendung;*, München 1967: ristampa DTV, 1912 (trad. italiana: *Metropolis. Saggi sulla grande città di Sombart, Endel, Sheffer e Simmel*, a cura di M. Cacciari. Roma: Officina Edizioni, Roma, 1973).

SOMER, Kees, *The Functional City. The CIAM and Cornelis van Eesteren, 1928-1960*. NAI Publisher, EFL Foundation, The Hague, 2007.

STEDMAN JONES, Gareth. *Outcast London. A study in the Relationships between Classes in Victorian Society.* London: Penguin Books, 1971 (trad. italiana: *Londra nell'età vittoriana. Classi sociali, emarginazione e sviluppo: uno studio di storia urbana.* Bari: De Donato, 1980).

STEIN, Clarence. *Towards New Towns for America.* Liverpool/ Chicago: University press/Public administration service, 1951. Posteriormente em *Towards New towns for America.* Cambridge: The MIT Press, 1957 (trad. italiana: *Verso nuove città per l'America.* Milano: Il Saggiatore,1959).

STERNHELL, Zeev. *Les Anti-Lumières.* Paris: Librairie Arthème Fayard, 2006.

STRAUVEN, Francis. *Aldo van Eyck. The Shape of Relativity.* Amsterdam: Architectura & Natura, 1998.

_____. *René Braem. Les aventures dialectiques d'un moderniste flamand.* Bruxelles: Archives d'Architecture Moderne, 1985.

STRAWINSKY, Igor. *Chroniques de ma vie.* Paris: Editions Denoël, 1935.

STRUMILIN, Stanislav Gustavovic. Problema socialisticeskich gorodov. *Planovoe Chozjajstvo,* n. 5, 1930 (trad. italiana: P. Ceccarelli. (org.), *La costruzione della città sovietica, 1928-1931.* Padova-Venezia: Marsilio, Padova-Venezia, 1970).

SUMI, Christian. L'immeuble Clarté et la conception de la "Maison à sec". In: DEVANTHERY, Patrick ; LAMUNIERE, Inès; CHAROLLAIS, Isabelle ; DUCRET, André (org.). *Le Corbusier à Genève, 1922-1932.* Lausanne: Payot, 1987.

SVAMPA, Maristella. *La brecha urbana. Countries y barrios privados.* Buenos Aires: Capital Intelectual, 2004.

TAFURI, Manfredo. *Teorie e storia dell'architettura.* Roma/Bari: Laterza, 1968.

_____. *Progetto e Utopia.* Roma/Bari: Laterza, 1973.

_____. L'Architecture dans le Boudoir: The Language of Criticism and the Criticism of Language. *Oppositions,* n. 3, 1974; (agora em: *La sfera e il labirinto.* Torino: Einaudi, 1980).

_____.(org.). *Vienna Rossa. La politica residenziale nella Vienna socialista, 1919-1933.* Milano: Electa Editrice, 1980.

_____. *La sfera e il labirinto,* Einaudi, Torino, 1980.

_____. *Ricerca del Rinascimento. Principi, città, architetti.* Torino: Einaudi, 1992.

TARDIN, Raquel Hemerly. *Los paisajes de la ciudad oculta.* Barcelona: III Seminari International sobre Paisage, 2005.

TAUT, Bruno. *Die Auflösung der Städte oder Die Erde eine gute Wohnung.* Hagen: Folkwang Verlag, 1920 (trad. italiana: *La dissoluzione della città.* Faenza: Faenza Editrice spa, 1976).

TESSENOW, H. *Handwerk und Keinstadt.* Berlin: Bruno Cassirer, 1919 (trad. italiana em F. Dal Co. *Abitare nel moderno.* Roma: Laterza, 1982).

TEYSSOT, Georges (org.). *The American Lawn.* New York: Princeton Architectural Press, 1999.

THOROLD, Peter. *The London Rich. The Creation of a Great City. From 1666 to the Present.* London: Viking, 1999.

TODOROV, Tzvetan. *Eloge du quotidien. Essai su la peinture hollandaise du XVIIe siècle*. Paris: Adam Biro, 1993 (trad. italiana: *Elogio del quotidiano: saggio sulla pittura olandese del Seicento*. Roma: Apeiron, 2000).
_____. *Eloge de l'individu. Essai sur la peinture flamande de la Renaissance*. Paris: Adam Biro, 2000 (trad. ittaliana: *Elogio dell'individuo: saggio sulla pittura fiamminga del Rinascimento*. Roma: Apeiron, 2001).
TÖNNIES, Ferdinand. *Gemeinschaft und Gesellschaft*. Leipzig: O.R. Reislad, 1887 (trad. italiana: *Comunità e società*. Milano: Edizioni di Comunità, 1963).
TOSI, Arturo. Verso un'analisi comparativa delle città. In: ROSSI, Pietro. *Modelli di città, Strutture e funzioni politiche*. Torino: Einaudi, 1987.
TURNER, P. Romanticism, Rationalism and the Domino System. In: WALDEN, R. (org.). *The Open Hand. Essays on Le Corbusier*. London: The MIT Press, Cambridge, 1967.
TURNER, Tom. *Towards a Green Strategy for London. Strategic Open Space and Green Chains*. London: Report to the London Planning advisory Commitee, 1991.
UN – POPULATION DIVISION. *World Urbanization Prospects: The 2001 Revision*, New York, 2002.
UNWIN, Raymond. *Town Planning in Practice. An introduction to the Art of Designing Cities and Suburbs*. London: T. Fisher Unwin, 1909 (trad. italiana: *La pratica della progettazione urbana*. Milano: Il Saggiatore, 1971).
_____. *Nothing gained by overcrowding!*. London: Garden Cities and Town Planning Association, 1912.
URBANISME. *Le Grand ensemble, histoire et devenir*, n. 322, janvier-février, 2002.
UYTTENHOVE, P. Au fond de la Cité Industrielle, Givors. In: CHARRE, Alain (org.) *Les Nouvelles conditions du projet urbain. Critiques et méthodes*. Sprimont: Pierre Mardaga Editeur, 2001.
VEBLEN, Thorstein. *The Theory of the Leisure Class: An Economic Study in the Evolution of the Institutions*. New York: Macmillan, 1899.
VENTURI, Robert. *Complexity and Contradiction in Architecture* New York: The Museum of Modern Art, 1966 (trad. italiana: *Complessità e contraddizioni nell'architettura*. Bari: Dedalo libri, 1980).
VENTURI, Robert; SCOTT BROWN, Denise; IZENOUR, Steven.. *Learning by Las Vegas. The forgotten Symbolism of Architectural form*. Mit Press, Cambridge, 1972 (trad. italiana: *Imparando da Las Vegas. Il simbolismo dimenticato della forma architettonica*. Venezia/Milano: CLUVA-CittàStudi, 1985).
VIGANÒ, Paola. *La città elementare*. Milano: Skira, 1999.
_____. Forme progettuali, tipi di rappresentazione, *Urbanistica, Quaderni*. Roma: Istituto Nazionale di Urbanistica, anno VI, settembre.
_____. L'espace de Tapiola. *Urbanisme*, n. 316, gennaio-febbraio, 2001.
_____. *Territori della una nuova modernità/Territories of a New Modernity*. Napoli: Electa, 2001b.
_____(org.). *New Territories*. Roma: Officina, 2004.
_____. *No Vision*. Graz: Kunsthaus, 2005.

_____. *I territori dell'urbanistica. Il progetto come produttore di conoscenza*, 2009 (no prelo).

WAL, C. van der. *Villages in the Ijsselmeerpolders. From Slootdorp to Zoewolde*. Lelystad: Ijsselmeer Polder Development Authority, 1986.

WALDEN, R. New Light on Le Corbusier's Early Years in Paris: The La Roche-Jeanneret Houses. In: WALDEN, R. (org.). *The Open Hand. Essays on Le Corbusier*. London: The MIT Press, Cambridge, 1967.

WALKER, Derek. *The Architecture and Planning of Milton Keynes*. London: The Architectural Press, 1982.

WALZER, Michael. *The Exclusions of Liberal Theory*. Frankfurt am Main: Fischer Taschenbuch Verlag GmbH, 1999 (trad. italiana: *Ragione e passione. Per una critica del liberalismo*. Milano: Feltrinelli, 2001).

WARD, Stephen V. (org.). *The Garden City. Past, present and future*. London: E & FN Spon, 1992.

WARD, David; ZUNZ, Olivier. *The Landscape of Modernity*. Baltimore: The Johns Hopkins University Press, 1992.

WARNER, Sam Bass. *Streetcar Suburbs: The Process of Growth in Boston, 1870-1900*. Cambridge, Harvard University Press, 1962.

WEBER, Adna Ferrin. *The Growth of Cities in the Nineteenth Century*. New York: Columbia University, The Macmillan Company, 1890 (Cornell University Press, 1963).

WEBER, Max. *Wirtschaft und Gesellschaft*. Tubingen: Mohr, 1922 (trad. italiana: *Economia e società*, Comunità, Milano 1961).

WELLS, Herbert George. *Anticipations of the Reactions of Scientific and Mechanical Progress upon Human Life and Thought*. New York: Harper's, 1902.

WESTERMAN, Frank. *Ingenieurs van de Zie*, 2002 (trad italiana: *Ingegneri d'anime*. Milano: Feltrinelli, 2006).

WILDE, Oscar. The Soul of Man under Socialism. In: *Fortnightly Review*, v. XLIX, n. 290, London (edição mais recente em: *The Soul of Man Under Socialism and Selected Critical Prose*. London/ New York: Penguin Books, 2001).

WILLIAMS-ELLIS, Clough. *England and the Octopus*. Portmeirion: Penrhyndeudraeth, Portmeirion, 1928.

WINNOCK, Michel. *Le Siècle des intellectuels*. Paris: Seuil, 1997.

WHITE, Willian H. *The Organization Man*. New York: Simon and Shuster, 1956.

_____. *The Exploding Metropolis*. New York: Doubleday, Garden City, 1958.

WREDE, Stuart; ADAMS, William Howard. *Denatured Visions. Landscape and Culture in the Twentieth Century*. New York: The Museum of Modern Art, 1991.

WRIGHT, Frank Lloyd. Modern Architecture (The Princeton Lectures). In: *The Future of Architecture*. New York: The American Library, 1963.

_____. *The Disappearing City*, New York: William Farguhar Payson, 1932.

_____. *The Living City*. New York: Horizon Press, 1958.

WRIGHT, Gwendolyn. *Moralism and the Model Home. Domestic Architecture and Cultural Conflict in Chicago, 1873-1913*. Chicago/London: The University of Chicago Press, 1980.

YEHOSHUA, Abraham B. *Il lettore allo specchio. Sul romanzo e la scrittura.* Torino: Einaudi, 1999-2003.

ZAITZEVSKY, Cynthia. *Frederick Law Olmsted and the Boston Park System.* Belknap Press, Cambridge, 1982.

ZAMIJATIN, Evgeny Ivanovich. *My* (1922). Edição postuma: New York: Izdatel'stvo imeni Cechova, 1952 (trad. italiana: *Noi.* Milano: Feltrinelli, 1963).

ZUCCONI, G. Neo-medievalismo e città. In: BIANCHETTI, Cristina (org.). *Città immaginata e città costruita.* Milano: Franco Angeli, 1992.

290

ÍNDICE DE LUGARES

URBANISMO NA PERSPECTIVA

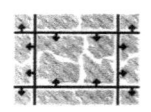

Este livro foi impresso na cidade de Cotia,
em outubro de 2016, nas oficinas da MetaSolutions,
para a Editora Perspectiva.